Niveau intermédiaire

Michèle **Boularès**
Odile **Grand-Clément**

Conjugaison Progressive du Français

2e ÉDITION

avec 450 exercices

CLE INTERNATIONAL
www.cle-inter.com

Crédits photographiques

P. 59 : Verdateo/Shutterstock – **P. 95 :** Olyina/Shutterstock – **P. 113 :** Claudio Divizia/Shutterstock – **P. 117 :** 3Dstock/Shutterstock – **P. 129 (g)** : Gubin Yury/Shutterstock. com – **P. 129 (d) :** Nightman 1965/Shutterstock.com – **P. 181 :** Tupungato/Shutterstock.com – **P. 191 :** Jakez/Shutterstock – **P. 195 :** TatjanaRittner/Shutterstock – **P. 204 (hg) :** Monkey Business Images/Shutterstock – **P. 204 (h milieu) :** Jaimie Duplass/Shutterstock – **P. 204 (hd) :** Alliance/Shutterstock et ra2studio/Shutterstock – **P. 204 (bg) :** Heike Brauer/Shutterstock – **P. 204 (b milieu) :** Liette Parent/Shutterstock – **P. 204 (bd) :** Edw/ Shutterstock

Direction de la production éditoriale : Béatrice Rego
Marketing : Thierry Lucas
Édition : Sylvie Hano
Couverture : Fernando San Martin
Mise en page : Arts Graphiques Drouais (28100 Dreux)
Enregistrement : Vincent Bund

ISBN : 978-2-09-038135-1

AVANT-PROPOS

La ***Conjugaison progressive du français*** s'adresse à des élèves et des étudiants de tous niveaux car tous les modes et temps les plus utilisés en français y sont présentés. Le passé simple et le passé antérieur y figurent également en raison de leur utilité en situations d'écrit.

C'est un **ouvrage d'apprentissage** des formes verbales, les exercices des pages de droite permettant un entraînement à partir des modèles présentés sur les pages de gauche.

C'est également un **outil de référence** car deux index situés à la fin du livre permettent la recherche d'un verbe à l'intérieur de l'ouvrage.

Pour faciliter l'apprentissage de la morphologie verbale, nous avons opté pour une approche par **radicaux**.

Exemple : *partir* est un verbe à deux radicaux **PAR** et **PART**.

Chaque temps se forme à partir d'un radical auquel on ajoute des terminaisons.

Les verbes sont présentés par modes et par temps.

Les temps simples sont suivis des temps composés qui leur correspondent, à l'exception de l'imparfait qui apparaît après le présent, sa morphologie étant facile à acquérir après l'étude du présent.

Dans cet ouvrage, les verbes sont classés d'après leur infinitif : *-ER* (verbes du 1er groupe), *-IR* (verbes du 2e et du 3e groupe) et *-RE* et *-OIR* (verbes du 3e groupe).

Les auxiliaires *être* et *avoir* et les semi-auxiliaires (*aller, venir, faire, pouvoir, vouloir, devoir, falloir* et *savoir*) apparaissent au début du livre, notamment pour le présent de l'indicatif, en raison de leur particularité morphologique et de leur usage fréquent.

La conjugaison des verbes modèles est accompagnée de celle d'un verbe pronominal du même type (exemple : *recevoir, s'apercevoir*).

Le choix des verbes modèles a été fait principalement en fonction de leur usage. Néanmoins, nous avons dû présenter des verbes moins courants car ils offrent des difficultés morphologiques particulières (exemple : les verbes *résoudre, convaincre* ou *interrompre*).

Structure de l'ouvrage

La page de gauche présente :

- la règle de formation de chaque temps ;
- les verbes types accompagnés d'une liste de verbes conjugués sur le même modèle ;
- des remarques phonétiques ou orthographiques ;
- des mises en garde attirant l'attention sur une difficulté particulière.

La page de droite propose entre 4 et 6 exercices de difficulté progressive. Les premiers sont des exercices d'apprentissage simples. Les autres sont plus ouverts et présentent plus de difficultés. D'autres, enfin, se présentent sous la forme d'activités et sont plus créatifs.

Le vocabulaire est simple dans les premiers exercices et se complexifie dans les derniers, notamment lorsqu'il s'agit de textes authentiques.

Deux bilans – un après l'indicatif et un après le conditionnel et le subjonctif – permettent révisions et évaluation des connaissances.

Des activités communicatives, en fin d'ouvrage, permettent de travailler l'oral et l'écrit. Plusieurs de ces activités s'appuient sur un enregistrement audio, signalé par un picto. Ces activités suivent la progression de l'ouvrage et peuvent s'insérer en cours d'apprentissage.

Les auteurs

SOMMAIRE

* Aller, venir, faire, pouvoir, vouloir, devoir, falloir, savoir.

LE PRÉSENT DE L'INDICATIF

Le verbe *ÊTRE*

CONJUGAISON

je	**suis**
tu	**es**
il/elle	**est**
nous	**sommes**
vous	**êtes**
ils/elles	**sont**

♪ La liaison est obligatoire dans **vous‿êtes** [z] et dans la forme familière **on‿est** [n].

EMPLOIS

• **Être** indique l'**état**, l'**heure** :

*Il **est** français. Je **suis** avocat. Elle **est** grande.*
*Tu **es** en colère ? **Êtes**-vous malade ?*
*Ils **sont** en retard. Elle n'**est** pas à l'heure.*
*Il **est** huit heures. Quelle heure **est**-il ?*

• **Être** peut être **auxiliaire** : il sert à construire les **temps composés** (voir chapitre 3, « Le passé composé », p. 74).

CONSTRUCTIONS PARTICULIÈRES

C'est, **ce sont** sont utilisés pour **présenter** quelque chose ou quelqu'un :

C'est *ma voiture.* ***Ce sont*** *des oranges d'Espagne.*
C'est *un ami.* ***Ce sont*** *mes enfants.*
Ce *ne* ***sont*** *pas des légumes,* ***ce sont*** *des fruits.*

EXERCICES

1 **Trouvez le pronom qui convient, puis mettez à la forme négative selon le modèle.**

1. *Tu* es alsacien. — *Tu n'es pas alsacien.*
2. ________ est traducteur. ________________
3. ________ êtes musicien. ________________
4. ________ sont en voyage. ________________
5. ________ sommes en forme. ________________
6. ________ suis triste. ________________

2 **Conjuguez « être » au présent selon le modèle.**

1. Elle *est* française.
2. Je ______ étudiant.
3. Ils ______ au cinéma.
4. Tu ______ sportif
5. On ______ à la maison.
6. Vous ______ libres, ce soir ?
7. Il ______ midi et quart.
8. Nous ______ très contents.
9. Elles ______ en retard.
10. Vous ______ pressés ?

3 **Reliez les éléments proposés pour faire des phrases avec « être » au présent selon le modèle.**

1. Mathilde et son frère *sont* → c.
2. Je ________________
3. Léa, vous... ________________
4. Oriane et moi ________________
5. Tu ________________
6. Mathew ________________
7. Marie ________________
8. Ces roses ________________

a. informaticien.
b. grand et mince.
c. en colère.
d. américain.
e. magnifiques.
f. mariés.
g. italienne, n'est-ce pas ?
h. blonde et petite.

4 **Complétez avec « c'est » ou « ce sont » au présent puis mettez à la forme négative selon le modèle.**

1. *C'est* un bel hôtel — *Ce n'est pas un bel hôtel.*
2. __________ de très bons amis. ________________
3. __________ un film magnifique. ________________
4. __________ nos correspondants espagnols. ________________
5. __________ mon professeur de français. ________________
6. __________ des fraises. ________________

5 **Dans une lettre à votre correspondant, donnez des informations sur vous et votre famille en utilisant le verbe « être ».**

Le verbe *AVOIR*

CONJUGAISON

j'	**ai**
tu	**as**
il/elle	**a**
nous	**avons**
vous	**avez**
ils/elles	**ont**

♪ La liaison est obligatoire dans **nous avons**, **vous avez**, **ils ont** et **elles ont**.
[z] [z] [z] [z]

♪ Ne confondez pas **ils ont** / **ils sont** – **elles ont** / **elles sont**.
[z] [s] [z] [s]

♪ **Je** devient **J'** devant la voyelle **a**.

EMPLOIS

• **Avoir** exprime la **possession** :

*Il **a** un petit chien. Elle **a** une voiture. Ils **ont** beaucoup d'amis.*

• **Avoir** exprime les **particularités** physiques et morales et les **sensations** :

*Elle **a** les yeux noirs. Il **a** les cheveux bruns. J'**ai** 20 ans.*
*Tu **as** bon caractère. Elle **a** un grand cœur.*
*Vous **avez** soif / faim ? J'**ai** chaud. Elle **a** peur. J'**ai** mal à la tête.*

• **Avoir** est utilisé dans beaucoup d'**expressions idiomatiques** :

avoir tort, avoir raison, avoir de la chance, avoir l'air, avoir envie, avoir besoin…

• **Avoir** peut être **auxiliaire** : il sert à construire les **temps composés** (voir chapitre 3, « Le passé composé », p. 60).

CONSTRUCTIONS PARTICULIÈRES

• **Il y a** + nom singulier ou pluriel :

***Il y a** du lait. **Il y a** des œufs. **Il y a** des enfants.*

⚠ Forme interrogative : **Est-ce qu'il y a… ? Y a-t-il… ?**
Forme négative : **Il n'y a pas...**

EXERCICES

1 **Trouvez le pronom qui convient.**

1. ________ avons froid.
2. ________ ai raison.
3. ________ avez un chat ?
4. ________ as des lunettes de soleil.
5. ________ a deux filles et un garçon.
6. ________ ont une voiture et un vélo.

2 **Conjuguez « avoir » au présent selon le modèle.**

1. J'*ai* trois sœurs et un frère.
2. Nous ________ des problèmes.
3. Vous ________ un jardin ?
4. Ils ________ beaucoup de valises.
5. Tu ________ des disques de jazz ?
6. Il ________ un piano chez lui.
7. Elles ________ du travail.
8. Elle n'________ pas de dictionnaire.
9. Vous n' ________ pas un stylo ?
10. Ils n'________ pas le temps.
11. On n'________ pas de voiture.
12. Je n'________ pas de patience.

3 **Conjuguez avec les expressions proposées.**

avoir faim – avoir l'heure – ne pas avoir peur – avoir l'air malade – avoir 20 ans – ne pas avoir le temps – avoir sommeil – ne pas avoir envie de sortir

1. C'est leur anniversaire : ils ________________
2. Christine reste ici : elle ________________
3. Il est midi : je ________________
4. Il est tard : le bébé ________________
5. Tu es courageux : tu ________________
6. Nous sommes pressées : nous ________________
7. Ton amie est pâle : elle ________________
8. Ma montre est arrêtée : vous ________________ ?

4 **Utilisez « il y a » pour décrire votre chambre.**

Dans ma chambre, il y a ..., il n'y a pas ... ________________

5 **Utilisez « être » et « avoir » au présent pour découvrir ces portraits.**

Claire ________ vingt ans. Elle ________ étudiante à la faculté des Lettres. C'________ une fille sympathique. Elle ________ grande, elle ________ des cheveux blonds et des yeux noirs. Elle ________ bon caractère et elle ________ toujours gaie. Elle ________ beaucoup d'amis.

Mes voisins ________ espagnols. Ils ________ deux enfants. Ce ________ des gens serviables. La fille ________ 10 ans et le garçon ________ 6 ans. Ils ________ très généreux. Les enfants ________ amusants. Ce ________ des passionnés de jeux vidéo. Le père ________ sportif ; c'________ un champion de tennis. Il ________ aussi musicien.

6 **Donnez des informations.**

Sur votre meilleur(e) ami(e) : *Il / Elle a* ________________

Sur votre voisin(e) : *Il / Elle* ________________

Sur vos parents : *Ils sont* ________________

Les verbes *semi-auxiliaires*

Ces verbes, très courants en français, peuvent être utilisés **seuls** ou **suivis d'un infinitif**. Dans ce dernier cas, ils expriment une **nuance particulière**. Ce sont des verbes outils, des semi-auxiliaires.

ALLER

je	**vais**
tu	**vas**
il/elle	**va**
nous	**allons**
vous	**allez**
ils/elles	**vont**

S'EN ALLER

je	**m'en vais**
tu	**t'en vas**
il/elle	**s'en va**
nous	**nous en allons**
vous	**vous en allez**
ils/elles	**s'en vont**

♪ La liaison est obligatoire dans **nous‿allons**, **vous‿allez**.
[z] [z]

■ **Aller + infinitif** exprime un **futur proche** :
*Attendez ici, elle **va** revenir.*

VENIR

je	**viens**
tu	**viens**
il/elle	**vient**
nous	**venons**
vous	**venez**
ils/elles	**viennent**

Et :
– tenir (voir p. 28)
– se souvenir (voir p. 28)

■ **Venir de + infinitif** exprime un **passé récent** :
*Christian n'est pas là, il **vient de** sortir.*

FAIRE

je	**fais**
tu	**fais**
il/elle	**fait**
nous	**faisons**
vous	**faites**
ils/elles	**font**

Et :
défaire, refaire, satisfaire...

■ **Faire + infinitif** : le sujet de **faire** n'est pas le sujet de l'infinitif :
*Elle **fait** dîner les enfants : les enfants dînent.*

EXERCICES

1 **Conjuguez « aller » au présent.**

1. Ils ________ au cinéma.
2. Est-ce que tu ________ bien ?
3. Je ne ________ pas à l'Opéra.
4. Jean et moi ________ à la piscine.
5. Il ________ à Londres en avion.
6. Vous ________ au bureau à pied ?
7. On ________ au restaurant.
8. Elles ________ chez des amis.

2 **Utilisez le verbe « venir » au présent pour relier les éléments selon le modèle.**

1. Vous êtes mexicain. *Vous venez de* → g
2. Natacha est suédoise. ________
3. Alberto est italien. ________
4. Tu es allemande. ________
5. Nous sommes espagnols. ________
6. Jacky et Brandon sont américains. ________
7. Je suis sénégalais. ________

a. Berlin ?
b. Los Angeles.
c. Dakar.
d. Florence.
e. Madrid.
f. Stockholm.
g. Mexico ?

3 **Complétez avec « venir » au présent, puis choisissez une réponse et faites une phrase selon le modèle.**

1. Qui *vient* à la fête ?
2. Comment est-ce que vous ________ ?
3. D'où est-ce que tu ________ ?
4. Quand est-ce qu'elle ________ ?
5. D'où ________ ces fruits ?

a. de la banque ________
b. en voiture ________
c. du Brésil ________
d. tous les élèves *Tous les élèves viennent à la fête.*
e. à midi ________

4 **Utilisez « faire » au présent pour décrire les occupations de la famille.**

À la maison...

Je ________ la vaisselle.
Les garçons ________ du bruit.
Marie ________ du piano.
Ma mère ________ le ménage.
Mon père ________ la cuisine.
Nous ________ tous quelque chose.

En vacances...

Je ________ le lézard au soleil.
Ma sœur ________ du sport.
Mon père ________ le jardin.
Ma mère ________ du chant.
Mes frères ________ du tennis.
Nous ________ tous des activités.

Et vous , qu'est-ce que vous ________ ?

5 **Utilisez « être », « aller », « venir » et « faire » au présent pour décrire vos activités de vacances.**

____

____

____

POUVOIR et VOULOIR

je	**peux**	je	**veux**
tu	**peux**	tu	**veux**
il/elle	**peut**	il /elle	**veut**
nous	**pouvons**	nous	**voulons**
vous	**pouvez**	vous	**voulez**
ils/elles	**peuvent**	ils/elles	**veulent**

■ **Pouvoir + infinitif**

- Il exprime la **capacité** physique et intellectuelle :

  *Il **peut** nager seul. – Elle **peut** parler trois langues.*
- Il exprime la **permission** :

  *Est-ce que je **peux** ouvrir la fenêtre ?*

■ **Vouloir + infinitif** exprime la **volonté**, le **souhait** :

*– Est-ce que vous **voulez** boire quelque chose ? – Oui, je **veux** bien un café.*

DEVOIR et FALLOIR

je	**dois**	
tu	**dois**	
il/elle	**doit**	il **faut**
nous	**devons**	
vous	**devez**	
ils/elles	**doivent**	

⚠ **Falloir** ne se conjugue qu'à la 3e personne du singulier.

■ **Devoir + infinitif**

- Il exprime l'**obligation**, la **nécessité** :

  *Nous **devons** aller à la banque.*
- Il exprime la **probabilité** :

  *Elle **doit** être malade.*

■ **Il faut + infinitif** exprime l'**obligation**, la **nécessité** :

*Il **faut** tourner à gauche. Il **faut** du courage.*

SAVOIR

je	**sais**
tu	**sais**
il/elle	**sait**
nous	**savons**
vous	**savez**
ils/elles	**savent**

⚠ Ne confondez pas :

nous avons / nous savons

[z] [s]

vous avez / vous savez

[z] [s]

■ **Savoir + infinitif** exprime une **capacité** physique et intellectuelle :

*Elle **sait** lire, elle **sait** conduire. – Il **sait** où elle habite.*

EXERCICES

1 Complétez avec les verbes « vouloir », « pouvoir », « devoir », « falloir » et « savoir » au présent.

– Qu'est-ce que tu ________ faire ?
– Je ________ ouvrir la porte mais je ne ________ pas !
– Pour ouvrir la porte, tu ________ tourner la clé doucement. Il ne ________ pas tourner trop vite.
– Je ________, mais ce n'est pas la bonne clé !

2 Complétez avec « vouloir » et « pouvoir » comme dans le modèle.

1. Tu *veux* venir à la plage ? Oui, je *veux* venir mais je ne *peux* pas.
2. Ils ________ sortir ? Oui, ils ________________.
3. Vous ________ changer votre billet ? Oui, nous ________________.
4. Elle ________ voyager ? Oui, elle ________________.
5. Tu ________ venir avec nous ? Oui, je ________________ maintenant.
6. Vous ________ vous marier ? Oui, on ________________.

3 Complétez le dialogue avec « pouvoir » et « vouloir » au présent.

– Qu'est-ce que vous ________ faire ce soir ? *vouloir*
– Nous ________ aller au restaurant. *vouloir*
– Nous ________ aller à la Corniche, si vous ________. *pouvoir – vouloir*
– Est-ce qu'on ________ avoir un menu pas cher dans ce restaurant ? *pouvoir*
– On ________ dîner pour 30 € sans le vin. *pouvoir*
– Eh bien moi, je suis d'accord. Je ________ bien aller à la Corniche. *vouloir*
– Est-ce que je ________ manger du poisson dans ce restaurant ? *pouvoir*
– Oui, bien sûr, tu ________ manger du poisson si tu ________. *pouvoir – vouloir*

4 Utilisez « devoir » et « falloir » au présent comme dans le modèle.

Avoir un visa → On *doit avoir un visa. Il faut avoir un visa.*
1. Changer de train → Vous ________________
2. Prendre rendez-vous → Tu ________________
3. Préparer le repas → Je ________________
4. Sortir tôt → Nous ________________
5. Faire des courses → On ________________

5 Faites une liste des choses que vous voulez faire et une liste des choses que vous pouvez faire. Puis interviewez une autre personne pour savoir si elle a les mêmes désirs, les mêmes capacités, les mêmes limites.

Je veux chanter dans une chorale, mais je ne peux pas chanter juste ________________

____

____

Les verbes en *-ER*, dits du 1er groupe

• Le présent se forme avec le **radical** du verbe auquel on ajoute les **terminaisons *-e*, *-es*, *-e*, *-ons*, *-ez*, *-ent***.
• Pour trouver le radical, il faut supprimer la terminaison de l'infinitif.
Exemple : **PARL** -ER
radical terminaison

VERBES À UN RADICAL

PARLER (parl-er)

je	parle
tu	parles
il/elle	parle
nous	parlons
vous	parlez
ils/elles	parlent

♪ La finale est muette avec **je, tu, il, elle, ils, elles**, c'est-à-dire qu'on ne prononce que le radical :
je parle, tu parles, il parle, ils parlent.

♪ La finale est sonore avec **nous** et **vous**, c'est-à-dire qu'on prononce le radical + la terminaison :
Nous parl<u>ons</u>, Vous parl<u>ez</u>.

♪ **Je** devient **J'** devant une voyelle ou un « h » muet :
J'*aime.* ***J'****habite.* ***J'****apporte.* ***J'****arrive.*

♪ Avec **nous** et **vous**, **ils** et **elles**, il faut faire la liaison devant une voyelle ou un « h » muet :
Nous‿aimons. Vous‿étudiez. Ils‿habitent. Elles‿arrivent.
[z] [z] [z] [z]

SE DÉPÊCHER (se dépêch-er)

je	me	dépêche
tu	te	dépêches
il/elle	se	dépêche
nous	nous	dépêchons
vous	vous	dépêchez
ils/elles	se	dépêchent

♪ Les pronoms **me**, **te**, **se** deviennent **m'**, **t'**, **s'** devant une voyelle ou un « h » muet :
Je ***m'****habille. Tu* ***t'****arrêtes. Elle* ***s'****appelle Marie.*

EXERCICES

1 **Conjuguez au présent.**

1. *rentrer* Tu ______________ tard.
2. *habiter* Ils ______________ à Tokyo.
3. *aimer* Je ne ______________ pas la ville.
4. *dîner* Vous ne ______________ pas avec nous ?
5. *se laver* Elle ______________ les cheveux.
6. *passer* On ______________ nos vacances ici.
7. *pleurer* Elles ______________ souvent.
8. *aider* Nous ______________ les petits.
9. *s'occuper* Il ne ______________ jamais du repas.
10. *regarder* Ils ______________ la télévision.

2 **Complétez le texte avec les verbes proposés conjugués au présent.**

comparer – préparer – visiter – rouler – faire – s'occuper – réserver – calculer – voyager – aimer – s'arrêter – étudier – admirer

Avant de partir en voyage, que ______________-vous ?

Je ______________ l'itinéraire ; ma copine et moi, nous ______________ la carte. Elle ______________ les billets et moi, je ______________ de la location de la voiture. Ensemble, nous ______________ les prix et ______________ notre budget.

Pendant le voyage, comment ______________-vous ?

On ______________ beaucoup : on ______________ le pays. Je ______________ dans toutes les villes intéressantes et ______________ les sites et les monuments.

3 **Décrivez l'emploi du temps d'un étudiant en utilisant les éléments proposés. Conjuguez les verbes au présent.**

se réveiller tôt le lundi matin – organiser le travail de la semaine – assister à tous les cours de la journée – écouter attentivement les professeurs – déjeuner avec les copains – partager des idées avec les amis – se reposer après les cours – rentrer à la maison – travailler tard dans la nuit – se coucher

____

____

____

____

____

4 **Mettez les verbes au présent.**

Je ______________ (*rêver*) d'habiter sur une île où la nature ______________ (*donner*) des fruits délicieux. Là les hommes ______________ (*respirer*) l'odeur de la mer. Je ______________ (*contempler*) l'infini de l'azur. Là, les fleurs ______________ (*mêler*) leurs parfums.

5 **Composez comme dans l'exercice 4 un petit texte poétique : utilisez des verbes au présent.**

____

____

____

VERBES DONT LE RADICAL SE TERMINE PAR *-I*, *-U*, *-OU*, *-É*, *-GN* OU *-ILL*

■ OUBLIER

j'	oublie	**Et :**
tu	oublies	étudier,
il/elle	oublie	remercier,
nous	oublions	skier,
vous	oubliez	apprécier,
ils/elles	oublient	crier, prier…

♪ Prononcez bien le « i » du radical.
[i]

■ CONTINUER

je	continue	**Et :**
tu	continues	tuer,
il/elle	continue	s'habituer,
nous	continuons	distribuer,
vous	continuez	évaluer…
ils/elles	continuent	

♪ Prononcez bien le « u » du radical.
[y]

■ JOUER

je	joue	**Et :**
tu	joues	louer,
il/elle	joue	échouer,
nous	jouons	avouer…
vous	jouez	
ils/elles	jouent	

♪ Prononcez bien le « ou » du radical.
[u]

■ CRÉER

je	crée
tu	crées
il/elle	crée
nous	créons
vous	créez
ils/elles	créent

♪ Prononcez bien le « é » du radical.
[e]

■ GAGNER

je	gagne	**Et :**
tu	gagnes	se baigner,
il/elle	gagne	enseigner,
nous	gagnons	accompagner,
vous	gagnez	se soigner…
ils/elles	gagnent	

♪ Prononcez bien le « gn » du radical.
[ɲ]

■ TRAVAILLER

je	travaille	**Et :**
tu	travailles	se réveiller,
il/elle	travaille	s'habiller,
nous	travaillons	briller,
vous	travaillez	surveiller…
ils/elles	travaillent	

♪ Prononcez bien la voyelle avant.
le yod [j] : [tʀavaj].

EXERCICES

1 **Conjuguez au présent.**

1. *étudier* tu ________ il ________
2. *remercier* je ________ nous ________
3. *continuer* ils ________ nous ________
4. *louer* tu ________ nous ________
5. *se baigner* je ________ nous ________
6. *s'habiller* il ________ nous ________
7. *se réveiller* tu ________ on ________
8. *gaspiller* nous ________ elles ________

2 **Complétez au présent, puis mettez la phrase à la 1re ou à la 2e personne du pluriel.**

1. Le moniteur ________ les enfants. (*surveiller*) Nous ________
2. Mes amis ________ toujours. (*gagner*) Vous ________
3. Les touristes ________ l'hôtel. (*apprécier*) Vous ________
4. Il ________ sa maison en été. (*louer*) Nous ________
5. Cet enfant ________ beaucoup. (*crier*) Vous ________
6. Ils ________ aux cartes. (*jouer*) Nous ________
7. Elles ________ toujours tout. (*oublier*) Nous ________
8. Je ________ l'allemand. (*enseigner*) Nous ________
9. Elle ________ rapidement. (*s'habiller*) Vous ________
10. Tu ________ à cette nouvelle vie ? (*s'habituer*) Vous ________ ?

3 **Choisissez cinq des verbes que vous avez conjugués dans les exercices précédents pour décrire vos activités (pendant votre travail et votre temps libre) ou vos goûts, et conjuguez-les au présent.**

J'apprécie la bonne cuisine ________

____

____

____

4 **Trouvez un verbe qui convient et conjuguez-le au présent.**

1. Un footballeur est quelqu'un qui ________ au football.
2. Un artiste est quelqu'un qui ________ des œuvres d'art.
3. Une infirmière est quelqu'un qui ________ les malades.
4. Un distrait est quelqu'un qui ________ tout.
5. Un étudiant est quelqu'un qui ________ à l'université.
6. Un locataire est une personne qui ________ un appartement.
7. Un millionnaire est quelqu'un qui ________ beaucoup d'argent.
8. Un gourmet est quelqu'un qui ________ la bonne cuisine.

VERBES DONT LE RADICAL SE MODIFIE

■ COMMENCER

Je	commence	**Et :** lancer, recommencer, placer, déplacer, remplacer, percer, prononcer…
tu	commences	
il/elle	commence	
nous	commen**ç**ons	
vous	commencez	
ils/elles	commencent	

♪ Le « ç » (c cédille) devant « o » permet de garder la prononciation [s].

■ MANGER

je	mange	**Et :** changer, nager, ranger, obliger, mélanger, loger, protéger, envisager, voyager…
tu	manges	
il/elle	mange	
nous	mang**e**ons	
vous	mangez	
ils/elles	mangent	

♪ Le « e » devant « o » permet de garder la prononciation [ʒ].

VERBES À UN OU DEUX RADICAUX

■ PAYER

Un radical : ***pay***

je	paye	**Et :** essayer, effrayer, balayer…
tu	payes	
il/elle	paye	
nous	payons	
vous	payez	
ils/elles	payent	

■ PAYER

1er radical : ***pai***
2e radical : ***pay***

je	paie
tu	paies
il/elle	paie
nous	payons
vous	payez
ils/elles	paient

VERBES À DEUX RADICAUX

■ APPELER

1er radical : ***appell***
2e radical : ***appel***

j'	appe**ll**e	**Et :** (se) rappeler, s'appeler, épeler, ensorceler…
tu	appe**ll**es	
il/elle	appe**ll**e	
nous	appelons	
vous	appelez	
ils/elles	appe**ll**ent	

♪ Le « e » devant « ll » se prononce [ɛ].

■ JETER

1er radical : ***jett***
2e radical : ***jet***

je	je**tt**e	**Et :** rejeter, projeter, feuilleter…
tu	je**tt**es	
il/elle	je**tt**e	
nous	jetons	
vous	jetez	
ils/elles	je**tt**ent	

♪ Le « e » devant « tt » se prononce [ɛ].

■ EMPLOYER

1er radical : ***emploi***
2e radical : ***employ***

j'	emploie	**Et :** envoyer, (se) noyer, nettoyer…
tu	emploies	
il/elle	emploie	
nous	employons	
vous	employez	
ils/elles	emploient	

■ S'ENNUYER

1er radical : ***ennui***
2e radical : ***ennuy***

je	m'ennuie	**Et :** essuyer, appuyer
tu	t'ennuies	
il/elle	s'ennuie	
nous	nous ennuyons	
vous	vous ennuyez	
ils/elles	s'ennuient	

⚠ On remplace « y » par « i » devant « e » muet. Cette transformation n'est pas obligatoire pour « payer » et les autres verbes en « ayer ».

EXERCICES

1 Conjuguez les verbes au présent

1. *lancer*
Je ______________ le ballon.
Nous ______________
Ils ______________

2. *changer*
Tu ______________ d'avis.
Nous ______________
Vous ______________

3. *ranger*
Nous ______________ les affaires.
Je ______________
Vous ______________

4. *rejeter*
Ils ______________ la proposition.
Nous ______________
Elle ______________

5. *essayer*
Vous ______________ un manteau.
Je ______________
Nous ______________

6. *envoyer*
Elle ______________ des cartes postales.
Vous ______________
Nous ______________

2 Complétez ces mini-dialogues avec le verbe proposé au présent.

1. *S'APPELER*
– Comment tu ______________ ?
– Je ______________ Sylvie.
– Et vous, comment ______________ -vous ?
– Je ______________ Paul.

2. *JETER*
– Tu ______________ ces journaux ?
– Oui, je les ______________ , Ils sont vieux.
– Et ces papiers, vous les ______________ ?
– Nous ne les ______________ pas, nous en avons besoin.

3. *PAYER*
– Qui est-ce qui ______________ ? Vous ______________ ou je ______________ ?
– Mais non, c'est lui qui ______________.

4. *ÉPELER*
– Comment ______________-vous votre nom ?
– Je l'______________ B-A-U-D-R-I, mais il y a des gens qui l'______________ B-A-U-D-R-Y.

5. *VOYAGER*
– Vous ______________ souvent ?
– Nous ______________ deux fois par an, mais les enfants ______________ plus que nous.

6. *NETTOYER*
– Vous ______________ souvent la moquette ?
– Nous la ______________ deux fois par an, mais la voisine la ______________ tous les mois.

3 Trouvez le verbe qui convient et conjuguez-le au présent.

1. Un sorcier est quelqu'un qui ______________ les gens.
2. Les patrons sont des gens qui ______________ des salariés.
3. Un mauvais payeur est une personne qui ______________ ses factures.
4. Les pigeons voyageurs sont des oiseaux qui ______________ des messages.

■ (SE) PROMENER

1er radical : *promèn*
2e radical : *promen*

je	(me) promène	**Et :** amener, emmener, soulever, mener…
tu	(te) promènes	
il/elle	(se) promène	
nous	(nous) promenons	
vous	(vous) promenez	
ils/elles	(se) promènent	

■ (SE) LEVER

1er radical : *lèv*
2e radical : *lev*

je	(me) lève	**Et :** enlever, soulever, achever.
tu	(te) lèves	
il/elle	(se) lève	
nous	(nous) levons	
vous	(vous) levez	
ils/elles	(se) lèvent	

■ ACHETER

1er radical : *achèt*
2e radical : *achet*

j'	achète	**Et :** racheter...
tu	achètes	
il/elle	achète	
nous	achetons	
vous	achetez	
ils/elles	achètent	

■ PESER

1er radical : *pès*
2e radical : *pes*

je	pèse	**Et :** soupeser.
tu	pèses	
il/elle	pèse	
nous	pesons	
vous	pesez	
ils/elles	pèsent	

■ CONGELER

1er radical : *congèl*
2e radical : *congel*

je	congèle	**Et :** geler, dégeler, harceler, modeler, peler…
tu	congèles	
il/elle	congèle	
nous	congelons	
vous	congelez	
ils/elles	congèlent	

■ SEMER

1er radical : *sèm*
2e radical : *sem*

je	sème	**Et :** parsemer.
tu	sèmes	
il/elle	sème	
nous	semons	
vous	semez	
ils/elles	sèment	

■ ESPÉRER

1er radical : *espèr*
2e radical : *esper*

j'	espère
tu	espères
il/elle	espère
nous	espérons
vous	espérez
ils/elles	espèrent

Et :
- compléter, s'inquiéter, interpréter, refléter, répéter…
- considérer, digérer, exagérer, gérer, libérer, préférer, suggérer, tolérer…
- décéder, posséder, succéder…
- célébrer, intégrer, pénétrer, protéger, régler, régner, révéler, sécher…

EXERCICES

1 Conjuguez au présent.

1. Vous vous levez tôt. Tu ______ Nous ______
2. Elle emmène les enfants. Nous ______ Je ______
3. Nous achetons les billets. Elle ______ Ils ______
4. Elle préfère sortir. Nous ______ Ils ______
5. Je m'inquiète beaucoup. Nous ______ Tu ______
6. Il répète toujours la même chose. Vous ______ Tu ______

2 Mettez un accent sur les verbes si nécessaire.

1. Je digere mal.
2. Vous tolerez ça !
3. Nous esperons que tout va bien.
4. Vous enlevez votre manteau.
5. Il possede un bateau.
6. Il leve les yeux.
7. Elle pele les pommes.
8. Je décongele du pain.
9. Nous sechons le linge.
10. Vous rachetez une maison.

3 Complétez avec les verbes proposés au présent et reliez les éléments selon le modèle.

1. *racheter* Elle *rachète* → d.
2. *exagérer* Tu ______
3. *compléter* Je ______
4. *se lever* Nous ______
5. *espérer* Il ______
6. *ramener* Elles ______

a. une collection de timbres.
b. les enfants du jardin.
c. avoir une réponse bientôt.
d. ma vieille voiture.
e. de bonne heure.
f. tout.

4 Complétez ce texte avec les verbes proposés au présent.

Quand le patron arrive le matin, il ______ (*enlever*) son manteau et il ______ (*répéter*) que la vie est dure. Il ______ (*se promener*) à travers l'étage où le silence ______ (*régner*). Il nous ______ (*obséder*) par sa mauvaise humeur. Puis il ______ (*pénétrer*) dans son bureau. Alors nous ______ (*s'inquiéter*) un peu à cause de sa nervosité qui ______ (*refléter*) son malaise. Nous lui ______ (*suggérer*) de prendre des vacances parce que nous ______ (*considérer*) qu'il en a besoin.

5 Répondez librement avec le même verbe au présent.

1. Vous vous inquiétez facilement ? ______
2. Vous préférez aller à la mer ou à la montagne ? ______
3. Vous réglez vos achats en espèces ou par carte bleue ? ______
4. Vous considérez que vous avez des conditions de vie agréables ? ______
5. Vous vous pesez régulièrement ? ______

Les verbes en *-IR*, dits du 2e ou du 3e groupe

• Parmi ces verbes, on distingue les groupes suivants :
– les verbes caractérisés au présent par l'insertion de « **iss** » aux trois personnes du **pluriel** : ce sont les verbes dits du 2e groupe ;
– les autres verbes qui présentent **un radical**, **deux radicaux** (deux types) ou **trois radicaux** : ce sont les verbes dits du 3e groupe.

VERBES AVEC INSERTION DE *-ISS*

Conjugaison : **radical + *-is, -is, -it, -iss-ons, -iss-ez, -iss-ent***

■ FINIR

je	finis
tu	finis
il/elle	finit
nous	fini**ss**ons
vous	fini**ss**ez
ils/elles	fini**ss**ent

■ S'ENRICHIR

je	m'	enrichis
tu	t'	enrichis
il/elle	s'	enrichit
nous	nous	enrichi**ss**ons
vous	vous	enrichi**ss**ez
ils/elles	s'	enrichi**ss**ent

• Ces verbes peuvent être tirés d'**adjectifs** :
blanc → blanchir – rouge → rougir – noir → noircir – jaune → jaunir
riche → s'enrichir – dur → durcir – gros → grossir – grand → grandir
clair → éclaircir…
• Ils peuvent aussi être tirés de **noms** :
choix → choisir – terre → atterrir…

■ HAÏR

je	hais
tu	hais
il/elle	hait
nous	haï**ss**ons
vous	haï**ss**ez
ils/elles	haï**ss**ent

♪ Notez bien la conjugaison de **haïr** qui n'a pas de tréma sur le « i » des troispersonnes du singulier :
il hait [ɛ] / *nous haïssons* [aisõ].
Le verbe **haïr** présente un « h » aspiré, donc il n'y a pas d'élision ni de liaison :
je hais – nous haïssons.

EXERCICES

1 **Complétez au présent et conjuguez à la personne demandée.**

1. Elle roug_____ facilement. Elles ____________________. Je ____________________.

2. Tu chois_____ ce pull ? Vous ____________________ ? Elles ____________________ ?

3. Je gross_____ trop. Ils ____________________. Vous ____________________.

2 **Complétez avec les verbes proposés au présent et reliez les éléments selon le modèle.**

1. Les feuilles	**a.** *hais* l'hypocrisie.		*haïr*
2. Le vin rouge	**b.** ______________	de chocolat.	*se nourrir*
3. Les enfants	**c.** ______________	toujours trop tard.	*agir*
4. Elle	**d.** ______________	toutes les semaines.	*se réunir*
5. L'équipe	**e.** ______________	parce que c'est l'automne.	*jaunir*
6. Je	**f.** ______________	bien.	*vieillir*

3 **Complétez les phrases avec le verbe qui convient conjugué au présent à la personne demandée.**

punir – réussir – applaudir – ralentir – rétrécir

1. Le public ______________ quand la pièce est finie.

2. Les voitures ______________ puis s'arrêtent au feu rouge.

3. Nous ______________ les élèves en retard.

4. Attention quand on le lave à l'eau chaude, ce pull ______________.

5. Je ne ______________ pas toujours comme je veux.

4 **Complétez ce texte en conjuguant les verbes proposés au présent aux personnes demandées.**

Le groupe (*se réunir*) ______________ tous les samedis. Le président (*définir*) ______________ l'emploi du temps. Tous ensemble, ils (*réfléchir*) ______________ au programme et ils (*choisir*) ______________ les thèmes de discussion. Le secrétaire de séance (*éclaircir*) ______________ les points obscurs. Ils (*aboutir*) ______________ quelquefois à une solution et (*réussir*) ______________ à régler les problèmes, mais ils (*finir*) ______________ souvent tard dans la soirée.

5 **Faites des verbes en « -ir » à partir des adjectifs suivants et utilisez-les dans une phrase.**

1. *mince* ______________ ______________________________

2. *dur* ______________ ______________________________

3. *brun* ______________ ______________________________

4. *épais* ______________ ______________________________

5. *grand* ______________ ______________________________

6. *vieux* ______________ ______________________________

7. *maigre* ______________ ______________________________

VERBES À UN RADICAL

• Le radical sert de base à **toutes** les personnes. Pour l'obtenir, il faut supprimer la terminaison ***-ir*** du verbe à l'infinitif. *Exemple* : ouvr-ir → **ouvr.**

■ OUVRIR

Terminaisons : *-e, -es, -e*

j'	ouvre
tu	ouvres
il/elle	ouvre
nous	ouvrons
vous	ouvrez
ils/elles	ouvrent

Et :
rouvrir, entrouvrir, couvrir, découvrir, recouvrir, offrir, souffrir…

■ CUEILLIR

Terminaisons : *-e, -es, -e*

je	cueille
tu	cueilles
il/elle	cueille
nous	cueillons
vous	cueillez
ils/elles	cueillent

Et :
accueillir, recueillir.

■ COURIR

Terminaisons : *-s, -s, -t*

je	cours
tu	cours
il/elle	court
nous	courons
vous	courez
ils/elles	courent

Et :
accourir, concourir, secourir, parcourir…

⚠ **Ouvrir** et **cueillir** se conjuguent au présent comme des verbes en *-er*.

VERBES À DEUX RADICAUX (type 1)

• Ces radicaux s'obtiennent à partir de l'infinitif.
– Le **1er radical** sert de base aux 3 personnes du **singulier**. Pour l'obtenir, il faut supprimer les 3 dernières lettres de l'infinitif. *Exemple* : dor-mir → **dor**.
– Le **2e radical** sert de base aux 3 personnes du **pluriel**. Pour l'obtenir, il faut supprimer la terminaison de l'infinitif. *Exemple* : dorm-ir → **dorm**.
• Terminaisons : ***-s, -s, -t, -ons, -ez, -ent.***

■ DORMIR

je	dors
tu	dors
il /elle	dort
nous	dormons
vous	dormez
ils/elles	dorment

Et :
s'endormir, (se) rendormir.

■ PARTIR

je	pars
tu	pars
il/elle	part
nous	partons
vous	partez
ils/elles	partent

Et :
repartir, sortir, ressortir, sentir, ressentir, mentir, démentir, consentir…

■ (SE) SERVIR

je	(me) sers
tu	(te) sers
il/elle	(se) sert
nous	(nous) servons
vous	(vous) servez
ils/elles	(se) servent

Et :
(se) resservir, desservir.

♪ Il est important de bien prononcer la dernière consonne sonore pour marquer la différence entre le singulier et le pluriel :
il dort [dɔʀ] / ils dorment [dɔʀm] – il part [paʀ] / ils partent [paʀt] – il (se) sert [sɛʀ] / ils (se) servent [sɛʀv].

EXERCICES

1 Complétez au présent.

1. Tu ouvr______ tes cadeaux ?
2. Nous dor______ à l'hôtel.
3. On sor______ tous les deux.
4. Ils cueill______ des champignons.
5. Tu par______ déjà ?
6. Vous desserv______ la table ?
7. Je cour______ vite.
8. Il ser______ les clients.
9. Il men______ à ses parents.
10. Nous secour______ les blessés.

2 Changez le « vous » en « tu ».

1. Vous partez en vacances cette année ? ______________________
2. Vous sortez ce soir ? ______________________
3. Vous dormez bien en ce moment ? ______________________
4. Vous vous servez du dictionnaire ? ______________________
5. Vous mentez parfois à vos amis ? ______________________
6. Vous offrez souvent des fleurs ? ______________________
7. Vous vous sentez en forme ? ______________________

3 Complétez cette lettre en mettant les verbes au présent.

Chère Florence,

Depuis que nous ______________ en Provence, nous ______________ merveilleusement bien. Nous ______________ de la voiture, excepté pour faire les courses. Le matin, nous ______________ les volets et nous ______________ vite : nous ______________ faire de longues promenades à pied et nous ______________ toutes ces herbes qui ______________ si bon : thym, lavande, romarin… Le soir, nous ______________ comme des bébés ! Malheureusement, nous ______________ dans une semaine. Quel dommage ! Je ______________ poster cette lettre et je t'embrasse.

Claudine

être – se sentir
ne pas se servir
ouvrir
sortir – partir
cueillir
sentir
s'endormir
repartir
courir

4 Cochez la bonne réponse, puis donnez les résultats de l'enquête.

Que faites-vous pendant les vacances ?

	Oui	Non		Oui	Non
Partir à la campagne	☐	☐	Dormir beaucoup	☐	☐
Découvrir des pays étrangers	☐	☐	Accueillir des amis chez soi	☐	☐
Sortir dans des boîtes de nuit	☐	☐	Courir tous les matins	☐	☐

*Pendant les vacances je*______________________________

____

VERBES À DEUX RADICAUX (type 2)

- Terminaisons : ***-s, -s, -t, -ons, -ez, -ent.***

■ MOURIR

1er radical : ***meur***
2e radical : ***mour***

je	meurs
tu	meurs
il/elle	meurt
nous	mourons
vous	mourez
ils/elles	meurent

■ ACQUÉRIR

1er radical : ***acquier***
2e radical : ***acquér***

j'	acquiers
tu	acquiers
il/elle	acquiert
nous	acquérons
vous	acquérez
ils/elles	acquièrent

Et :
conquérir, requérir…

■ FUIR

1er radical : ***fui***
2e radical : ***fuy***

je	fuis
tu	fuis
il/elle	fuit
nous	fuyons
vous	fuyez
ils/elles	fuient

Et :
s'enfuir.

♪ Noter l'accent grave sur la 3e personne du pluriel : **ils acquièrent**, qui se prononce comme les 3 premières personnes du singulier : [akjɛʀ].

⚠ Le verbe **bouillir** a également deux radicaux irréguliers **bou** et **bouill** :
je bous, tu bous, il bout, nous bouillons, vous bouillez, ils bouillent.
L'eau ***bout****. – Nous* ***bouillons*** *d'impatience.*

VERBES À TROIS RADICAUX

- Le 1er radical sert de base aux 3 personnes du **singulier**.
- Le 2e radical sert de base à **nous** et à **vous**.
- Le 3e radical sert de base à **ils/elles**.
- Terminaisons : ***-s, -s, -t, -ons, -ez, -ent.***

■ SE SOUVENIR

1er radical : ***vien*** **– 2e radical :** ***ven***
3e radical : ***vienn***

je	me souviens
tu	te souviens
il/elle	se souvient
nous	nous souvenons
vous	vous souvenez
ils/elles	se souviennent

Et :
venir (voir p. 12), revenir, devenir, prévenir, provenir, convenir, intervenir, survenir, parvenir….

■ TENIR

1er radical : ***tien*** **– 2e radical :** ***ten***
3e radical : ***tienn***

je	tiens
tu	tiens
il/elle	tient
nous	tenons
vous	tenez
ils/elles	tiennent

Et :
obtenir, retenir, appartenir, contenir, maintenir, soutenir, entretenir, s'abstenir, détenir…

♪ Notez la différence de prononciation :
il vient [vjɛ̃] / ils viennent [vjɛn] – il tient [tjɛ̃] / ils tiennent [tjɛn].

EXERCICES

1 **Complétez les verbes au présent.**

1. Elles vien_______ ici.
2. Vous vous souven_____ de ce voyage ?
3. Il acquier_____ de l'assurance.
4. Elle tien_____ un livre à la main.
5. Je fui_____ les gens.
6. Nous préve_______ la police.

2 **Complétez avec le verbe « mourir » au présent et reliez les éléments.**

1. Il fait terriblement chaud.
2. Ça sent bon !...
3. Il faut le rencontrer.
4. Le chauffage ne marche pas.

a. Nous _________ de faim, pas vous ?
b. Il ___________ d'envie de te connaître.
c. On _________ de froid.
d. Je *meurs* de soif !

3 **Complétez cet extrait de lettre en conjuguant les verbes proposés au présent.**

Chers amis,
Que ____________-vous ? Comment ____________-vous ? — *devenir – aller*
Quand ____________-vous nous voir ? Nous ______________ — *venir – revenir*
du Maroc : superbes vacances chez Marc. Vous ____________ — *se souvenir*
de lui ? Il ______________ maintenant à Marrakech dans une belle villa — *habiter*
qui ______________ à ses beaux-parents. Si je _____________ mon — *appartenir – obtenir*
diplôme, je ________________ travailler là-bas... C'est décidé ! — *partir*

4 **Remplacez les mots soulignés par le verbe de même sens proposé dans la liste suivante.**

tenir – obtenir – convenir – conquérir – fuir – appartenir

1. Ces objets <u>sont à vous</u> ? *Ces objets vous* ______________________________ ?
2. Je <u>reçois</u> tout ce que je demande. ______________________________
3. Ces dates vous <u>arrangent</u> ? ______________________________ ?
4. Elle <u>est attachée</u> à cette bague. ______________________________
5. L'entreprise <u>gagne</u> des marchés en Asie. ______________________________
6. Quand elle le voit, elle <u>part à toute vitesse</u>. ______________________________

5 **Trouvez les verbes cachés à la verticale ou à l'horizontale. Notez-les avec le pronom qui convient.**

```
S E R T F T E V
S S E F U I S A
A C Q U I E R S
I A T I E N T G
T U D T R S P A
```

tu *tiens* ______________________
____
____
____
____

Les verbes en *-IRE*, dits du 3e groupe

• Pour obtenir le 1er radical, il faut supprimer le « **re** » de l'infinitif.
Exemples : ri-re → **ri** ; di-re → **di** ; écri-re → **écri**.
• Terminaisons : ***-s, -s, -t, -ons, -ez, -ent.***

VERBES À UN RADICAL

■ RIRE

je	ris	nous	rions
tu	ris	vous	riez
il/elle	rit	ils/elles	rient

Et : sourire.

VERBES À DEUX RADICAUX (type 1)

• Pour obtenir le 2e radical, il faut ajouter un « **s** » au 1er radical.
Exemple : di-re → **dis**.

■ DIRE

je	dis
tu	dis
il/elle	dit
nous	disons
vous	**dites**
ils/elles	disent

Et : redire, interdire, prédire, contredire, médire…

■ CONDUIRE

je	conduis
tu	conduis
il/elle	conduit
nous	conduisons
vous	conduisez
ils/elles	conduisent

Et : produire, reproduire, réduire, traduire, séduire, cuire, (re)construire, détruire, instruire, nuire, suffire, introduire…

■ LIRE

je	lis
tu	lis
il/elle	lit
nous	lisons
vous	lisez
ils/elles	lisent

Et : relire, élire, réélire…

 **Vous** est irrégulier seulement pour le verbe **dire** : *vous interdisez*, etc.

VERBES À DEUX RADICAUX (type 2)

• Pour obtenir le 2e radical, il suffit d'ajouter un « **v** » au 1er radical :
Exemple : écri-re → **écriv**.

■ ÉCRIRE

j'	écris
tu	écris
il/elle	écrit
nous	écrivons
vous	écrivez
ils/elles	écrivent

Et : récrire, décrire.

■ (S')INSCRIRE

je	(m')inscris
tu	(t')inscris
il/elle	(s')inscrit
nous	(nous) inscrivons
vous	(vous) inscrivez
ils/elles	(s')inscrivent

Et : (se) réinscrire, prescrire…

EXERCICES

1 **Complétez au présent.**

1. Elle ri_____ trop fort.
2. Tu condui_____ bien !
3. Qu'est-ce que tu li_____ ?
4. Qu'est-ce que vous di_____ ?
5. Je di_____ la vérité.
6. Nous nous inscri_____ en 1er année.

2 **Faites des questions correspondant aux réponses.**

1. – Non, je lis seulement des romans. – *Est-ce que vous* _____________________ ?
2. – Oui, on écrit souvent à nos parents. – _____________________ ?
3. – Non, je ne conduis pas souvent la nuit. – _____________________ ?
4. – Non, je ne dis pas toujours la vérité. – _____________________ ?
5. – Oui, nous nous inscrivons au cours de danse. – _____________________ ?

3 **Donnez des définitions comme dans le modèle.**

un médecin – un chauffeur de taxi – un traducteur – un don juan – un architecte – un écrivain

traduire des livres – construire des maisons – prescrire des médicaments – écrire des livres – conduire des clients – séduire les femmes

Un médecin prescrit des médicaments. _____________________
____
____

Complétez au présent en choisissant le verbe qui convient.
élire – traduire – interdire – détruire – prédire – séduire

1. Il est brillant : ses professeurs lui _____________ un bel avenir.
2. Comment _____________ -vous cette expression en français ?
3. On _____________ ce vieux bâtiment près de chez elle.
4. Les Français _____________ leur président tous les cinq ans.
5. Votre idée me _____________ : j'accepte !
6. La loi _____________ de fumer dans les lieux publics.

5 **Complétez au présent.**

Sondage sur les Français

rire	100 % __________	au cirque.
lire	83 % __________	des magazines.
écrire	5 % __________	un journal intime.
conduire	30 % __________	sans ceinture.
s'inscrire	22 % __________	à un club de gym

Et vous ?

Je _____________________

Les verbes en *-DRE*, dits du 3e groupe

- Pour trouver le 1er radical, il faut distinguer :
- les verbes **attendre**, **répondre**, **(se) perdre**, **coudre** et **prendre** qui perdent le « **re** » de l'infinitif. *Exemple* : attend-re → **attend** ;
- Les verbes **peindre**, **rejoindre** et **résoudre** qui perdent le « **dre** » de l'infinitif. *Exemples :* pein-dre → **pein** ; résou-dre → **résou**.

VERBES À UN RADICAL

- Terminaisons : ***-s, -s, -, -ons, -ez, -ent***.

ATTENDRE

j'	attends
tu	attends
il/elle	attend
nous	attendons
vous	attendez
ils/elles	attendent

Et :
entendre, vendre, revendre, descendre, défendre, prétendre, tendre, étendre, détendre, pendre, dépendre, suspendre, répandre…

RÉPONDRE

je	réponds
tu	réponds
il/elle	répond
nous	répondons
vous	répondez
ils/elles	répondent

Et :
correspondre, confondre, fondre, pondre, tondre…

(SE) PERDRE

Je	(me) perds
tu	(te) perds
il/elle	(se) perd
nous	(nous) perdons
vous	(vous) perdez
ils/elles	(se) perdent

Et :
mordre, tordre

♪ Le « d » des 3 premières personnes du singulier ne se prononce pas, mais on entend clairement le « d » de **ils/elles** : il perd [pɛʀ] / ils perdent [pɛʀd].

VERBES À DEUX RADICAUX

- Pour obtenir le 2e radical, il faut changer « **n** » en « **gn** ».
Exemple : pein → **peign**.
- Terminaisons : ***-s, -s, -t, -ons, -ez, -ent.***

PEINDRE

je	peins
tu	peins
il/elle	peint
nous	pei**gn**ons
vous	pei**gn**ez
ils/elles	pei**gn**ent

Et :
dépeindre, éteindre, repeindre, atteindre, restreindre, feindre…

(SE) PLAINDRE

je	(me) plains
tu	(te) plains
il/elle	(se) plaint
nous	(nous) plai**gn**ons
vous	(vous) plai**gn**ez
ils/elles	(se) plai**gn**ent

Et :
craindre, contraindre.

REJOINDRE

je	rejoins
tu	rejoins
il/elle	rejoint
nous	rejoi**gn**ons
vous	rejoi**gn**ez
ils/elles	rejoi**gn**ent

Et :
(se) joindre…

EXERCICES

1 Complétez au présent.

1. Tu atten______ depuis longtemps ?
2. J'enten______ du bruit.
3. On se rejoin______ à la maison.
4. Nous répon______ rapidement.
5. Il pein______ des portraits.
6. Vous éteign______ la radio ?
7. Ils per______ la tête !
8. Tu te plain______ tout le temps !
9. Je me per______ dans les détails.
10. Il préten______ être noble.

2 Reliez les éléments et complétez avec un des verbes suivants au présent.

attendre – répondre – descendre – entendre – perdre

1. Ma mère est distraite.
2. Il n'y a personne.
3. Dépêche-toi !
4. Il n'y a plus de vin !
5. Le téléphone sonne.

a. Je n'__________ aucun bruit.
b. Tu __________ ?
c. Elle __________ toujours ses lunettes !
d. Christian t'__________ dans la voiture !
e. Je __________ à la cave.

3 Mettez les phrases au pluriel.

1. Le garagiste vend des voitures. ______________________________
2. La vendeuse attend le client. ______________________________
3. La standardiste répond aux appels. ______________________________
4. Le policier défend l'entrée. ______________________________

4 Remplacez les mots soulignés par un verbe de même sens de la liste suivante, puis mettez ces verbes au pluriel.

contraindre – atteindre – craindre – éteindre

1. Si tu n'écoutes pas, je ferme la radio. ______________________________
2. Tu n'as pas peur de prendre froid ? ______________________________
3. Il arrive au sommet de la montagne. ______________________________
4. Tu nous forces à être malhonnêtes. ______________________________

____

5 Complétez ce bulletin météorologique.

Aujourd'hui, on ______________ encore une grosse vague de chaleur dans le sud	*craindre*
de la France où les températures ______________ déjà des records.	*atteindre*
On ______________ les personnes âgées à boire beaucoup.	*contraindre*
Mais on ______________ également la consommation d'eau	*restreindre*
et les agriculteurs ______________ de ne plus pouvoir arroser leurs champs.	*se plaindre*

COUDRE

1er radical : *coud*
2e radical : *cous*
Terminaisons : *-s, -s, -*

je	couds
tu	couds
il/elle	coud
nous	cou**s**ons
vous	cou**s**ez
ils/elles	cou**s**ent

Et :
découdre, recoudre.

RÉSOUDRE

1er radical : *résou*
2e radical : *résolv*
Terminaisons : *-s, -s, -t*

je	résous
tu	résous
il/elle	résout
nous	rés**olv**ons
vous	rés**olv**ez
ils/elles	rés**olv**ent

Et :
dissoudre, absoudre.

♪ Aux 3 personnes du singulier de **coudre**, on n'entend pas le « d » : je couds [ku].

♪ **Moudre** se conjugue sur **coudre**, mais le 2e radical est **moul** :
nous moulons, vous moulez, ils moulent.
*Je **mouds** le café. – Ils **moulent** le grain.*

VERBES À 3 RADICAUX

PRENDRE

1er radical : *prend*
2e radical : *pren* – 3e radical : *prenn*
Terminaisons : *-s, -s, -*

je	prends
tu	prends
il/elle	prend
nous	pre**n**ons
vous	pre**n**ez
ils/elles	pre**nn**ent

Et :
apprendre, comprendre, reprendre, surprendre, entreprendre…

♪ Aux 3 personnes du singulier de **prendre,** on n'entend pas le « d » : je prends [pʀɑ̃].

EXERCICES

1 Complétez au présent.

1. On pren______ un verre ensemble ?
2. Tu appren______ l'allemand ?
3. Je résou______ mes problèmes moi-même.
4. Vous pren______ l'avion ce soir ?
5. Elles compren______ l'arabe.
6. Elle cou______ les vêtements de ses enfants.
7. Tu me surpren______ !
8. Nous appren______ à danser.

2 Conjuguez le verbe « prendre » au présent.

1. Je n'ai pas le temps, je __________ un sandwich.
2. Leur voiture est en panne, ils __________ le train.
3. Nous __________ un bain de soleil.
4. Vous __________ un café ?
5. Tu __________ ta douche maintenant ?
6. Pour dormir il __________ des médicaments.

3 Choisissez le verbe qui convient et conjuguez-le au présent.

apprendre – comprendre – surprendre – prendre – reprendre

1. Les enfants ______________ à lire à l'âge de 6 ans. L'institutrice leur ______________ la lecture avec des jeux et ils ______________ vite. Natacha me ______________ : elle ______________ tout !
2. Si tu ne ______________ pas rendez-vous immédiatement, tu ______________ des risques, tu ______________ ?
3. Vous ne ______________ rien tout simplement parce que vous n'______________ pas vos leçons !
4. Vous me ______________ ! Vous ne ______________ pas pourquoi nous ______________ des précautions dans cette délicate affaire et pourquoi cela nous ______________ tellement de temps ?
5. Je ne ______________ pas de dessert. Merci, je n'ai plus faim.

4 Complétez avec les verbes au présent.

1. Les femmes ______________ (*coudre*) de moins en moins : elles achètent des vêtements tout faits.
2. Si on désire un café avec plus d'arôme, on le ______________ (*moudre*) juste avant de le faire.
3. Tout ceci ______________ (*ne pas résoudre*) mon problème ! Au contraire !
4. Ce cachet d'aspirine ______________ (*se dissoudre*) rapidement dans l'eau.
5. J'ai perdu un bouton à mon manteau. Tu me le ______________ (*recoudre*), s'il te plaît ?
6. Le président ______________ (*dissoudre*) rarement l'Assemblée nationale.
7. Jacques et Anne-Marie ______________ (*entreprendre*) la rénovation de leur maison.
8. Ces spécialistes ______________ (*résoudre*) tous les problèmes.
9. Elle ______________ (*reprendre*) ses études à 40 ans.
10. Ces nouvelles me ______________ (*surprendre*).

Les verbes en *-AIRE/-OIRE*, dits du 3e groupe

• Pour obtenir le 1er radical, il faut supprimer le « **re** » de l'infinitif.
Exemples : plai-re → **plai** ; croi-re → **croi** ; boi-re → **boi**.
• Terminaisons : ***-s, -s, -t, -ons, -ez, -ent.***

VERBES À DEUX RADICAUX (type 1)

• Pour obtenir le 2e radical, il faut ajouter le « **s** » au 1er radical.
Exemple : plai → **plais**.

PLAIRE

je	plais
tu	plais
il/elle	plaît
nous	plai**s**ons
vous	plai**s**ez
ils/elles	plai**s**ent

Et :
se plaire, déplaire
se complaire

SE TAIRE

je	me tais
tu	te tais
il/elle	se tait
nous	nous tai**s**ons
vous	vous tai**s**ez
ils/elles	se tai**s**ent

⚠ Accent circonflexe sur le « i » de la 3e personne du singulier de **plaire**, **déplaire**, **se complaire**.

VERBES À DEUX RADICAUX (type 2)

• Pour obtenir le 2e radical, il faut changer le « **i** » du 1er radical en « **y** ».
Exemple : croi → **croy**.

CROIRE

je	crois
tu	crois
il/elle	croit
nous	croyons
vous	croyez
ils/elles	croient

(SE) DISTRAIRE

je	(me) distrais
tu	(te) distrais
il/elle	(se) distrait
nous	(nous) distrayons
vous	(vous) distrayez
ils/elles	(se) distraient

Et :
extraire,
soustraire...

VERBE À TROIS RADICAUX

BOIRE

2e radical : *buv* – 3e radical : *boiv*

je	bois
tu	bois
il/elle	boit
nous	buvons
vous	buvez
ils/elles	boivent

EXERCICES

1 **Complétez au présent.**

1. Elle plaî_____ à tout le monde.
2. Ils boi_____ de la bière.
3. On soustrai_____ 10 % de la somme.
4. Ils extrai _____ une tonne de sel.
5. Pourquoi est-ce que tu te tai_____ ?
6. Vous cro_____ que c'est juste ?
7. Nous nous distra_____ en allant au café.
8. Tu soustrai_____ combien ?

2 **Mettez les verbes au présent.**

1. *se plaire* – Vous _____ dans votre nouvel appartement ?
– Oui, je m'y_____ beaucoup.
2. *se taire* – Vous _____ quand le directeur arrive ?
– Bien sûr, on _____ !
3. *se distraire* – Comment est-ce que vous _____ dans ce village ?
– Oh ! on _____ comme on peut !...
4. *plaire* – Mes chaussures te _____ ?
– Tes chaussures, non, mais ta robe me _____ !
5. *soustraire* – Vous _____ la pause déjeuner de mon horaire de travail ?
– Mais non ! Nous ne _____ pas la pause déjeuner.

3 **Complétez avec le verbe « boire » au présent.**

Au petit déjeuner, je _____ du thé mais mon mari _____ du café. Les enfants _____ du lait. Le soir, nous ne _____ pas d'alcool, seulement de l'eau. En fait, on ne _____ du vin qu'au restaurant ou quand on invite des amis.
Les Français, c'est vrai, _____ beaucoup de vin, mais ils _____ aussi beaucoup d'eau minérale. Les jeunes _____ beaucoup de boissons sucrées, des sodas, et c'est dommage pour leur santé.

4 **Complétez ces dialogues avec le verbe « croire » au présent.**

– Vous _____ au Père Noël ?
– À notre âge, nous n'y _____ plus !
– Moi, je _____ aux extraterrestres.
– Tu n'es pas le seul ; beaucoup de gens y _____ !

– Tu _____ aux fantômes?
– Je n'y _____ pas, mais les copains y _____ . Maxime, il y _____ et ça me fait peur.

5 **Quelles sont vos croyances et celles des personnes de votre âge ?**

_____
_____
_____
_____

Les verbes en *-TRE*, dits du 3e groupe

• Pour obtenir le 1er radical, il faut supprimer le « **tre** » de l'infinitif.
Exemples : met-tre → **met** ; connaî-tre → **connaî**.

VERBES À DEUX RADICAUX

METTRE

2e radical : doubler le « *t* »
Terminaisons : *-s, -s, -*

je	mets
tu	mets
il/elle	met
nous	me**tt**ons
vous	me**tt**ez
ils/elles	me**tt**ent

Et :
remettre, promettre, permettre, admettre, transmettre, émettre, soumettre, compromettre…

(SE) BATTRE

2e radical : doubler le « *t* »
Terminaisons : -s, -s, -

je	(me) bats
tu	(te) bats
il/elle	(se) bat
nous	(nous) ba**tt**ons
vous vous	(vous) ba**tt**ez
ils/elles	(se) ba**tt**ent

Et :
combattre, débattre…

CONNAÎTRE

2e radical : ajouter « *ss* »
Terminaisons : *-s, -s, -t*

je	connais
tu	connais
il/elle	connaît
nous	connai**ss**ons
vous	connai**ss**ez
ils/elles	connai**ss**ent

Et :
reconnaître, paraître, reparaître, apparaître, disparaître, réapparaître, méconnaître.

NAÎTRE

2e radical : ajouter « *ss* »
Terminaisons : *-s, -s, -t*

je	nais
tu	nais
il/elle	naît
nous	nai**ss**ons
vous	nai**ss**ez
ils/elles	nai**ss**ent

Et :
renaître.

CROÎTRE

2e radical : ajouter « *ss* »
Terminaisons : *-s, -s, -t*

je	croîs
tu	croîs
il/elle	croît
nous	croi**ss**ons
vous	croi**ss**ez
ils/elles	croi**ss**ent

Et :
accroître, décroître.

⚠ Les verbes en ***-aître*** et en ***-oître*** prennent un accent circonflexe seulement sur le « **i** » qui précède le « **t** » : *il apparaît.* Le verbe **croître** prend l'accent circonflexe au présent, aux 3 personnes du singulier, et au participe passé pour le distinguer du verbe **croire**.

EXERCICES

1 **Complétez au présent.**

1. Je met_____ mon pull rouge.
2. Nous admet_____ qu'il a raison.
3. Tu te bat_____ comme un lion !
4. Ils promet________ d'arriver à l'heure.
5. Vous connai________ mon mari ?
6. Ils connai________ la route.

2 **Répondez librement en conjuguant le verbe souligné au présent.**

1. Est-ce que vous mettez du sucre dans votre café ?

____

2. Est-ce que vous me permettez, monsieur le professeur, de sortir avant la fin de l'examen ?

____

3. Est-ce que vous connaissez le Portugal ?

____

4. Vous me promettez de continuer à étudier le français ?

____

3 **Complétez au présent, puis écrivez une lettre de revendication à la 1re personne du pluriel.**

Ces personnes ____________________ le quartier depuis 20 ans. *connaître*
Elles ____________________ pour préserver leur environnement : *se battre*
elles ne ____________________ pas aux promoteurs de le défigurer. *permettre*
Elles ____________________ toute leur énergie dans ce combat. *mettre*
La mairie ________________ leurs revendications et elle ______________ *reconnaître – promettre*
de les aider, mais elle ____________________ aussi la construction *permettre*
de grands immeubles. Vous ____________________ que c'est paradoxal ! *admettre*

Nous ____

____

____

4 **Complétez au présent avec « paraître », « réapparaître » et « disparaître ».**

Il ________________ pendant plusieurs jours, sans raison, puis il ________________ ! Moi, cela me ________________ bizarre. Il ________________ qu'il a une petite amie en province…

5 **Complétez au présent avec « croître », « décroître », « croire » et « s'accroître ».**

Je _________ qu'on voit bien ici que la courbe du nombre d'employés _________ jusqu'en 1996, puis elle _________ . Mais la capacité de production _________ régulièrement.

Les verbes en *-VRE*, dits du 3e groupe

VERBES À DEUX RADICAUX

• Pour obtenir le 1er radical, il faut supprimer le « **vre** » de l'infinitif.
Exemple : sui-vre → **sui.**
• Pour obtenir le 2e radical, il faut supprimer le « **re** » de l'infinitif.
Exemple : suiv-re → **suiv**.
• Terminaisons : ***-s, -s, -t, -ons, -ez, -ent.***

SUIVRE

je	suis	**Et :** poursuivre…
tu	suis	
il/elle	suit	
nous	suivons	
vous	suivez	
ils/elles	suivent	

VIVRE

je	vis	**Et :** revivre, survivre.
tu	vis	
il/elle	vit	
nous	vivons	
vous	vivez	
ils/elles	vivent	

⚠ Seul le contexte de la phrase peut distinguer le verbe **suivre** du verbe **être** à la 1re personne du singulier :
*Je **suis** étudiant et je **suis** un cours de maths.*

Les verbes en *-URE/-PRE/-CRE*

• Pour obtenir le 1er radical, il faut supprimer le « **re** » de l'infinitif.
Exemples : conclu-re → **conclu** ; interromp-re → **interromp**.

VERBES À UN RADICAL

CONCLURE

Terminaisons : ***-s, -s, -t***

je	conclus
tu	conclus
il/elle	conclut
nous	concluons
vous	concluez
ils/elles	concluent

Et : inclure, exclure…

INTERROMPRE

Terminaisons : ***-s, -s, -t***

j'	interromps
tu	interromps
il/elle	interrompt
nous	interrompons
vous	interrompez
ils/elles	interrompent

Et : corrompre, rompre.

VERBES À DEUX RADICAUX

CONVAINCRE

2e radical : changer le « c » en « qu »
Terminaisons : ***-s, -s, -***

je	convaincs
tu	convaincs
il/elle	convainc
nous	convain**qu**ons
vous	convain**qu**ez
ils/elles	convain**qu**ent

Et : vaincre.

♪ Pour **convaincre** et **interrompre**, le « p » et le « c » des 3 personnes du singulier ne se prononcent pas : je le convaincs [kɔ̃vɛ̃] – il interrompt [ɛ̃tɛʀɔ̃]

EXERCICES

1 Complétez au présent.

1. Nous sui______ des cours d'histoire.
2. Il conclu______ un marché.
3. On interromp______ la réunion ?
4. Tu vi____ seul ?
5. Elles survi____________ avec difficulté.
6. Je vous convain______ ?

2 Répondez avec les verbes soulignés conjugués au présent.

1. – Vous vivez en Europe ? – Oui, je ________ en Europe, j'habite en Grèce.
2. – Vous excluez cette possibilité ? – Oui, je l'_________, je suis contre !
3. – Vous me suivez ? – Non, je ne vous ______ pas : je ne comprends rien.
4. – Pardon, j'interromps votre cours ? – Non, vous ne m'_______________ pas, j'ai fini.

3 Complétez avec « suivre » et « vivre » au présent et reliez les éléments.

1. Je vais dans cette direction.
2. Nous détestons la ville.
3. Thierry et son frère sont médecins.
4. Elle est complètement libre.
5. Il adore le football.

a. Alors, nous _________ à la campagne.
b. Tu me _________, c'est plus simple !
c. Il _________ tous les matchs à la télévision.
d. Elle _________ sa vie !
e. Ils _________ l'exemple de leur père.

4 Complétez au présent.

1. Les ministres de l'Agriculture ______________ (*conclure*) un accord important.
2. Les jeunes ______________ (*interrompre*) parfois leurs études pour des raisons financières.
3. Nous les ______________ (*convaincre*) de continuer à travailler avec nous.
4. Ce prix ______________ (*ne pas inclure*) les taxes d'importation.
5. Depuis la mort de son mari, elle ______________ (*ne pas vivre*), elle ______________ (*survivre*).

5 Complétez ce dialogue au présent.

– Je ______________ donc par cette phrase : « Nos objectifs sont... »
– Excusez-moi si je vous ______________, Monsieur,
mais vous __________________ le public car vous __________________
l'hypothèse de...
– Cela ___________ ! Attendez... Je ___________ le débat dans deux
minutes. Je ___________ que vous ___________ d'envie de parler,
mais je ___________ à finir. Si vous me ________________,
je _______________...

conclure
interrompre
ne pas convaincre – ne pas inclure
suffire – ouvrir
sentir – mourir
tenir – permettre
poursuivre

Les verbes en *-OIR*, dits du 3e groupe

(Pour les verbes **pouvoir, devoir, vouloir, savoir, falloir**, voir p. 14.)

VERBES À DEUX RADICAUX

■ PLEUVOIR

• Pour obtenir le 1er radical, il faut supprimer « **voir** » de l'infinitif.
Exemple : pleu-voir → **pleu**.
• Ce verbe ne se conjugue qu'à la 3e personne du singulier : **il pleut**.

⚠ Dans le style poétique, on peut trouver **pleuvoir** à la 3e personne du pluriel.
Le 2e radical apparaît : 1er radical + « v » → **pleuv**.
*Les bombes **pleuvent** sur la ville.*

■ VOIR

1er radical : *voi*
2e radical : *voy*
Terminaisons : *-s, -s, -t*

je	vois	**Et :** prévoir, (se) revoir, (s')entrevoir.
tu	vois	
il/elle	voit	
nous	voyons	
vous	voyez	
ils/elles	voient	

■ VALOIR

1er radical : *vau*
2e radical : *val*
Terminaisons : -x, -x, -t

je	vaux	**Et :** équivaloir...
tu	vaux	
il/elle	vaut	
nous	valons	
vous	valez	
ils/elles	valent	

⚠ Noter que le 1er radical des verbes **voir** et **s'asseoir** (1re conjugaison) sert de base aux 3 personnes du singulier et à la 3e personne du pluriel : *ils **voi**ent.*

⚠ **Voir** peut se conjuguer à la forme pronominale réciproque :
*Nous **nous voyons** tous les dimanches.*

⚠ Noter les terminaisons **-x /-x/-t** de **valoir** comme pour les verbes **vouloir** et **pouvoir**.

■ S'ASSEOIR (2 conjugaisons possibles)

1er radical : *assoi*
2e radical : *assoy*
Terminaisons : *-s, -s, -t*

je	m'assois
tu	t'assois
il/elle	s'assoit
nous	nous assoyons
vous	vous assoyez
ils/elles	s'assoient

1er radical : *assied*
2e radical : *assey*
Terminaisons : *-s, -s, -*

je	m'assieds
tu	t'assieds
il/elle	s'assied
nous	nous asseyons
vous	vous asseyez
ils/elles	s'asseyent

♪ Préférez la seconde conjugaison, plus agréable à l'oreille.

EXERCICES

1 Complétez au présent.

1. Elles se voi______ tous les jours.
2. Ils s'assoi______ à la même table.
3. Vous vous asse______ sur cette chaise.
4. Vous voy______ cette femme là-bas ?
5. Tu prév______ d'arrêter tes études ?
6. On se voi______ jeudi.
7. Nous nous asse______ ici.
8. Ils val______ 30 euros.

2 Complétez en conjuguant « voir » au présent.

– Nous ne ________ plus Anne et Diego... et vous, vous les ________ ?
– De temps en temps, on les ________ pour jouer au bridge.

– Je ne ____________ pas pourquoi mon fils ____________ cette fille si souvent...
– Mais s'ils se ____________ tellement, c'est peut-être l'Amour avec un grand A !

3 Complétez avec le verbe « s'asseoir » au présent (utilisez les deux formes).

Jill __________/__________ à gauche de Paul, Claude et Marie __________/__________ en face d'eux, Ariane __________/__________ à droite de Paul. Moi, je __________/__________ au bout de la table et toi, tu __________/__________ à ma droite.

4 Complétez cette conversation au présent.

– Vous ____________, la situation n'est pas simple...	*voir*
– Oh ! Vous ________________ être pessimiste ! Je ________________	*ne pas devoir – croire*
que ce ____________________ aussi grave que vous le ____________________.	*ne pas être – dire*
J' ________ rendez-vous avec elle demain. On ____________________	*avoir – se voir*
à 10 heures. Après je ________ vous téléphoner si vous	*pouvoir*
le ______________ ... D'accord ?	*vouloir*
– Vous ________ raison, mais il ________ mieux ne pas lui	*avoir – valoir*
parler de notre conversation. Vous ____________, je ________________	*savoir – ne pas vouloir*
faire d'histoires...	
– Vous ________________ compter sur ma discrétion.	*pouvoir*

5 Cherchez dans un journal ou sur Internet un bulletin météo. Commentez-le en utilisant les verbes « voir », « pleuvoir », « prévoir », « il vaut mieux ».

Aujourd'hui on ____

____

____

VERBES À TROIS RADICAUX

• Terminaisons : ***-s, -s, -t, -ons, -ez, -ent.***

■ RECEVOIR

1er radical : *reçoi*
2e radical : *recev*
3e radical : *reçoiv*

je	reçois
tu	reçois
il/elle	reçoit
nous	recevons
vous	recevez
ils/elles	reçoivent

■ (S')APERCEVOIR

1er radical : *aperçoi*
2e radical : *apercev*
3e radical : *aperçoiv*

je	(m')aperçois
tu	(t')aperçois
il/elle	(s')aperçoit
nous	(nous) apercevons
vous	(vous) apercevez
ils/elles	(s')aperçoivent

Et :
décevoir, concevoir, percevoir.

♪ Attention à la cédille devant le « o » pour garder le son [s].

■ (S')ÉMOUVOIR

1er radical : *émeu*
2e radical : *émou*
3e radical : *émeuv*

je	(m')émeus
tu	(t')émeus
il/elle	(s')émeut
nous	(nous) émouvons
vous	(vous) émouvez
ils/elles	(s')émeuvent

Et :
mouvoir, promouvoir.

⚠ Dans la langue courante, **émouvoir** au présent est souvent remplacé par **toucher** :
*Cela m'**émeut** profondément. = Cela me **touche** beaucoup.*

EXERCICES

1 **Mettez les cédilles si nécessaire.**

vous recevez – il concoit – nous apercevons – tu t'apercois – je décois – elle recoit – je percois

2 **Répondez en utilisant deux fois le verbe souligné comme dans l'exemple.**

Vous décevez souvent vos amis ?

Non je ne les déçois pas souvent, mais eux ils me déçoivent trop souvent.

1. Vous recevez souvent vos amis à dîner ?
____
2. Vous vous apercevez rapidement de vos erreurs ?
____
3. Vous concevez un monde sans ordinateur ?
____
4. Vous percevez un gros salaire ?
____

3 **Mettez les phrases au pluriel, puis transformez-les avec « nous » comme sujet.**

1. Le voisin reçoit des coups de fil anonymes. ______________
2. Il déçoit terriblement le professeur. ______________
3. Elle aperçoit la tour Eiffel. ______________
4. Il ne conçoit pas une autre manière de vivre. ______________

Nous ______________________________

____

4 **Complétez en mettant les verbes au présent.**

1. Les diplômés ______________ (*recevoir*) les félicitations du jury.
2. Par la fenêtre, tu ______________ (*apercevoir*) la basilique Saint-Pierre.
3. Je ______________ (*recevoir*) trop de publicités dans ma boîte à lettres.
4. Sa sincérité m'______________ (*émouvoir*) : je ______________ (*s'apercevoir*) qu'il est honnête.
5. Certains animaux ______________ (*percevoir*) les ultrasons.

5 **Remplacez le verbe souligné par un verbe choisi dans la liste suivante.**

concevoir – percevoir – émouvoir – s'apercevoir – recevoir

1. Ce film fait pleurer le public. ______________
2. Je me rends compte que c'est trop tard. ______________
3. Les publicitaires créent de nouveaux produits. ______________
4. Tu accueilles des artistes chez toi ? ______________
5. Depuis sa maladie, elle ne distingue plus les couleurs. ______________

2 L'IMPARFAIT DE L'INDICATIF

• Pour **tous** les verbes (sauf **être**), l'imparfait se forme avec le radical de la 1re personne du pluriel du présent de l'indicatif auquel on ajoute les terminaisons : ***-ais, -ais, -ait, -ions, -iez, -aient***.
Exemple : nous all-ons → **j'all-ais**.

Les verbes *ÊTRE, AVOIR, ALLER, VENIR* et *FAIRE*

■ ÊTRE

j'	**étais**
tu	**étais**
il/elle	**était**
nous	**étions**
vous	**étiez**
ils/elles	**étaient**

■ AVOIR (nous av-ons)

j'	avais
tu	avais
il/elle	avait
nous	avions
vous	aviez
ils/elles	avaient

♪ La liaison est obligatoire dans :
– **nous étions, vous étiez, ils étaient, elles étaient.**
– **nous avions, vous aviez, ils avaient, elles avaient.**

■ ALLER (nous all-ons)

j'	allais
tu	allais
il/elle	allait
nous	allions
vous	alliez
ils/elles	allaient

Et :
s'en aller : *je m'en allais.*

■ VENIR (nous ven-ons)

je	venais
tu	venais
il/elle	venait
nous	venions
vous	veniez
ils/elles	venaient

Et :
voir p. 12.

♪ La liaison est obligatoire dans **nous allions, vous alliez, ils allaient, elles allaient.**

■ FAIRE (nous fais-ons)

je	faisais
tu	faisais
il/elle	faisait
nous	faisions
vous	faisiez
ils/elles	faisaient

Et :
défaire : *je défaisais, nous défaisions* etc.

EXERCICES

1 Conjuguez « avoir » à l'imparfait.

Souvenirs de vacances

Tu te souviens de cet été là chez Philippe. Mon frère __________ dix-huit ans et moi, je __________ à peine seize ans. Tes deux cousines __________ à peu près le même âge que nous. Philippe __________ son permis de conduire et nous __________ le droit de prendre la voiture de sa mère.

2 Conjuguez « être » à l'imparfait.

Faits divers dramatique

Le professeur __________ debout devant son bureau, nous __________ une dizaine dans la classe et les autres __________ encore dans l'escalier. Soudain, une explosion, des cris ! On __________ tremblants de peur, le professeur __________ blanc comme neige. C'__________ la panique ! Je __________ terrorisé.

3 Mettez les verbes à l'imparfait.

Mon grand-père est grand et fort. Il a des petits yeux et une moustache. Je suis très content de parler avec lui. En parlant, il fait des gestes. Il a de l'humour. Il a de bonnes relations avec tout le monde dans la famille. Nous avons beaucoup d'admiration pour lui. Le soir après le repas en été, nous allons et venons dans les allées du jardin. Il est aussi très généreux, il a le cœur sur la main, et puis il est drôle, nous faisons souvent des blagues à grand-mère.

Mon grand-père était grand et fort... __________

____

____

____

4 Racontez ce scénario de film à votre meilleur(e) ami(e) en mettant les verbes à l'imparfait et inventez la suite en utilisant « être », « avoir », « aller », « venir » et « faire ».

L'héroïne est dans l'autobus... En face d'elle, il y a un homme bizarre. Il est très grand, très mince. Il lui fait des grands sourires, mais il n'a pas de dents. Elle a peur de lui, elle a envie de crier. Il va et vient entre les passagers. Il a de très grandes mains osseuses qui viennent toucher son bras. Elle est morte de peur, alors...

Hier, j'ai vu un film étrange : l'héroïne était dans l'autobus... __________

____

____

____

Les verbes *POUVOIR, VOULOIR, DEVOIR, FALLOIR* et *SAVOIR*

■ POUVOIR (nous pouv-ons) et ■ VOULOIR (nous voul-ons)

	POUVOIR		VOULOIR
je	pouvais	je	voulais
tu	pouvais	tu	voulais
il/elle	pouvait	il/elle	voulait
nous	pouvions	nous	voulions
vous	pouviez	vous	vouliez
ils/elles	pouvaient	ils/elles	voulaient

■ DEVOIR (nous dev-ons) et ■ FALLOIR

	DEVOIR
je	devais
tu	devais
il/elle	devait
nous	devions
vous	deviez
ils/elles	devaient

il fallait

⚠ **Falloir** ne se conjugue qu'à la 3e personne du singulier.

■ SAVOIR (nous sav-ons)

	SAVOIR
je	savais
tu	savais
il/elle	savait
nous	savions
vous	saviez
ils/elles	savaient

♪ Ne confondez pas :
nous avions et **nous savions – vous aviez** et **vous saviez**
[z] [s] [z] [s]

EXERCICES

1 **Rapportez à votre frère ou sœur cet appel téléphonique en mettant les verbes à l'imparfait.**

Allô, Stéphane ! C'est maman. Pour la fête ce soir, il ne faut pas inviter plus d'une vingtaine de personnes. Vous pouvez déménager les canapés dans ma chambre si vous voulez. Les voisins peuvent vous aider ! Si tu veux, tu peux utiliser ma chaîne hi-fi. Attention ! Vous ne pouvez pas faire de bruit après une heure du matin.

Maman a appelé. Elle a dit que pour la fête ce soir, il ... ________________________ .
Elle a dit que nous ________________________ si nous ____________
et que les voisins ________________________ ! Elle m'a dit que
si ________________________ mais que nous ____________
________________________ .

2 **Faites les transformations selon le modèle.**

À notre époque

1. Il fallait aller à l'école à pied. → *Nous devions aller à l'école à pied.*
2. Il fallait se lever à 6 h du matin. → Je ____________
3. Il fallait obéir aux ordres des professeurs. → Vous ____________
4. Il fallait travailler dur, même le dimanche. → On ____________
5. Il fallait économiser notre argent de poche. → Nous ____________

3 **Terminez les phrases avec « savoir » à l'imparfait selon le modèle.**

Je connais Florence depuis longtemps, mais je *ne savais pas qu'elle avait un fils.*

1. Nous connaissons le quartier depuis 10 ans, mais nous ____________
2. Elle connaît la France depuis 5 ans, mais elle ____________
3. Ils connaissent les vins français, mais ils ____________
4. Tu connais bien Léa, mais tu ____________
5. Vous connaissez les Lebreton, mais vous ____________

4 **Complétez ce récit avec « pouvoir », « vouloir », « devoir », « falloir » ou « savoir » à l'imparfait.**

J'ai participé à un jeu à la télévision. Nous ____________ répondre à plusieurs questions.
On ____________ choisir des thèmes. Si on ____________ , on ____________ demander un joker.
Il ____________ répondre en moins de 30 secondes. Les candidats ____________ absolument arriver au 3e jeu pour avoir un prix. Si vous ____________ comment aller à la case « ARRIVÉE » sans difficultés, alors vous étiez le gagnant.
Les lots ____________ être importants, mais vous ne ____________ pas les échanger contre une somme d'argent.

Les verbes en *-ER*

• L'imparfait se forme avec le radical de la 1re personne du pluriel du présent de l'indicatif auquel on ajoute les terminaisons : ***-ais, -ais, -ait, -ions, -iez, -aient.***

■ PARLER
(nous parl-ons)

je	parlais
tu	parlais
il/elle	parlait
nous	parlions
vous	parliez
ils/elles	parlaient

■ SE DÉPÊCHER
(nous nous dépêch-ons)

je	me	dépêchais
tu	te	dépêchais
il/elle	se	dépêchait
nous	nous	dépêchions
vous	vous	dépêchiez
ils/elles	se	dépêchaient

■ OUBLIER
(nous oubli-ons)

j'	oubliais
tu	oubliais
il/elle	oubliait
nous	oubl**ii**ons
vous	oubl**ii**ez
ils/elles	oubliaient

■ PAYER
(nous pay-ons)

je	payais
tu	payais
il/elle	payait
nous	pa**yi**ons
vous	pa**yi**ez
ils/elles	payaient

♪ La différence est peu sensible entre **nous oubliions** [ublijɔ̃] et **nous oubliions** [ublijjɔ̃], **nous payons** [pɛjõ] et **nous payions** [pɛjjõ].

■ COMMENCER
(nous commenç-ons)

je	commen**ç**ais
tu	commen**ç**ais
il/elle	commen**ç**ait
nous	commencions
vous	commenciez
ils/elles	commen**ç**aient

♪ Le « ç » (c cédille) devant « a » permet de garder la prononciation [s].

■ MANGER
(nous mang-e-ons)

je	mang**e**ais
tu	mangeais
il/elle	mang**e**ait
nous	mangions
vous	mangiez
ils/elles	mang**e**aient

♪ Le « e » devant « a » permet de garder la prononciation [ʒ].

Et :

continuer : *je continuais, nous continuions*
jouer : *je jouais, nous jouions*
créer : *je créais, nous créions*
gagner : *je gagnais, nous gagnions*
travailler : *je travaillais, nous travaillions*
appeler : *j'appelais, nous appelions*
jeter : *je jetais, nous jetions*
employer : *j'employais, nous employions*
s'ennuyer : *je m'ennuyais, nous nous ennuyions*
se promener : *je me promenais, nous nous promenions*
acheter : *j'achetais, nous achetions*
congeler : *je congelais, nous congelions*
(se) lever : *je (me) levais, nous (nous) levions*
peser : *je pesais, nous pesions*
semer : *je semais, nous semions*
espérer : *j'espérais, nous espérions*

EXERCICES

1 Conjuguez à l'imparfait

1. *aimer* Elles ____________
2. *habiter* Il ____________
3. *cuisiner* Vous ____________
4. *remercier* Nous ____________
5. *tuer* Ils ____________
6. *louer* Vous ____________
7. *essayer* Tu ____________
8. *avancer* Nous ____________
9. *obliger* Elle ____________

2 Faites une opposition en conjuguant les verbes soulignés à l'imparfait.

1. Tu <u>oublies</u> toujours tout, moi à ton âge, je n'____________ rien.
2. Vous <u>travaillez</u> peu et vous <u>vous amusez</u> beaucoup. Nous à votre âge, on ____________ toute la journée et on ____________ peu.
3. Vous <u>mangez</u> de la viande deux fois par jour, moi je ____________ de la viande deux fois par semaine.
4. Ils <u>jettent</u> tous les restes de repas à la poubelle, mais à notre époque, nous ne ____________ rien.
5. Tu <u>achètes</u> des vêtements tous les mois. À ton âge, nous ____________ des vêtements une fois par an.
6. Vous <u>gagnez</u> un bon salaire rapidement. À votre âge, mon mari ____________ dix fois moins.

3 Mettez les verbes à l'imparfait pour faire une comparaison entre les jeunes d'aujourd'hui et ceux des années 60.

Aujourd'hui	*Dans les années 60*
1. Les jeunes portent des jeans.	*Ils portaient des pantalons larges.*
2. Ils aiment avoir les cheveux très courts.	____________
3. On écoute de la musique sur un mp3.	____________
4. Les jeunes s'envoient des e-mails.	____________
5. Ils passent leur temps devant l'ordinateur.	____________

4 Complétez en conjuguant les verbes à l'imparfait.

Elle ____________ à une déesse. Elle ____________ des bagues à chaque doigt. À ses poignets ____________ accrochés une quantité de bracelets. Elle ____________ avec une voix qui m'____________. De grandes mèches ____________ sur son front et ses longs cheveux dorés ____________ sur ses épaules. Nous ____________ des regards et ____________. Je l' ____________ déjà.

ressembler – porter
se trouver
chanter – enivrer
tomber
rouler – échanger
ne pas parler – aimer

5 Composez un texte à l'imparfait pour faire le portrait d'une personne que vous avez aimée (premier amour, grand-père, grand-mère, oncle, tante, ami(e)...)

____

____

Les verbes en *-IR*

• L'imparfait se forme avec le radical de la 1re personne du pluriel du présent de l'indicatif auquel on ajoute les terminaisons : ***-ais, -ais, -ait, -ions, -iez, -aient.***

■ FINIR
(nous finiss-ons)

je	finissais
tu	finissais
il/elle	finissait
nous	finissions
vous	finissiez
ils/elles	finissaient

■ OUVRIR
(nous ouvr-ons)

j'	ouvrais
tu	ouvrais
il/elle	ouvrait
nous	ouvrions
vous	ouvriez
ils/elles	ouvraient

■ PARTIR
(nous part-ons)

je	partais
tu	partais
il/elle	partait
nous	partions
vous	partiez
ils/elles	partaient

■ (SE) SERVIR
(nous nous serv-ons)

je	(me)	servais
tu	(te)	servais
il/elle	(se)	servait
nous	(nous)	servions
vous	(vous)	serviez
ils/elles	(se)	servaient

■ SE SOUVENIR
(nous nous souven-ons)

je	me	souvenais
tu	te	souvenais
il/elle	se	souvenait
nous	nous	souvenions
vous	vous	souveniez
ils/elles	se	souvenaient

Et :
s'enrichir : *je m'enrichissais, nous nous enrichissions*
haïr : *je haïssais, nous haïssions*
courir : *je courais, nous courions*
cueillir : *je cueillais, nous cueillions*
dormir : *je dormais, nous dormions*
mourir : *je mourais, nous mourions*
acquérir : *j'acquérais, nous acquérions*
fuir : *je fuyais, nous fuyions*
tenir : *je tenais, nous tenions*

EXERCICES

1 **Complétez au présent, puis conjuguez à l'imparfait.**

	Présent	*Imparfait*
1. *réussir*	nous réussi______	Je ______ tous mes examens.
2. *offrir*	nous offr______	Ils ______ une place gratuite.
3. *se sentir*	nous nous sent______	Elle ______ bien.

2 **Mettez à l'imparfait selon le modèle.**

1. *parler – rougir* — Plus nous *te parlions*, plus *tu rougissais* !

2. *venir – apprécier* — Plus je ______ le voir, plus je l' ______.

3. *vieillir – devenir* — Plus ils ______, plus ils______ agressifs.

4. *dormir – se sentir* — Plus il ______ fatigué.

5. *grandir – maigrir* — Plus elle ______.

3 **Faites des propositions en utilisant l'imparfait, selon le modèle.**

Faire un grand voyage — Si on *faisait un grand voyage* ?

1. Partir ensemble faire du ski — Si nous ______ ?

2. Venir avec nous au restaurant — Si vous ______ ?

3. Écrire pour lui annoncer la nouvelle — Si tu ______ ?

4. Prévenir la police — Si on ______ ?

4 **Complétez le texte en conjuguant les verbes donnés à l'imparfait.**

Son père ______ un bar qui ______ situé près d'un théâtre. (*tenir – être*)
Les acteurs ______ souvent boire un verre. Avant la représentation, (*venir*)
ils ______. Ils ______ souvent le trac. Alors, on ne (*se réunir – avoir*)
leur ______ jamais d'alcool. Après le spectacle, ils ______ (*servir – sortir*)
du théâtre et ______ au bar : ils ______, ils ______, (*revenir – dîner – plaisanter*)
ils ______ leurs souvenirs. Parfois, ils ______ une bouteille (*raconter – ouvrir*)
de champagne et ils en ______ à tout le monde. En général, (*offrir*)
ils ______ avant 2 ou 3 heures du matin. J'______ serveur (*ne pas partir – être*)
dans ce bar : c' ______ sympathique, mais fatigant. Certains soirs, (*être*)
je ______ de sommeil. Je ______chez moi à pied parce qu'il n'y (*mourir – rentrer*)
______ plus de métro et je ______ au petit matin quand (*avoir – s'endormir*)
mes voisins ______ travailler. (*partir*)

5 **Racontez un souvenir heureux à l'imparfait.**

______

______

Les verbes en *-RE*

• L'imparfait se forme avec le radical de la 3e personne du pluriel du présent de l'indicatif auquel on ajoute les terminaisons : ***-ais, -ais, -ait, -ions, -iez, -aient.***

■ RIRE
(nous ri-ons)

je	riais
tu	riais
il/elle	riait
nous	r**i**ions
vous	r**i**iez
ils/elles	riaient

■ DIRE
(nous dis-ons)

je	disais
tu	disais
il/elle	disait
nous	disions
vous	disiez
ils/elles	disaient

■ ÉCRIRE
(nous écriv-ons)

j'	écrivais
tu	écrivais
il/elle	écrivait
nous	écrivions
vous	écriviez
ils/elles	écrivaient

Et :
conduire : *je conduisais, nous conduisions*
lire : je lisais, nous lisions
(s')inscrire : *je (m')inscrivais, nous (nous) inscrivions*

♪ Noter les deux « **i** » du verbe **rire** : la différence est peu sensible entre **nous rions** [Rijɔ̃] et **nous riions** [Rijjɔ̃]

■ ATTENDRE
(nous attend-ons)

j'	attendais
tu	attendais
il/elle	attendait
nous	attendions
vous	attendiez
ils/elles	attendaient

■ PRENDRE
(nous pren-ons)

je	prenais
tu	prenais
il/elle	prenait
nous	prenions
vous	preniez
ils/elles	prenaient

■ (SE) PLAINDRE
([nous] plaign-ons)

je	(me)	plaignais
tu	(te)	plaignais
il/elle	(se)	plaignait
nous	(nous)	plaignions
vous	(vous)	plaigniez
ils/elles	(se)	plaignaient

Et :
répondre : *je répondais, nous répondions*
(se) perdre : *je (me) perdais, nous (nous) perdions*
peindre : *je peignais, nous peignions*
rejoindre : *je rejoignais, nous rejoignions*
coudre : *je cousais, nous cousions*
résoudre : *je résolvais, nous résolvions.*

EXERCICES

1 **Complétez au présent, puis conjuguez à l'imparfait.**

	Présent	*Imparfait*	
1. *sourire*	nous souri_______	Vous _______________	sur cette photo.
2. *lire*	nous li_______	Nous _______________	des magazines.
3. *apprendre*	nous appre_______	Je _______________	facilement.
4. *entendre*	nous enten_______	On _______________	des bruits étranges.

2 **Complétez ce texte avec les verbes donnés à l'imparfait.**

Au début de mon séjour en France, je __________ beaucoup à mes parents, — *écrire*
je leur __________ que tout __________ bien. En fait, je __________ — *dire – aller – se sentir*
très seul. Je __________ quand les gens __________ des plaisanteries — *ne pas rire – faire*
car je __________ ce qu'ils __________. — *ne pas comprendre – dire*
Je __________ dans les rues… La vie __________ facile ! — *se perdre – ne pas être*

3 **Rapportez ces paroles au discours indirect selon le modèle.**

Elle ne sourit jamais. — *On m'a dit qu'elle ne souriait jamais.*

1. Vous vendez votre maison. — *On m'a dit que*__________________
2. On attend sa réponse. — __________________
3. Elle se plaint d'avoir mal au dos. — __________________
4. Les autorités craignent une rébellion. — __________________
5. Vous n'apprenez rien. — __________________

4 **Comparez la situation des femmes d'aujourd'hui à celle d'autrefois en utilisant l'imparfait, puis continuez librement.**

De nos jours, une femme est plus libre. Elle dépend moins de son mari : elle conduit, elle a son propre compte en banque. Elle sort seule le soir, elle va seule au cinéma, elle prend l'avion seule. Elle ne fait plus la vaisselle : elle se sert de machines pour se faciliter la vie. Elle peut exercer toutes les professions qu'elle veut.

Mais autrefois, une femme était moins libre. Elle __________________

____

____

____

5 **Cherchez sur Internet ou dans des livres des informations sur la condition de la femme en France et dans votre pays en 1900. Résumez le résultat de vos recherches en utilisant l'imparfait.**

*En 1900, les femmes en France*__________________

____

____

■ **CROIRE (nous croy-ons)**

je	croyais
tu	croyais
il/elle	croyait
nous	croyions
vous	croyiez
ils/elles	croyaient

■ **BOIRE (nous buv-ons)**

je	buvais
tu	buvais
il/elle	buvait
nous	buvions
vous	buviez
ils/elles	buvaient

■ **SE TAIRE (nous nous tais-ons)**

je	me	taisais
tu	te	taisais
il/elle	se	taisait
nous	nous	taisions
vous	vous	taisiez
ils/elles	se	taisaient

Et :
plaire : *je plaisais, nous plaisions*
soustraire : *je soustrayais, nous soustrayions*
(se) distraire : *je (me) distrayais, nous (nous) distrayions*

♪ La différence est peu sensible entre :
– **nous croyons** [kʀwajɔ̃] et **nous croyions** [kʀwajjɔ̃] ;
– **vous distrayez** [distʀɛje] et **vous distrayiez** [distʀɛjje].

■ **METTRE (nous mett-ons)**

je	mettais
tu	mettais
il/elle	mettait
nous	mettions
vous	mettiez
ils/elles	mettaient

■ **CONNAÎTRE (nous connaiss-ons)**

je	connaissais
tu	connaissais
il/elle	connaissait
nous	connaissions
vous	connaissiez
ils/elles	connaissaient

■ **VIVRE (nous viv-ons)**

je	vivais
tu	vivais
il/elle	vivait
nous	vivions
vous	viviez
ils/elles	vivaient

Et :
(se) battre : *je (me) battais, nous (nous) battions*
naître : *je naissais, nous naissions*
croître : *je croissais, nous croissions*
conclure : *je concluais, nous concluions*
suivre : *je suivais, nous suivions*
interrompre : *j'interrompais, nous interrompions*
convaincre : *je convainquais, nous convainquions*

EXERCICES

1 **Complétez au présent, puis conjuguez à l'imparfait.**

	Présent	*Imparfait*
1. *vivre*	nous viv________	Ils ________ ensemble.
2. *mettre*	nous met________	Tu ________ toute ton énergie dans ce projet.
3. *se taire*	nous nous tai________	Vous ________ poliment.
4. *connaître*	nous connai________	Elle ________ bien la maison.

2 **Répondez librement aux questions suivantes.**

1. Quand vous aviez 8 ans, où est-ce que vous viviez ?

____

2. Est-ce que vous vous battiez souvent avec les autres enfants ?

____

3. Est-ce que vous vous mettiez souvent en colère ?

____

4. Est-ce que vous croyiez au Père Noël ?

____

3 **Mettez le texte à l'imparfait en le transformant et en utilisant la forme négative si nécessaire.**

Comment va Cédric ? Oh ! Il va beaucoup mieux : il n'est plus déprimé. Son travail lui plaît et il ne se plaint plus de ses collègues. Il prend des cours de yoga, il se distrait, il sort beaucoup, il connaît ses voisins, il suit une thérapie. Il vit bien !

Avant Cédric allait mal : il ____

____

____

4 **Complétez ce récit à l'imparfait.**

J'ai fait un rêve étrange : je ________ à un arrêt de bus mais	*attendre*
je ________ ce que je ________ là, dans cette ville que	*ne pas savoir – faire*
je ________. Tout à coup le décor ________ :	*ne pas connaître – changer*
je ________ dans un hall de gare et je ________ soudain	*se trouver – voir*
ma grand-mère. Elle ________ l'air très jeune et elle me ________.	*avoir – sourire*
Je ________ vers elle mais brusquement, elle ________.	*courir – disparaître*

5 **Racontez à l'imparfait un rêve étrange que vous avez fait.**

____

____

Les verbes en *-OIR*

• L'imparfait se forme avec le radical de la 1re personne du pluriel du présent de l'indicatif auquel on ajoute les terminaisons : ***-ais, -ais, -ait, -ions, -iez, -aient***.

■ **PLEUVOIR :** il pleuvait

■ **VOIR**
(nous voy-ons)

je	voyais
tu	voyais
il/elle	voyait
nous	voyions
vous	voyiez
ils/elles	voyaient

■ **S'ASSEOIR**
(nous nous assey-ons/assoy-ons)

je	m'asseyais/m'assoyais
tu	t'asseyais/t'assoyais
il/elle	s'asseyait/s'assoyait
nous	nous asseyions/nous assoyions
vous	vous asseyiez/vous assoyiez
ils/elles	s'asseyaient/s'assoyaient

♪ La différence est peu sensible entre :
– **nous voyons** [vwajɔ̃] et **nous voyions** [vwajjɔ̃] ;
– **vous vous asseyez** [asɛje] et **vous vous asseyiez** [asɛjje].

■ **RECEVOIR**
(nous recev-ons)

je	recevais
tu	recevais
il/elle	recevait
nous	recevions
vous	receviez
ils/elles	recevaient

■ **(S')APERCEVOIR**
(nous [nous] apercev-ons)

je	(m')apercevais
tu	(t')apercevais
il/elle	(s')apercevait
nous	(nous) apercevions
vous	(vous) aperceviez
ils/elles	(s')apercevaient

Et :
valoir : *je valais, nous valions*
(s')émouvoir : *j'(e) (m')émouvais, nous (nous) émouvions*

EXERCICES

1 Complétez au présent, puis conjuguez à l'imparfait.

	Présent	*Imparfait*	
1. *se revoir*	nous nous revoy________	Vous ____________________	régulièrement ?
2. *s'asseoir*	nous nous asse________	Tu ____________________	à cette place.
	nous nous asso________	Nous ____________________	au dernier rang.
3. *recevoir*	nous recev____________	Ils ____________________	souvent des amis.
4. *s'apercevoir*	nous nous apercev______	Elle ____________________	qu'il pleuvait.

2 Conjuguez le verbe « (se) voir » à l'imparfait.

– Vous ______________________________ souvent Paul et toi à l'université ?

– Non, nous ne ___________________________ que pour le cours de littérature, mais je ________________________ beaucoup son frère. On _________________________ dans des cafés pour discuter. À cette époque, lui et ses amis _________________________ des gens assez bizarres et ses parents ne _________________________ pas cela d'un très bon œil !!

3 Mettez à l'imparfait et continuez librement.

Maintenant	*Avant*
1. Tu me déçois.	Tu *ne me décevais jamais.*
2. Elle s'assied dans la zone non fumeur.	Elle ______________________________
3. Ils reçoivent des courriers électroniques.	Ils ______________________________
4. Un dollar vaut 1,4 euro.	Il ______________________________
5. On prévoit de partir 15 jours.	On ______________________________

4 Complétez cette description à l'imparfait.

Fatigué, je ________________ (*s'asseoir*) au pied d'un arbre et ________________ (*regarder*) la vallée. De là, je ____________ (*voir*) tout le village. Il ____________ (*pleuvoir*) légèrement. Tout ______________ (*être*) gris mais on __________ (*apercevoir*) à l'horizon la ligne bleue des montagnes. Ce paysage m' __________ (*émouvoir*).

5 Complétez cette chanson de Georges Brassens.

Il pleuv______ fort sur la grand-route
Elle chemin______ sans parapluie
J'en av______ un, volé sans doute
Le matin même à un ami.
[....]

Un p'tit coin d'parapluie
Contre un coin d'paradis,
Elle av______ quelque chose d'un ange,
Un p'tit coin d'parapluie
Contre un coin d'paradis,
Je n'perd_____ pas au change,
Pardi !

3

LE PASSÉ COMPOSÉ DE L'INDICATIF

AVEC L'AUXILIAIRE *AVOIR*

• Le passé composé se forme avec avoir au présent de l'indicatif auquel on ajoute le **participe passé** du verbe à conjuguer.

ÊTRE et AVOIR

• Ces deux verbes se conjuguent au passé composé avec l'auxiliaire **avoir**.

■ **ÊTRE**

j'	ai	été
tu	as	été
il/elle	a	été
nous	avons	été
vous	avez	été
ils/elles	ont	été

■ **AVOIR**

j'	ai	eu
tu	as	eu
il/elle	a	eu
nous	avons	eu
vous	avez	eu
ils/elles	ont	eu

♪ Les liaisons obligatoires sont les mêmes que celles du présent du verbe **avoir** (voir p. 10).

VERBES EN *-ER*

• **Tous** les verbes en ***–er*** ont leur participe passé en « **-é** »

■ **PARLER**

j'	ai	parlé
tu	as	parlé
il/elle	a	parlé
nous	avons	parlé
vous	avez	parlé
ils/elles	ont	parlé

Et :

oublier : *j'ai oublié*
continuer : *j'ai continué*
jouer : *j'ai joué*
créer : *j'ai créé*
gagner : *j'ai gagné*
travailler : *j'ai travaillé*
commencer : *j'ai commencé*
manger : *j'ai mangé*
payer : *j'ai payé*
employer : *j'ai employé*
appeler : *j'ai appelé*
jeter : *j'ai jeté*
mener : *j'ai mené*
acheter : *j'ai acheté*
congeler : *j'ai congelé*
lever : *j'ai levé*
peser : *j'ai pesé*
semer : *j'ai semé*
espérer : *j'ai espéré*

ACCORD DU PARTICIPE PASSÉ

• Pour les verbes conjugués avec **avoir**, on accorde le participe passé avec le **complément d'objet direct** (COD) si celui-ci est placé **avant** le verbe.

J'essaie la veste ***que*** *j'ai achet****ée*** *ce matin.*

– Où est-ce que tu as eu ces livres ? – Je ***les*** *ai trouv****és*** *à la bibliothèque.*

• Il n'y a pas d'accord avec le pronom **en** :

*– Tu as écouté mes nouveaux disques ? – J'****en*** *ai écout****é*** *deux.*

EXERCICES

1 **Complétez en conjuguant au passé composé à la forme négative.**

1. Nous avons de la chance, mais hier, nous ______________________________.
2. Elle est absente, mais ces jours-ci, elle ______________________________.
3. Le soleil brille, mais pendant trois jours, ______________________________.
4. Vous me remerciez, mais la dernière fois, vous ______________________________.
5. Nous interrogeons notre répondeur, mais hier, ______________________________.
6. Tu payes la facture, mais le mois dernier, ______________________________.

2 **Rédigez ce curriculum vitæ en introduisant « être » ou « avoir » au passé composé.**

1975 : baccalauréat — *En 1975,* ______________________________
1976-1980 : étudiant à Strasbourg — ______________________________
1980 : diplôme d'ingénieur — ______________________________
1981-1982 : stagiaire à Paris — ______________________________
1983 : premier poste en entreprise — ______________________________

3 **Créez un texte avec les éléments proposés en conjuguant les verbes au passé composé et en variant les pronoms.**

Qu'est-ce que vous avez fait hier soir ?

regarder la télévision – manger tard – téléphoner à des amis – parler jusqu'à minuit – jouer au Scrabble – gagner la partie – laver et essuyer la vaisselle – inviter des copains

Hier soir, je ______________________________
____

4 **Reconstituez cet article de journal en organisant les éléments et en mettant les verbes au passé composé.**

Manifestation de milliers d'étudiants / Marche à travers la ville / Pique-nique sur les trottoirs de la ville / Scander des slogans contre la réforme de l'éducation / Essai de la police pour les arrêter / Prolongation de la manifestation jusqu'à 17 heures / La manifestation la plus importante depuis des années.

La semaine dernière, des milliers ______________________________
____
____

5 **Mettez les verbes proposés au passé composé. Faites l'accord du participe passé si nécessaire.**

1. Est-ce que tu ______________ les nouvelles ce matin ? (*écouter*)
2. Ces livres, je les ______________ la semaine dernière. (*acheter*)
3. Voila les prix que nous ______________ à la fête. (*gagner*)
4. Je ne veux plus de gâteaux, j'en ______________ trois. (*manger*)

Les verbes en *-IR*

PARTICIPÉ PASSÉ EN « -I »

FINIR

j'	ai	fini
tu	as	fini
il/elle	a	fini
nous	avons	fini
vous	avez	fini
ils/elles	ont	fini

CUEILLIR

j'	ai	cueilli
tu	as	cueilli
il/elle	a	cueilli
nous	avons	cueilli
vous	avez	cueilli
ils/elles	ont	cueilli

DORMIR

j'	ai	dormi
tu	as	dormi
il/elle	a	dormi
nous	avons	dormi
vous	avez	dormi
ils/elles	ont	dormi

Et :
accueillir : *j'ai accueilli* – servir : *j'ai servi* – mentir : *j'ai menti* – fuir : *j'ai fui...*

⚠ **Haïr** garde son tréma au passé composé.
Il l'a haï de l'avoir dénoncé.

PARTICIPE PASSÉ EN « -U »

COURIR

j'	ai	couru
tu	as	couru
il/elle	a	couru
nous	avons	couru
vous	avez	couru
ils/elles	ont	couru

Et :
parcourir : *j'ai parcouru*
secourir : *j'ai secouru...*

TENIR

j'	ai	tenu
tu	as	tenu
il/elle	a	tenu
nous	avons	tenu
vous	avez	tenu
ils/elles	ont	tenu

Et :
obtenir : *j'ai obtenu*
prévenir : *j'ai prévenu...*

PARTICIPE PASSÉ EN « -ERT »

OUVRIR

j'	ai	ouvert
tu	as	ouvert
il/elle	a	ouvert
nous	avons	ouvert
vous	avez	ouvert
ils/elles	ont	ouvert

Et :
découvrir : *j'ai découvert*
souffrir : *j'ai souffert*
offrir : *j'ai offert...*

PARTICIPE PASSÉ EN « -IS »

ACQUÉRIR

j'	ai	acquis
tu	as	acquis
il/elle	a	acquis
nous	avons	acquis
vous	avez	acquis
ils/elles	ont	acquis

Et :
conquérir : *j'ai conquis*
requérir : *j'ai requis...*

EXERCICES

1 Conjuguez au passé composé.

1. *finir* Vous ______________ votre travail ?
2. *courir* Nous ______________ derrière elle.
3. *ouvrir* Elle ______________ un magasin.
4. *recueillir* Il ______________ un chien perdu.
5. *obtenir* Je ______________ l'autorisation.
6. *acquérir* Ils ______________ un savoir-faire.

2 Complétez au passé composé.

1. *obtenir – réussir* Tu ______________ d'excellents résultats. Tu ______________ ton examen. Bravo !
2. *ouvrir – découvrir* Ils ______________ son courrier et ils ______________ une lettre d'amour.
3. *finir –servir* Je ______________ de préparer le dîner et je ______________ les apéritifs.
4. *finir – acquérir* Vous ______________ votre stage et vous ______________ des compétences.

3 Répondez au passé composé avec un verbe de la liste suivante et continuez librement.

appartenir – courir – dormir – offrir

1. Tu as fait du sport hier matin ? Oui, j'______________
2. Cet objet est ancien ? Oui, il ______________
3. Que leur avez-vous donné à Noël ? Nous ______________
4. Ils ont passé la nuit chez vous ? Non, ils ______________

4 Complétez au passé composé et faites l'accord du participe passé si nécessaire.

1. *retenir* – Nous ______________ 2 places sur le vol 212. – Vous les ______________ à quel nom ?
2. *réfléchir* – Vous ______________ à la question ? – Bien sûr, j'y ______________.
3. *soutenir* – Patrick ______________ sa thèse. – Quand est-ce qu'il l' ______________ ?
4. *obtenir* – Tu ______________ des billets ? – Oui, j'en ______________ deux.

5 Mettez au passé composé.

Quand elle ouvre la porte, elle découvre le cadavre. Elle court au commissariat de police. Les policiers l'accueillent mal. Elle leur explique les faits mais elle sent un climat de suspicion. Alors elle leur ment…

____

____

6 Remplacez le verbe souligné par un verbe équivalent conjugué au passé composé.

acquérir – conquérir – accueillir – vieillir

1. Chantal <u>n'a pas rajeuni</u>. ______________
2. Mon oncle <u>a acheté</u> une propriété. ______________
3. Tout le monde nous <u>a reçus</u> gentiment. ______________
4. Son intelligence <u>a séduit</u> le public. ______________

Les verbes en *-IRE*

PARTICIPE PASSÉ EN « -I »

RIRE

j'	ai	ri
tu	as	ri
il/elle	a	ri
nous	avons	ri
vous	avez	ri
ils/elles	ont	ri

Et :
sourire : *j'ai souri*

PARTICIPE PASSÉ EN « -U »

LIRE

j'	ai	lu
tu	as	lu
il/elle	a	lu
nous	avons	lu
vous	avez	lu
ils/elles	ont	lu

Et :
relire : *j'ai relu*
élire : *j'ai élu*

⚠

- Le verbe **suffire**, conjugué au présent comme **conduire**, a son participe passé en « **-i** » :
*Cela **a suffi** pour la rendre heureuse.*
- Le verbe **nuire**, conjugué au présent comme **conduire**, a un participe passé en « **-i** » :
*Cet incident **a nui** à sa réputation.*

PARTICIPE PASSÉ EN « -IT »

DIRE

j'	ai	dit
tu	as	dit
il/elle	a	dit
nous	avons	dit
vous	avez	dit
ils/elles	ont	dit

Et :
interdire : *j'ai interdit*
prédire : *j'ai prédit*

CONDUIRE

j'	ai	conduit
tu	as	conduit
il/elle	a	conduit
nous	avons	conduit
vous	avez	conduit
ils/elles	ont	conduit

Et :
traduire : *j'ai traduit*
séduire : *j'ai séduit*
construire : *j'ai construit*
détruire : *j'ai détruit*

ÉCRIRE

j'	ai	écrit
tu	as	écrit
il/elle	a	écrit
nous	avons	écrit
vous	avez	écrit
ils/elles	ont	écrit

Et :
inscrire : *j'ai inscrit*
décrire : *j'ai décrit*
prescrire : *j'ai prescrit*

⚠

Le verbe **maudire**, conjugué au présent comme **finir**, a son participe passé en « **-it** », comme **dire** :
*J'étais furieux et je l'**ai maudit(e)**.*

EXERCICES

1 Conjuguez au passé composé.

1. *lire* Elles __________ cette pièce de théâtre.
2. *écrire* Tu __________ un livre ?
3. *conduire* Il __________ trop vite.
4. *sourire* Nous __________ pour la photo.
5. *dire* On __________ du bien d'elle.
6. *élire* Vous __________ un candidat ?

2 Répondez librement avec le verbe de la question.

1. Tu as lu des poèmes en français ? __________
2. Vous avez traduit des textes en latin ? __________
3. Vous avez déjà signé une pétition ? __________
4. Le médecin vous a-t-il prescrit des médicaments ? __________
5. Vous avez déjà conduit un camion ? __________

3 Mettez au passé composé.

1. Les spectateurs rient à la fin du film. __________
2. Vous ne dites pas la vérité. __________
3. Nous conduisons toute la nuit. __________
4. Tu ne relis pas ton devoir ? __________
5. À qui écris-tu ? __________

4 Complétez au passé composé. Attention à l'accord du participe passé !

1. La maison que mes parents __________ (*construire*) est en Normandie.
2. La personne qui vous __________ (*sourire*) est le président-directeur général.
3. Les chansons que nous __________ (*traduire*) étaient en espagnol.
4. L'organisateur __________ (*inscrire*) le nom de tous les participants.

5 Faites des phrases au passé composé avec les éléments proposés selon le modèle.

Les délégués / Le comité	construire	un représentant / un président
Les étudiants / Le journaliste	interdire	les déclarations / le professeur
L'architecte / Les employés	élire	un centre commercial / une salle de sport
Les autorités / La police	contredire	la manifestation / la réunion

Les étudiants ont contredit le professeur. __________

____

____

Les verbes en *-DRE*

PARTICIPE PASSÉ EN « -IS »

PRENDRE

j'	ai	pris
tu	as	pris
il/elle	a	pris
nous	avons	pris
vous	avez	pris
ils/elles	ont	pris

Et :
apprendre : *j'ai appris*
comprendre : *j'ai compris*
reprendre : *j'ai repris*
surprendre : *j'ai surpris*
entreprendre : *j'ai entrepris*

PARTICIPE PASSÉ EN « -U »

ATTENDRE

j'	ai	attendu
tu	as	attendu
il/elle	a	attendu
nous	avons	attendu
vous	avez	attendu
ils/elles	ont	attendu

COUDRE

j'	ai	cousu
tu	as	cousu
il/elle	a	cousu
nous	avons	cousu
vous	avez	cousu
ils/elles	ont	cousu

RÉSOUDRE

j'	ai	résolu
tu	as	résolu
il/elle	a	résolu
nous	avons	résolu
vous	avez	résolu
ils/elles	ont	résolu

Et :
entendre : *j'ai entendu*
défendre : *j'ai défendu*
perdre : *j'ai perdu*
prétendre : *j'ai prétendu*
confondre : *j'ai confondu*
vendre : *j'ai vendu*
répondre : *j'ai répondu*

⚠ **Dissoudre** et **absoudre** ont leur participe passé en « **-us** » :
*Le président **a dissous** l'Assemblée nationale.*

PARTICIPE PASSÉ EN « -T »

PEINDRE

j'	ai	peint
tu	as	peint
il/elle	a	peint
nous	avons	peint
vous	avez	peint
ils/elles	ont	peint

PLAINDRE

j'	ai	plaint
tu	as	plaint
il/elle	a	plaint
nous	avons	plaint
vous	avez	plaint
ils/elles	ont	plaint

REJOINDRE

j'	ai	rejoint
tu	as	rejoint
il/elle	a	rejoint
nous	avons	rejoint
vous	avez	rejoint
ils/elles	ont	rejoint

Et :
éteindre : *j'ai éteint*
atteindre : *j'ai atteint*
craindre : *j'ai craint*
joindre : *j'ai joint...*

EXERCICES

1 Complétez les participes passés.

1. *attendre* attend____
2. *résoudre* résol____
3. *répondre* répond____
4. *prendre* pri____
5. *rejoindre* rejoin____
6. *perdre* perd____
7. *coudre* cous____
8. *vendre* vend____
9. *éteindre* étein____

2 Finissez les phrases au passé composé selon le modèle.

D'habitude...	***Mais cette fois...***
François prend les clés.	*il n'a pas pris les clés.*
1. tu comprends les exercices.	________________
2. vous prenez de bonnes décisions.	________________
3. nous attendons la fin du film.	________________
4. je réponds aux lettres.	________________
5. ses parents résolvent les problèmes.	________________
6. Joëlle coud à la main.	________________

3 Complétez avec le verbe qui convient conjugué au passé composé et reliez les éléments.

répondre – prendre – attendre – entendre

1. __________-vous ______________ la nouvelle ?
2. _____-tu ______________ à cette annonce ?
3. _____-t-il ______________ longtemps ?
4. __________-vous ______________ rendez-vous ?

a. Non, nous n'avons pas fixé de date.
b. Oui, et il était furieux !
c. Pas encore, mais je vais le faire.
d. Non, nous n'avons pas écouté la radio.

4 Complétez au passé composé.

1. On ________________ (*entendre*) dire qu'il émigrait au Canada.
2. Je n'ai pas de machine à coudre : je ________________ (*coudre*) les rideaux à la main.
3. Ce couple ________________ (*résoudre*) ses problèmes grâce à une thérapie.
4. Claude ________________ (*surprendre*) sa famille car il ________________ (*rejoindre*) l'armée.
5. Picasso ________________ (*ne pas peindre*) ce tableau : c'est un faux.

5 Mettez au passé composé à la forme négative et continuez librement.

Le samedi, elle prend son petit déjeuner à 10 heures, elle répond au courrier et elle fait son marché. Elle apprend les dernières nouvelles du quartier, puis elle rejoint une amie dans un café et elles prennent l'apéritif ensemble.

Hier, elle était malade, elle n' ________________________________

____

____

Les verbes en *-AIRE / -OIRE*

PARTICIPE PASSÉ EN « -U »

PLAIRE

j'	ai	plu
tu	as	plu
il/elle	a	plu
nous	avons	plu
vous	avez	plu
ils/elles	ont	plu

BOIRE

j'	ai	bu
tu	as	bu
il/elle	a	bu
nous	avons	bu
vous	avez	bu
ils/elles	ont	bu

CROIRE

j'	ai	cru
tu	as	cru
il/elle	a	cru
nous	avons	cru
vous	avez	cru
ils/elles	ont	cru

Et :
déplaire…

⚠ Le verbe **croire** a son participe passé en « **u** » sans accent, mais le verbe **croître** a un accent circonflexe sur le « **u** ». Cet accent disparaît au féminin ou au pluriel et n'apparaît pas dans les composés **(s')accroître** et **décroître** :
*Le chômage **s'est accru**.*

PARTICIPE PASSÉ EN « -AIT »

FAIRE

j'	ai	fait
tu	as	fait
il/elle	a	fait
nous	avons	fait
vous	avez	fait
ils/elles	ont	fait

SOUSTRAIRE

j'	ai	soustrait
tu	as	soustrait
il/elle	a	soustrait
nous	avons	soustrait
vous	avez	soustrait
ils/elles	ont	soustrait

Et :
satisfaire : *j'ai satisfait*
défaire : *j'ai défait*
distraire : *j'ai distrait*
extraire : *j'ai extrait…*

EXERCICES

1 **Conjuguez au passé composé.**

1. *plaire* Il ____________ à son futur employeur.
2. *soustraire* Je ____________ 10 % du total.
3. *croire* Ils ____________ à sa promesse.
4. *faire* Tu ____________ la fête ?
5. *boire* On ____________ un jus de fruit.
6. *satisfaire* Nous ____________ votre demande.

2 **Complétez au passé composé.**

1. *manger – boire* Nous ____________ du caviar et nous ____________ du champagne.
2. *plaire – déplaire* La pièce m'____________ mais les décors m'____________ .
3. *douter – ne pas croire* Je ____________ de sa sincérité : en fait je ____________ à son histoire.
4. *ajouter – soustraire* On ____________ les taxes mais on ____________ votre réduction.
5. *détruire – faire* Ils ____________ les maisons et ____________ un centre commercial.

3 **Complétez au passé composé avec le verbe « faire » suivi d'un complément qui convient.**

1. Virginie ______________________________ dans les magasins.
2. Jacques ______________________________ chez le garagiste.
3. Antoine et Guirec ______________________________ dans un stade.
4. Élise et moi ______________________________ pour l'anniversaire de Pierre.
5. Et vous ? Qu'est-ce que vous ______________________________ ?

4 **Complétez au passé composé.**

– Tu ____________ Joël quand il ____________ d'inviter tout le monde chez lui ? *croire – proposer*
– Moi, je ____________ rêver... Benjamin, tu ____________ une drôle de tête... *croire – faire*
– En fait nous l'____________ à moitié. Ses exagérations nous ____________. *croire – déplaire*
– Oui, il ____________ sensation ! Tout le monde ____________ qu'il plaisantait. *faire – croire*

5 **Remplacez les éléments soulignés par un verbe équivalent au passé composé.**

soustraire – distraire – extraire – déplaire

1. Ce spectacle ne m'a pas intéressé. ______________________________
2. Nous avons déduit cette somme. ______________________________
3. Il a amusé son petit frère en faisant le clown. ______________________________
4. Les médecins ont sorti la balle de son bras. ______________________________

6 **Faites un bulletin météo pour la journée d'hier.**

____

____

____

Les verbes en *-TRE / -VRE / -URE / -PRE / -CRE*

PARTICIPE PASSÉ EN « -IS »

■ METTRE

j'	ai	mis
tu	as	mis
il/elle	a	mis
nous	avons	mis
vous	avez	mis
ils/elles	ont	mis

Et :
promettre : *j'ai promis*
permettre : *j'ai permis*
admettre : *j'ai admis*
transmettre : *j'ai transmis*
soumettre : *j'ai soumis*
émettre : *j'ai émis*

PARTICIPE PASSÉ EN « -I »

■ SUIVRE

j'	ai	suivi
tu	as	suivi
il/elle	a	suivi
nous	avons	suivi
vous	avez	suivi
ils/elles	ont	suivi

Et :
poursuivre : *j'ai poursuivi…*

PARTICIPE PASSÉ EN « -U »

■ CONNAÎTRE

j'	ai	connu
tu	as	connu
il/elle	a	connu
nous	avons	connu
vous	avez	connu
ils/elles	ont	connu

■ VIVRE

j'	ai	vécu
tu	as	vécu
il/elle	a	vécu
nous	avons	vécu
vous	avez	vécu
ils/elles	ont	vécu

■ CONCLURE

j'	ai	conclu
tu	as	conclu
il/elle	a	conclu
nous	avons	conclu
vous	avez	conclu
ils/elles	ont	conclu

Et :
reconnaître : *j'ai reconnu*
paraître : *j'ai paru*
apparaître : *j'ai apparu*
disparaître : *j'ai disparu*
battre : *j'ai battu*
survivre : *j'ai survécu*

exclure : *j'ai exclu*
convaincre : *j'ai convaincu*
vaincre : *j'ai vaincu*
interrompre : *j'ai interrompu*
corrompre : *j'ai corrompu…*

⚠ **Paraître** (et ses composés), qui se conjugue comme **connaître**, se conjugue avec l'auxiliaire **être** quand il marque le résultat de l'action, et non l'action elle-même : *Ce livre **est paru** et il est disponible en librairie. / Ce livre **a paru** en 1998.*

⚠ **Inclure**, qui se conjugue comme **conclure**, a un participe passé en « **-us** » : *Dans ce prix, nous **avons inclus** les frais de déplacement.*

EXERCICES

1 Conjuguez au passé composé.

1. *suivre* Ils ____________ les instructions.
2. *conclure* Je ____________ le marché.
3. *connaître* Elle ____________ son mari en Suisse.
4. *vivre* Nous ____________ 20 ans ensemble.
5. *mettre* Je ____________ le couvert.
6. *convaincre* Vous ____________ les autres ?

2 Complétez avec le verbe qui convient conjugué au passé composé et reliez les éléments.

vivre – suivre – interrompre – permettre – exclure – conclure

1. Il cuisine très bien :
2. Ils se serrent la main :
3. Elle parle le portugais couramment :
4. Il y a moins d'étudiants :
5. Tu ne viens plus au laboratoire :
6. Que faites-vous là ?

a. Personne ne vous ____________ d'entrer.
b. Il ____________ des cours de cuisine ?
c. Ils ____________ un accord ?
d. Tu ____________ tes recherches ?
e. Le professeur en ____________ de son cours ?
f. Elle ____________ au Portugal ?

3 Complétez au passé composé.

1. En 1998, les Français ____________ (*suivre*) avec intérêt la Coupe du monde de football. Ils ____________ (*vivre*) des moments inoubliables : leur équipe ____________ (*vaincre*) le Brésil !
2. L'article ____________ (*paraître*) dans la presse lundi dernier : l'entreprise ____________ (*ne pas accroître*) sa production. Le P-DG ____________ (*commettre*) des erreurs de gestion, mais ____________ (*ne pas reconnaître*) qu'il avait tort. Il ____________ (*compromettre*) gravement sa carrière.

4 Mettez au passé composé.

Dans cette école, on remet le dossier de l'élève aux professeurs. Ils émettent un avis sur le candidat, puis transmettent le dossier au directeur. Celui-ci l'examine et soumet le candidat à un entretien. Si ses réponses satisfont le directeur et si le candidat promet de respecter le règlement de l'école, il est admis en première année.

Hier, Claude a été accepté dans cette école. On ____________

____

____

5 Décrivez comment vous êtes entré(e) dans votre école, votre université ou votre entreprise. Les autres étudiants ou collègues ont-ils fait la même chose ? Renseignez-vous et écrivez les résultats de votre enquête.

____

____

____

Les verbes en *-OIR*

PARTICIPE PASSÉ EN « -U »

■ **PLEUVOIR** : il a plu

■ **FALLOIR** : il a fallu

■ **POUVOIR**

j'	ai	pu
tu	as	pu
il/elle	a	pu
nous	avons	pu
vous	avez	pu
ils/elles	ont	pu

■ **VOULOIR**

j'	ai	voulu
tu	as	voulu
il/elle	a	voulu
nous	avons	voulu
vous	avez	voulu
ils/elles	ont	voulu

■ **DEVOIR**

j'	ai	dû
tu	as	dû
il/elle	a	dû
nous	avons	dû
vous	avez	dû
ils/elles	ont	dû

■ **SAVOIR**

j'	ai	su
tu	as	su
il/elle	a	su
nous	avons	su
vous	avez	su
ils/elles	ont	su

 Notez l'accent sur le participe passé de **devoir**.

■ **VOIR**

j'	ai	vu
tu	as	vu
il/elle	a	vu
nous	avons	vu
vous	avez	vu
ils/elles	ont	vu

■ **RECEVOIR**

j'	ai	reçu
tu	as	reçu
il/elle	a	reçu
nous	avons	reçu
vous	avez	reçu
ils/elles	ont	reçu

■ **ÉMOUVOIR**

j'	ai	ému
tu	as	ému
il/elle	a	ému
nous	avons	ému
vous	avez	ému
ils/elles	ont	ému

Et :
revoir : *j'ai revu*
prévoir : *j'ai prévu*
apercevoir : *j'ai aperçu*
décevoir : *j'ai déçu*
concevoir : *j'ai conclu*
valoir : *j'ai valu...*

♪ Notez la cédille de **reçu** pour garder le son [s] devant le « **-u** ».

EXERCICES

1 Conjuguez au passé composé.

1. *pouvoir* Nous ______________ le voir.
2. *pleuvoir* Il ______________ toute la journée.
3. *savoir* Tu ______________ lui parler.
4. *recevoir* Je ______________ une réponse.
5. *vouloir* Elle ______________ m'aider.
6. *devoir* Ils ______________ partir.
7. *voir* On ______________ l'accident.
8. *prévoir* Vous ______________ quelque chose ?

2 Complétez au passé composé.

1. *ne pas savoir – devoir* Elle *n'a pas su* ouvrir la porte. Elle *a dû* rester dehors.
2. *ne pas pouvoir – ne pas voir* Tu ______________ entrer au cinéma ? Tu ______________ le film ?
3. *ne pas vouloir – falloir* Ils ______________ rester : il ______________ les raccompagner.
4. *ne pas pouvoir – ne pas savoir* Nous ______________ lui dire. Nous ______________ trouver les mots.
5. *ne pas pouvoir – ne pas recevoir* On ______________ signer. On ______________ le contrat.

3 Remplacez les éléments soulignés par un verbe équivalent au passé composé.

1. Tu <u>as été obligé de</u> t'excuser ? ______________________________
2. Il <u>n'est pas tombé une goutte de pluie</u>. ______________________________
3. Ils <u>ont été capables de</u> répondre ? ______________________________
4. <u>On a dû</u> fermer le jardin public. ______________________________
5. Sa remarque m'<u>a</u> beaucoup <u>touché</u>. ______________________________

4 Répondez librement aux questions en trouvant une excuse.

1. Pourquoi n'avez-vous pas fini votre exercice ? ______________________________
2. Pourquoi n'avez-vous pas payé vos factures ? ______________________________
3. Pourquoi n'avez-vous pas dit bonjour à votre voisin ? ______________________________

5 Complétez cette conversation au passé composé.

– Je ______________ Adrienne depuis une éternité ! Je ______________ de l'appeler plusieurs fois chez elle mais personne n'______________. Je ______________ passer chez elle mais je ______________ parce que je ______________ trop de travail cette semaine…
– Mais… Tu ______________ ? Elle ______________ déménager car elle ______________ des problèmes avec son propriétaire. Elle ______________ prévenir tout le monde. Nous l'______________ par sa collègue de bureau que nous ______________ hier.

ne pas voir – essayer
répondre
vouloir – ne pas pouvoir
avoir
ne pas savoir – devoir
avoir – ne pas pouvoir
savoir
voir

6 Racontez un événement inattendu qui vous est arrivé récemment.

AVEC L'AUXILIAIRE *ÊTRE*

• Pour les verbes suivants et tous les verbes pronominaux, le passé composé se forme avec **être** au présent de l'indicatif auquel on ajoute le **participe passé** du verbe à conjuguer.
• Tous les verbes en ***-er*** ont leur participe passé en « **é** », mais les autres verbes peuvent avoir un participe passé en « **-é** », « **-i** », « **-u** », etc.
• Ce participe passé **s'accorde** avec le sujet du verbe :

__Elle__ est arrivé__e__ ce matin et __ils__ sont reparti__s__ ensemble.

PARTICIPE PASSÉ EN « -É »

■ ALLER			■ ARRIVER			■ NAÎTRE		
je	suis	allé(e)	je	suis	arrivé(e)	je	suis	né(e)
tu	es	allé(e)	tu	es	arrivé(e)	tu	es	né(e)
il/elle	est	allé(e)	il/elle	est	arrivé(e)	il/elle	est	né(e)
nous	sommes	allé(e)s	nous	sommes	arrivé(e)s	nous	sommes	né(e)s
vous	êtes	allé(e)(s)	vous	êtes	arrivé(e)(s)	vous	êtes	né(e)(s)
ils/elles	sont	allé(e)s	ils/elles	sont	arrivé(e)s	ils/elles	sont	né(e)s

Et :
(r)entrer : *je suis (r)entré(e)*
rester : *je suis resté(e)*
(re)tomber : *je suis (re)tombé(e)*
(re)passer : *je suis (re)passé(e)*
retourner : *je suis retourné(e)*
décéder : *il/elle est décédé(e)...*

PARTICIPE PASSÉ EN « -I »

■ PARTIR			■ SORTIR		
je	suis	parti(e)	je	suis	sorti(e)
tu	es	parti(e)	tu	es	sorti(e)
il/elle	est	parti(e)	il/elle	est	sorti(e)
nous	sommes	parti(e)s	nous	sommes	sorti(e)s
vous	êtes	parti(e)(s)	vous	êtes	sorti(e)(s)
ils/elles	sont	parti(e)s	ils/elles	sont	sorti(e)s

Et :
repartir : *je suis reparti(e)*

Et :
ressortir : *je suis ressorti(e)...*

Les verbes **monter**, **(r)entrer**, **(re)passer**, **retourner**, **sortir** et **ressortir** se conjuguent avec **avoir** quand ils sont suivis d'un complément d'objet direct :
Nous __avons__ monté les valises. / Nous __sommes__ montés au 1er étage.
Elle __a__ passé des heures à lire son texte. / Elle __est passée__ me voir lundi soir.
Elles __ont__ sorti le papier de leur poche. / Elles __sont__ sort__ies__ dîner avec des amis.

Quand ces verbes se conjuguent avec **avoir**, l'accord du participe passé suit les mêmes règles que pour les autres verbes conjugués avec **avoir** (voir p. 60) :
Les valises qu'elle __a__ mont__ées__ étaient lourdes.

EXERCICES

1 Faites l'accord du participe passé si nécessaire.

1. *arriver* Nous sommes arrivé____ il y a 3 jours.
2. *aller* Aurélia, tu es allé_____ à la poste ?
3. *partir* Je suis parti____ en voyage.
4. *naître* Elle est né_____ en 1971.
5. *sortir* Ils sont sorti______ tard.
6. *retourner* Elles sont retourné_____ chez elles ?

2 Écrivez cette biographie au passé composé.

Nom : Gabriel Dorlan

Date de naissance : 1965 — Gabriel Dorian *est né* en 1965

Enfance heureuse ______________________________ (*avoir*)

Baccalauréat : juin 1983 ______________________________ (*passer*)

Départ en Inde : septembre 1983 ______________________________ (*partir*)

Maladie : janvier 1984 ______________________________ (*tomber*)

Retour en France : mai 1984 ______________________________ (*rentrer*)

Entrée à Sciences Po : octobre 1984 ______________________________ (*entrer*)

Sortie de Sciences Po : juin 1986 ______________________________ (*sortir*)

3 « Être » ou « avoir » ? Reliez les éléments pour former des phrases.

1. Nous sommes
2. Nous avons
3. Vous êtes
4. Vous avez
5. Tu as
6. Tu es

a. monté une petite entreprise avec trois amis.
b. retourné prendre de l'essence à la station-service ?
c. passé au secrétariat chercher ton dossier ?
d. montés par l'ascenseur.
e. retourné le paquet à l'envoyeur ?
f. rentré la table du jardin ?

4 Mettez au passé composé et faites l'accord du participe passé si nécessaire.

1. *entrer – sortir* Ils __________________ dans la banque et ils __________________ leur revolver.
2. *arriver – repartir* Elles __________________ à 18 h et elles __________________ à 20 h.
3. *sortir – monter* Elle __________________ des sacs de la voiture et elle les __________________ chez elle.
4. *passer – arriver* Nous __________________ par l'autoroute et nous __________________ tôt.
5. *passer – rentrer* On __________________ 3 heures à discuter et on __________________ fatigués.

5 Faites votre autobiographie.

Je suis né(e) ____

____

____

PARTICIPE PASSÉ EN « -U »

VENIR

je	suis	venu(e)
tu	es	venu(e)
il/elle	est	venu(e)
nous	sommes	venu(e)s
vous	êtes	venu(e)(s)
ils/elles	sont	venu(e)s

DESCENDRE

je	suis	descendu(e)
tu	es	descendu(e)
il/elle	est	descendu(e)
nous	sommes	descendu(e)s
vous	êtes	descendu(e)(s)
ils/elles	sont	descendu(e)s

Et :
revenir : *je suis revenu(e)*
devenir : *je suis devenu(e)*
intervenir : *je suis intervenu(e)*
parvenir : *je suis parvenu(e)…*

Les verbes **prévenir**, **contrevenir**, **circonvenir**, conjugués sur **venir**, prennent l'auxiliaire **avoir** :
*Quand il a vu le feu, il **a** prévenu les voisins.*

Le verbe **descendre** se conjugue avec l'auxiliaire **avoir** quand il est suivi d'un complément d'objet direct :
*Elle **a** descendu les bagages. Elle **les a** descendu**s** à 7 heures du matin.*
*Elle **est** descendue dans un bel hôtel.*

PARTICIPE PASSÉ EN « -ORT »

MOURIR

je	suis	mort(e)
tu	es	mort(e)
il/elle	est	mort(e)
nous	sommes	mort(e)s
vous	êtes	mort(e)(s)
ils/elles	sont	mort(e)s

Mort(e) peut être aussi un adjectif : « je suis morte de fatigue » n'est pas un passé composé, mais un présent.

EXERCICES

1 **Conjuguez au passé composé et faites l'accord du participe passé.**

1. *venir* Il ______________ te voir, dimanche ?
2. *devenir* Elle ______________ célèbre.
3. *mourir* Il ______________ d'un cancer.
4. *descendre* Ils ______________ au sous-sol.
5. *revenir* Vous ______________ quel jour ?
6. *prévenir* Tu ______________ tes parents ?

2 **Faites l'accord du participe passé, puis répondez à la forme négative.**

1. Pierre et Marie sont venu____ te dire bonjour ? ______________
2. Est-ce que les filles sont descendu___ de la voiture ? ______________
3. Cette actrice est devenu___ célèbre ? ______________
4. Vous êtes revenu___ tous les deux comme prévu ? ______________
5. Est-ce qu'Indira Gandhi est mort____ en 1992 ? ______________
6. Est-ce que tu as prévenu____ le médecin ? ______________

3 **Mettez au passé composé.**

1. Je viens chercher mes photos. ______________
2. Nous descendons à cet hôtel. ______________
3. Michèle revient déjeuner à midi. ______________
4. Les enfants deviennent raisonnables. ______________
5. En 1980, il meurt dans un accident. ______________
6. Vous ne parvenez pas à le joindre ? ______________

4 **Faites des titres de journaux au passé composé à partir des éléments donnés selon le modèle.**

Le président / revenir de Chine – La navette spatiale / redescendre sur la Terre
Un SDF / devenir milliardaire – 1 500 Français / mourir dans des accidents de la route
Le Premier ministre / intervenir dans les négociations – Les lycéens / descendre dans la rue
Les syndicats / parvenir à un accord

Le président est revenu de Chine ______________

____

____

____

Quels événements se sont produits ces derniers mois dans votre pays, dans votre lycée ou dans votre entreprise ?

____

____

____

____

Les verbes pronominaux

• Tous les verbes pronominaux se conjuguent avec **être**.

CONJUGAISON

SE DÉPÊCHER

je	me	suis	dépêché(e)
tu	t'	es	dépêché(e)
il/elle	s'	est	dépêché(e)
nous	nous	sommes	dépêché(e)s
vous	vous	êtes	dépêché(e)(s)
ils/elles	se	sont	dépêché(e)s

Et :
s'enrichir : *je me suis enrichi(e)*
se souvenir : *je me suis souvenu(e)*
se servir : *je me suis servi(e)*
s'inscrire : *je me suis inscrit(e)*
se perdre : *je me suis perdu(e)*
se taire : *je me suis tu(e)*
se plaindre : *je me suis plaint(e)*
se distraire : *je me suis distrait(e)*
se battre : *je me suis battu(e)*
s'asseoir : *je me suis assis(e)*
s'apercevoir : *je me suis aperçu(e)*

SE RENCONTRER

nous	nous	sommes	rencontré(e)s
vous	vous	êtes	rencontré(e)(s)
ils/elles	se	sont	rencontré(e)s

SE BATTRE

nous	nous	sommes	battu(e)s
vous	vous	êtes	battu(e)(s)
ils/elles	se	sont	battu(e)s

⚠ La conjugaison des verbes pronominaux **réciproques** n'existe qu'aux 3 personnes du **pluriel**.

ACCORD

Verbes réfléchis et réciproques

• Leur participe passé s'accorde avec le pronom complément (*me, te, se, nous, vous, se*) si celui-ci est **complément d'objet direct** (COD) du verbe :

*Elle s'est lav**ée**. Ils se sont endorm**is**. Nous nous sommes v**us**.*

Elle s'est cassé la jambe : pas d'accord parce que le COD (*la jambe*) est placé après le verbe.

• Leur participe passé ne s'accorde pas avec le pronom complément si celui-ci est **complément d'objet indirect** (COI) du verbe :

Elle s'est fait mal. Ils se sont parlé.

Verbes toujours pronominaux

• Leur participe passé s'accorde avec le sujet (*s'en aller, s'enfuir, s'envoler, s'évanouir, se souvenir,* etc.) :

*Ils se sont enfu**is**. Elle s'est évanou**ie**. Elles se sont souven**ues**.*
*Ils se sont méf**iés**.*

EXERCICES

1 Conjuguez au passé composé à la forme affirmative, puis négative.

1. *se réveiller* Nous ______. ______
2. *s'habituer* Elle ______. ______
3. *s'arrêter* Le bus ______. ______
4. *s'asseoir* Ils ______. ______
5. *se perdre* Je ______. ______

2 Conjuguez les verbes proposés au passé composé et faites l'accord des participes passés.

Ce matin-là, elle ______ comme d'habitude et ______ un café. *se lever – se préparer*
Elle ______ les cheveux et elle ______ les dents. *se laver – se brosser*
Lui, il ______ et ______. *se raser – s'habiller*
Puis, ils ______ de sortir. *se dépêcher*
Ils ______ à la boulangerie où ils ______ des croissants. *s'arrêter – s'acheter*
Elle ______ vers le métro et elle ______. *se précipiter – tomber*
Elle ______ la cheville. *se casser*

3 Dites si le pronom souligné est COD ou COI et faites l'accord des participes passés.

	COD / COI
1. Elle s'est perdu__ et elle s'est cru__ en pleine jungle.	______ / ______
2. Ils se sont rencontré__ et ils se sont souri__.	______ / ______
3. Nous nous sommes trompé__ et nous nous sommes excusé__.	______ / ______
4. Ils se sont battu__ puis se sont parlé__.	______ / ______
5. Elle s'est fait__ mal et elle s'est soigné__.	______ / ______

4 Mettez les verbes proposés au passé composé et faites l'accord des participes passés.

Pourquoi se séparer ?
Nous ______ (*se voir*)
Nous ______ (*se plaire*)
Nous ______ (*s'aimer*)
Nous ______ (*se séparer*)
Un jour on ______ (*se revoir*)
On ______ (*se reconnaître*)
Quand on ______ (*se connaître*)
Quand on ______ (*se reconnaître*)
Pourquoi se perdre de vue ?
Quand on ______ (*se retrouver*)
Quand on ______ (*s'aimer*)
Pourquoi se séparer ?

(D'après la chanson de Jeanne Moreau)

4 LE PLUS-QUE-PARFAIT DE L'INDICATIF

• Le plus-que-parfait se forme avec **avoir** ou **être** à l'**imparfait** auquel on ajoute le **participe passé** du verbe à conjuguer.

Les verbes *ÊTRE, AVOIR, FAIRE, ALLER, VENIR* et les verbes en *-ER*

• Le choix de l'auxiliaire et les règles d'accord du participe passé sont **les mêmes** que pour le passé composé (voir pp. 60, 74 et 78).

■ ÊTRE

j'	avais	été
tu	avais	été
il/elle	avait	été
nous	avions	été
vous	aviez	été
ils/elles	avaient	été

■ AVOIR

j'	avais	eu
tu	avais	eu
il/elle	avait	eu
nous	avions	eu
vous	aviez	eu
ils/elles	avaient	eu

■ FAIRE

j'	avais	fait
tu	avais	fait
il/elle	avait	fait
nous	avions	fait
vous	aviez	fait
ils/elles	avaient	fait

■ ALLER

j'	étais	allé(e)
tu	étais	allé(e)
il/elle	était	allé(e)
nous	étions	allé(e)s
vous	étiez	allé(e)(s)
ils/elles	étaient	allé(e)s

■ VENIR

j'	étais	venu(e)
tu	étais	venu(e)
il/elle	était	venu(e)
nous	étions	venu(e)s
vous	étiez	venu(e)(s)
ils/elles	étaient	venu(e)s

■ PARLER

j'	avais	parlé
tu	avais	parlé
il/elle	avait	parlé
nous	avions	parlé
vous	aviez	parlé
ils/elles	avaient	parlé

■ SE DÉPÊCHER

je	m'étais	dépêché(e)
tu	t'étais	dépêché(e)
il/elle	s'était	dépêché(e)
nous	nous étions	dépêché(e)s
vous	vous étiez	dépêché(e)(s)
ils/elles	s'étaient	dépêché(e)s

EXERCICES

1 **Transformez les passés composés en plus-que-parfaits.**

1. Il a été jaloux. ____________
4. Tu es allé à Lyon. ____________
2. J'ai eu des ennuis. ____________
5. Vous êtes venus seuls. ____________
3. Ils ont fait des erreurs. ____________
6. Nous l'avons jeté. ____________

2 **Conjuguez « avoir » ou « être » au plus-que-parfait.**

1. Je ____________ (*être*) nerveuse avant les résultats.
2. Ils ____________ (*ne pas avoir*) de nouvelles jusqu'en 2002.
3. Tu ____________ (*ne pas être*) capable de nous répondre à cette époque.
4. Vous ____________ (*avoir*) le courage d'arrêter de fumer l'hiver d'avant.

3 **Mettez le verbe proposé au plus-que-parfait et faites l'accord du participe passé.**

1. Elle décorait les gâteaux qu'elle ____________ le matin. (*faire*)
2. Nous avons passé des vacances dans la région où nous ____________ deux ans avant. (*aller*)
3. Il nous a demandé pourquoi nous ____________ plus tôt. (*ne pas venir*)
4. Les garçons ont détruit les châteaux de sable qu'elles ____________ . (*faire*)
5. Je suis montée à la tour Rockefeller ; je ____________ aussi haut de ma vie. (*ne jamais monter*)
6. Ils n'ont pas voulu avouer qu'ils ____________ dans l'eau. (*tomber*)

4 **Utilisez le plus-que-parfait pour dire ce que vous avez fait avant de partir en voyage.**

Avant de partir en voyage :

1. se lever très tôt la veille du départ : ____________.
2. passer au consulat chercher mon visa : ____________.
3. acheter des cadeaux pour la famille d'accueil : ____________.
4. payer la facture de téléphone : ____________.
5. appeler mes amis pour leur dire au revoir : ____________.
6. se renseigner sur le numéro de l'aérogare : ____________.
7. vérifier de ne rien avoir oublié : ____________.

5 **Utilisez le plus-que-parfait pour exprimer une antériorité comme dans le modèle.**

les élections / président = *Il avait gagné les élections ; il était président.*

1. gagner la finale / champions du monde = ____________.
2. nager toute la journée / être morte de fatigue = ____________.
3. se déguiser en monstres / faire peur à tout le monde = ____________.
4. beaucoup travailler / se reposer = ____________.
5. se marier / passer leur lune de miel au soleil = ____________.

Les verbes en *-IR*

• Le plus-que-parfait se forme avec **avoir** ou **être** à l'**imparfait** auquel on ajoute le **participe passé** du verbe à conjuguer.
• Le choix de l'auxiliaire et les règles d'accord du participe passé sont les mêmes que pour le passé composé (voir pp. 60, 74 et 78).

■ FINIR

j'	avais	fini
tu	avais	fini
il/elle	avait	fini
nous	avions	fini
vous	aviez	fini
ils/elles	avaient	fini

Et :
haïr : *j'avais haï.*

■ SE SOUVENIR

je	m'étais	souvenu(e)
tu	t'étais	souvenu(e)
il/elle	s'était	souvenu(e)
nous	nous étions	souvenu(e)s
vous	vous étiez	souvenu(e)(s)
ils/elles	s'étaient	souvenu(e)s

Et :
s'enrichir : *je m'étais enrichi(e)*
se servir : *je m'étais servi(e)*
s'enfuir : *je m'étais enfui(e)*

■ DORMIR

j'	avais	dormi
tu	avais	dormi
il/elle	avait	dormi
nous	avions	dormi
vous	aviez	dormi
ils/elles	avaient	dormi

Et :
cueillir : *j'avais cueilli*
fuir : *j'avais fui*
courir : *j'avais couru*
tenir : *j'avais tenu*
acquérir : *j'avais acquis*

■ OUVRIR

j'	avais	ouvert
tu	avais	ouvert
il/elle	avait	ouvert
nous	avions	ouvert
vous	aviez	ouvert
ils/elles	avaient	ouvert

Et :
offrir : *j'avais offert*
couvrir : *j'avais couvert*
découvrir : *j'avais découvert*
souffrir : *j'avais souffert*

■ PARTIR

j'	étais	parti(e)
tu	étais	parti(e)
il/elle	était	parti(e)
nous	étions	parti(e)s
vous	étiez	parti(e)(s)
ils/elles	étaient	parti(e)s

Et :
sortir : *j'étais sorti(e)*
venir : *j'étais venu(e)*
devenir : *j'étais devenu(e)*
mourir : *j'étais mort(e)*

EXERCICES

1 **Rapportez le contenu de ce message en utilisant le plus-que-parfait.**

Salut ! Je suis morte de fatigue : j'ai couru toute la journée. Marion est venue à la maison et nous sommes sorties faire des courses. Comme d'habitude, Marion a tenu à aller dans les Grands Magasins. Au fait, je ne suis pas parvenue à joindre Sophie. À ce soir. Agnès

Agnès lui a laissé un message et elle lui disait qu'elle... ______________________

____

2 **Complétez avec des verbes au plus-que-parfait et reliez les éléments.**

1. Elle a relu	**a.** il ____________ déjà.	(*dîner*)
2. Je suis arrivé en retard	**b.** je t'____________	(*prévenir*)
3. Quand on est rentré,	**c.** les voleurs ____________ .	(*s'enfuir*)
4. Tout s'est bien passé	**d.** parce que mon réveil ____________ .	(*ne pas sonner*)
5. C'est ta faute,	**e.** ce qu'elle ____________ un an plus tot.	(*écrire*)
6. Quand la police est arrivée,	**f.** car nous ____________ tout.	(*préparer*)

3 **Utilisez le plus-que-parfait avec les éléments donnés pour exprimer une antériorité comme dans le modèle.**

cueillir des fleurs / lorsque / offrir à leur mère.

→ *Lorsque les enfants avaient cueilli des fleurs, ils les offraient à leur mère.*

1. ouvrir les fenêtres / quand / apercevoir la montagne au loin.

____

2. finir le repas / dès que / regarder la télévision.

____

3. accueillir le groupe / une fois que / faire visiter la ville.

____

4. bien dormir / quand / être toujours de bonne humeur.

____

4 **Mettez les verbes proposés au plus-que-parfait pour exprimer le regret.**

1. Si seulement il ____________________ ! (*venir*)

2. Si seulement tu ____________________ ! (*se souvenir*)

3. Si seulement nous ____________________ la vérité ! (*découvrir*)

4. Si seulement ils ____________________ ! (*ne pas mentir*)

5. Si seulement vous ____________________ plus d'informations ! (*recueillir*)

6. Si seulement je ____________________ plus tôt ! (*sortir*)

Les verbes en *-RE*

• Le plus-que-parfait se forme avec **avoir** ou **être** à l'**imparfait** auquel on ajoute le **participe passé** du verbe à conjuguer.
• Le choix de l'auxiliaire et les règles de l'accord du participe passé sont les mêmes que pour le passé composé (voir pp. 60, 74 et 78).

■ DIRE

j'	avais	dit
tu	avais	dit
il/elle	avait	dit
nous	avions	dit
vous	aviez	dit
ils/elles	avaient	dit

Et :
conduire : *j'avais conduit*
écrire : *j'avais écrit*
distraire : *j'avais distrait*
rire : *j'avais ri*

■ CROIRE

j'	avais	cru
tu	avais	cru
il/elle	avait	cru
nous	avions	cru
vous	aviez	cru
ils/elles	avaient	cru

Et :
boire : *j'avais bu*
plaire : *j'avais plu*
lire : *j'avais lu*

■ S'INSCRIRE

je	m'étais	inscrit(e)
tu	t'étais	inscrit(e)
il/elle	s'était	inscrit(e)
nous	nous étions	inscrit(e)s
vous	vous étiez	inscrit(e)(s)
ils/elles	s'étaient	inscrit(e)s

Et :
se distraire : *je m'étais distrait(e)*
se taire : *je m'étais tu(e)*
se perdre : *je m'étais perdu(e)*
se battre : *je m'étais battu(e)*
se plaindre : *je m'étais plaint(e)*

■ ATTENDRE

j'	avais	attendu
tu	avais	attendu
il/elle	avait	attendu
nous	avions	attendu
vous	aviez	attendu
ils/elles	avaient	attendu

Et :
répondre : *j'avais répondu*
perdre : *j'avais perdu*
coudre : *j'avais cousu*
résoudre : *j'avais résolu*
peindre : *j'avais peint*
rejoindre : *j'avais rejoint*
connaître : *j'avais connu*
battre : *j'avais battu*
croître : *j'avais crû*
vivre : *j'avais vécu*
conclure : *j'avais conclu*
interrompre : *j'avais interrompu*
convaincre : *j'avais convaincu*
suivre : *j'avais suivi*

■ METTRE

j'	avais	mis
tu	avais	mis
il/elle	avait	mis
nous	avions	mis
vous	aviez	mis
ils/elles	avaient	mis

Et :
prendre : *j'avais pris*

■ NAÎTRE

j'	étais	né(e)
tu	étais	né(e)
il/elle	était	né(e)
nous	étions	né(e)s
vous	étiez	né(e)(s)
ils/elles	étaient	né(e)s

Et :
descendre : *j'étais descendu(e)*

EXERCICES

1 **Transformez les phrases au plus-que-parfait selon le modèle.**

J'ai pris une décision. Je ne savais pas que *tu avais pris une décision.*

1. On a interdit la circulation. Je ne savais pas que ______________________

2. Elle s'est inscrite en fac de droit. ______________________

3. Il a mis une petite annonce. ______________________

4. Ils ont vendu leur voiture. ______________________

5. Nous sommes nés en Australie. ______________________

6. Je me suis battu contre eux. ______________________

2 **Complétez au plus-que-parfait.**

1. *prendre* Tu ______________ de bonnes résolutions, mais tu ne les as pas tenues.

2. *croire* J'______________ comprendre que tu acceptais, mais tu refuses !

3. *promettre* Elle ______________ d'envoyer cette lettre, mais elle ne l'a pas fait.

4. *apprendre* Vous ______________ sa démission et vous n'avez pas réagi ?

5. *dire* Ils ______________ qu'ils rentraient le 21, mais ils ne sont toujours pas là.

6. *se plaindre* Nous ______________ à la direction et ils se sont excusés.

7. *plaire* La maison lui ______________ et elle a essayé de l'acheter.

3 **Mettez au plus-que-parfait.**

Ne pas vivre à l'étranger, ne pas entendre parler de « cuisine légère », ne jamais conduire une 2 CV, ne pas suivre des cours de littérature, ne pas lire Proust, ne pas voir des films de Godard.

Avant de venir en France, je n'avais pas vécu à l'étranger, je ______________________

____

____

4 **Finissez les phrases au plus-que-parfait avec le verbe qui convient.**

attendre – résoudre – perdre – boire – éteindre – disparaître

1. Elle est retournée au magasin parce qu'elle ______________________.

2. Nous chantions et riions beaucoup parce que nous ______________________.

3. Il était furieux parce qu'il ______________________.

4. Ils étaient très contents parce qu'ils ______________________.

5. On ne pouvait rien voir dans la pièce parce qu'on ______________________.

6. Tout le monde te cherchait parce que tu ______________________.

Les verbes en *-OIR*

• Le plus-que-parfait se forme avec **avoir** ou **être** à l'**imparfait** auquel on ajoute le **participe passé** du verbe à conjuguer.
• Le choix de l'auxiliaire et les règles de l'accord du participe passé sont les mêmes que pour le passé composé (voir pp. 60, 74 et 78).

■ POUVOIR

j'	avais	pu
tu	avais	pu
il/elle	avait	pu
nous	avions	pu
vous	aviez	pu
ils/elles	avaient	pu

Et :
devoir : *j'avais dû*
savoir : *j'avais su*
valoir : *j'avais valu*

■ VOULOIR

j'	avais	voulu
tu	avais	voulu
il/elle	avait	voulu
nous	avions	voulu
vous	aviez	voulu
ils/elles	avaient	voulu

■ S'ASSEOIR

je	m'étais	assis(e)
tu	t'étais	assis(e)
il/elle	s'était	assis(e)
nous	nous étions	assis(es)
vous	vous étiez	assis(e)(s)
ils/elles	s'étaient	assis(es)

■ FALLOIR : il avait fallu

■ PLEUVOIR : il avait plu

■ VOIR

j'	avais	vu
tu	avais	vu
il/elle	avait	vu
nous	avions	vu
vous	aviez	vu
ils/elles	avaient	vu

■ RECEVOIR

j'	avais	reçu
tu	avais	reçu
il/elle	avait	reçu
nous	avions	reçu
vous	aviez	reçu
ils/elles	avaient	reçu

■ S'APERCEVOIR

je	m'étais	aperçu(e)
tu	t'étais	aperçu(e)
il/elle	s'était	aperçu(e)
nous	nous étions	aperçu(e)s
vous	vous étiez	aperçu(e)(s)
ils/elles	s'étaient	aperçu(e)s

Et :
s'émouvoir : *je m'étais ému(e)...*

EXERCICES

1 **Répondez au plus-que-parfait selon le modèle.**

Il n'a pas plu hier ? *Je croyais qu'il avait plu ...*

1. On n'a pas pu le joindre au téléphone ? ____________________
2. Il n'a pas vu ce film ? ____________________
3. Vous n'avez pas dû assister à la réunion ? ____________________
4. Elle ne s'est pas aperçue de son absence ? ____________________
5. Ils n'ont pas reçu le fax ? ____________________
6. Tu n'as pas conçu ce projet tout seul ? ____________________

2 **Complétez au plus-que-parfait.**

1. *pouvoir* Si seulement tu ____________________ me prévenir à temps !
2. *devoir* Quelle catastrophe ! Si vous ____________________ tout annuler !
3. *ne pas pleuvoir* Ah ! S'il ____________________ !...
4. *se revoir* Si au moins nous ____________________ une seule fois !
5. *vouloir* Si seulement ils ____________________ accepter notre offre !
6. *falloir* Quelle catastrophe, s'il ____________________ tout refaire !
7. *savoir* Si elle ____________________ combien il l'aimait !

3 **Complétez ce récit au plus-que-parfait.**

Journée d'une correctrice

Ah ! Si je ____________ quelle journée j'allais passer ce mardi 30 mars ! *savoir*
Ce jour-là, je ____________ travailler à la correction de ce manuscrit : *vouloir*
je ____________ à mon bureau, mais les enfants m' ____________ *s'asseoir – interrompre*
sans cesse et je ____________ me concentrer. De plus, *ne pas pouvoir*
comme il ____________ , ils ____________ toute la maison et *pleuvoir – salir*
je ____________ tout nettoyer ! Le pire est qu'entre-temps, *devoir*
je ____________ qu'il manquait beaucoup de pages et *s'apercevoir*
il ____________ téléphoner à l'éditeur qui me les ____________ *falloir – envoyer*
en courrier express... Mais je ne les ____________ qu'à 10 h du soir !... *recevoir*
Un quart d'heure avant je ____________ sur le canapé, *s'endormir*
morte de fatigue !...

4 **Racontez une journée avec vos amis ou votre famille qui ne s'est pas passée comme vous l'aviez prévu.**

Ce jour-là, ____________________

____

LE FUTUR DE L'INDICATIF

• Le futur de ces verbes se forme avec le **radical** qui est **irrégulier** auquel on ajoute les terminaisons ***-ai***, ***-as***, ***-a***, ***-ons***, ***-ez***, ***ont***.

⚠ Ces terminaisons correspondent aux formes du verbe **avoir** au présent de l'indicatif : j'**ai**, tu **as**, il **a**, nous av-**ons**, vous av-**ez**, ils **ont**.

Les verbes *ÊTRE*, *AVOIR*, *ALLER*, *VENIR* et *FAIRE*

■ **ÊTRE**

je	serai
tu	seras
il/elle	sera
nous	serons
vous	serez
ils/elles	seront

■ **AVOIR**

j'	aurai
tu	auras
il/elle	aura
nous	aurons
vous	aurez
ils/elles	auront

♪ La liaison dans **nous aurons**, **vous aurez**, **ils auront** et **elles auront** est obligatoire.
[z] [z] [z] [z]

■ **ALLER**

j'	irai
tu	iras
il/elle	ira
nous	irons
vous	irez
ils/elles	iront

Et :
s'en aller :
je m'en irai

■ **VENIR**

je	viendrai
tu	viendras
il/elle	viendra
nous	viendrons
vous	viendrez
ils/elles	viendront

♪ La liaison dans **nous irons**, **vous irez**, **ils iront** et **elles iront** est obligatoire.
[z] [z] [z] [z]

■ **FAIRE**

je	ferai
tu	feras
il/elle	fera
nous	ferons
vous	ferez
ils/elles	feront

EXERCICES

1 Conjuguez au futur.

1. *être* Ils ____________ là à 6 heures.
2. *avoir* Je ____________ sa lettre demain.
3. *aller* Nous ____________ en juin.
4. *venir* Tu ____________ avec nous.
5. *faire* Il ____________ chaud jeudi.
6. *ne pas aller* Elle ____________ l'attendre.
7. *ne pas venir* Elles ____________ en classe.
8. *ne pas être* Vous ____________ surpris.

2 Mettez les phrases suivantes au futur.

1. J'ai 20 ans en septembre prochain. ____________
2. Elle est diplômée dans deux mois. ____________
3. Nous avons une soirée d'anniversaire demain. ____________
4. Ils vont aux États-Unis en été. ____________
5. Vous venez nous rendre visite dimanche ? ____________
6. Est-ce que tu fais une grande fête pour tes 50 ans ? ____________
7. Il fait un stage dans une banque cet été. ____________

3 Conjuguez les verbes proposés au futur et reliez les éléments.

1. Quand tu (*venir*) ____________ à Rome,
2. Lorsque je (*avoir*) ____________ une voiture,
3. Quand vous (*venir*) ____________ en Espagne,
4. Dès qu'il (*être*) ____________ majeur,
5. Quand on (*avoir*) ____________ de l'argent,
6. Quand ils (*avoir*) ____________ le résultat,

a. ils nous le (*faire*) ____________ connaître.
b. il (*avoir*) ____________ le droit de voter.
c. je (*faire*) ____________ des escapades à la mer.
d. nous te (*faire*) ____________ visiter la ville.
e. nous (*aller*) ____________ vous accueillir.
f. on (*faire*) ____________ le tour de l'Europe.

4 Utilisez « être », « avoir », « aller », « venir » et « faire » au futur pour exprimer des projets.

1. C'est décidé, pendant les vacances d'hiver, nous ____________ , je ____________ , je ____________ et on ____________ .
2. Pierre a une très bonne idée : en été, il ____________ , il ____________ , il ____________ et il ____________ .
3. Marion traverse une crise : elle ne ____________ , elle ne ____________ , elle ne ____________ et ne ____________ .
4. Quels sont tes projets pour le mariage de Céline ? Est-ce que tu ____________ ? Est-ce que tu ____________ ou est-ce que tu ____________ ?

5 Quels sont vos projets pour les prochaines vacances ?

____

Les verbes *POUVOIR, VOULOIR, DEVOIR, FALLOIR* et *SAVOIR*

• Le futur de ces verbes se forme avec le **radical** qui est **irrégulier** auquel on ajoute les terminaisons : ***-ai***, ***-as***, ***-a***, ***-ons***, ***-ez***, ***-ont***.

■ **POUVOIR**

je	pourrai
tu	pourras
il/elle	pourra
nous	pourrons
vous	pourrez
ils/elles	pourront

■ **VOULOIR**

je	voudrai
tu	voudras
il/elle	voudra
nous	voudrons
vous	voudrez
ils/elles	voudront

■ **DEVOIR**

je	devrai
tu	devras
il/elle	devra
nous	devrons
vous	devrez
ils/elles	devront

■ **FALLOIR**

il faudra

⚠ Ce verbe ne se conjugue qu'à la 3e personne du singulier

■ **SAVOIR**

je	saurai
tu	sauras
il/elle	saura
nous	saurons
vous	saurez
ils/elles	sauront

♪ Ne confondez pas **nous aurons** [z] et **nous saurons** [s] ; **vous aurez** [z] et **vous saurez** [s].

EXERCICES

1 Conjuguez au futur.

1. Nous pouvons le faire.
Nous ______________________.
Je ______________________.

2. Il veut rester plus tard.
Il ______________________.
Elles ______________________.

3. Tu dois passer à la banque.
Tu ______________________.
Nous ______________________.

4. Il faut lui écrire.
Il ______________________.

5. Vous savez comment y aller ?
Vous ______________________.
Tu ______________________.

6. Ils peuvent nous rejoindre là-bas.
Ils ______________________.
Elle ______________________.

2 Faites des phrases selon le modèle.

avoir le bac / pouvoir travailler → *Quand tu auras le bac, tu pourras travailler.*

1. *vouloir aller au théâtre / devoir réserver des places*
Quand vous ____

2. *savoir conduire / pouvoir acheter une voiture*
Quand je ____

3. *avoir une carte de crédit / falloir être responsable*
Quand tu ____

4. *être en France / falloir nous le dire*
Quand il ____

3 Mettez le contenu de ce message au futur.

Chers amis,

Voici quelques informations avant votre départ.

Vous devez être à l'aéroport à 9 heures précises. Vous pouvez enregistrer les bagages dès 9 h 15. Maryse, votre accompagnatrice, veut certainement vous rencontrer avant de partir. Il faut lui poser toutes les questions concernant les différentes visites que vous voulez faire sur place. Elle sait bien sûr y répondre et elle peut vous donner des conseils de dernière minute.

Je ne peux pas rester avec vous après 10 h 30, donc vous devez absolument être à l'heure. Merci. À bientôt.

Votre correspondant Gilles

Utilisez les verbes « falloir », « pouvoir », « devoir », « savoir », « être » ou « avoir » au futur pour exprimer vos espoirs pour l'avenir de notre planète.

J'espère que dans le futur on ____

____

____

Les verbes en *-ER*

• Le futur se forme avec l'**infinitif** auquel on ajoute les terminaisons ***-ai, -as, -a, -ons, -ez, -ont.***
Exemple : parler → parler-ai → je **parlerai**.

FUTURS RÉGULIERS

■ PARLER

je	parlerai
tu	parleras
il/elle	parlera
nous	parlerons
vous	parlerez
ils/elles	parleront

Et :
oublier : *j'oublierai*
continuer : *je continuerai*
jouer : *je jouerai*
créer : *je créerai*
travailler : *je travaillerai*
commencer : *je commencerai*
manger : *je mangerai*
gagner : *je gagnerai*
espérer : *j'espérerai*

■ SE DÉPÊCHER

je	me dépêcherai
tu	te dépêcheras
il/elle	se dépêchera
nous	nous dépêcherons
vous	vous dépêcherez
ils/elles	se dépêcheront

FUTUR IRRÉGULIERS

■ APPELER

j'	appe**ll**erai
tu	appe**ll**eras
il/elle	appe**ll**era
nous	appe**ll**erons
vous	appe**ll**erez
ils/elles	appe**ll**eront

■ JETER

je	je**tt**erai
tu	je**tt**eras
il/elle	je**tt**era
nous	je**tt**erons
vous	je**tt**erez
ils/elles	je**tt**eront

■ S'ENNUYER

je	m'ennu**ie**rai
tu	t'ennu**ie**ras
il/elle	s'ennu**ie**ra
nous	nous ennu**ie**rons
vous	vous ennu**ie**rez
ils/elles	s'ennu**ie**ront

Et :
employer : *j'emplo**ie**rai*

♪ Le « -e » après « -ll- », « -tt- » et « i » ne se prononce pas.

■ PAYER

je	pa**ie**rai
tu	pa**ie**ras
il/elle	pa**ie**ra
nous	pa**ie**rons
vous	pa**ie**rez
ils/elles	pa**ie**ront

■ ENVOYER

je	enve**rr**ai
tu	enve**rr**as
il/elle	enve**rr**a
nous	enve**rr**ons
vous	enve**rr**ez
ils/elles	enve**rr**ont

⚠ Les verbes en ***-ayer*** peuvent avoir un futur régulier : *je payerai, nous essayerons…*

EXERCICES

1 Conjuguez au futur.

1. *aimer* Il ________________ cette idée.
2. *passer* Je ________________ la journée ici.
3. *s'amuser* Nous ________________ bien.
4. *ne pas bouger* Vous ________________ .
5. *employer* Ils ________________ deux personnes.
6. *nettoyer* Tu ________________ tout.
7. *envoyer* Je l' ________________ mardi.
8. *appeler* Elle ________________ ce soir.

2 Complétez avec les verbes proposés au futur.

1. Demain, je ________________ à ton père et je ________________ de le convaincre. (*parler – essayer*)
2. Samedi, on ________________ chez moi et on ________________ aux cartes. (*se retrouver – jouer*)
3. Demain soir, vous ________________ dîner et nous ________________ un peu. (*rester – bavarder*)
4. Ils ________________ un modèle et on leur ________________ notre avis. (*créer – donner*)
5. Je ________________ la lettre et je la lui ________________. (*rédiger – envoyer*)
6. Il ________________ la facture et on la ________________ aussitôt. (*envoyer – payer*)
7. Nous ________________ Frank et nous lui ________________ la situation. (*appeler – expliquer*)
8. Tu ________________ chez ton oncle et tu le ________________. (*s'arrêter – remercier*)
9. Il ________________ : il ________________ toute la journée. (*ne pas s'ennuyer – étudier*)

3 Choisissez parmi les verbes proposés pour exprimer les projets d'un jeune couple.

louer – aménager – inviter – organiser – s'installer – décorer – voyager

Nous nous marierons en juin. ____

____

____

____

4 Complétez avec les verbes proposés conjugués au futur.

Sensation

Par les soirs bleus d'été, je ________________ dans les sentiers, *aller*
Picoté par les blés, fouler l'herbe menue :
Rêveur, j'en sentirai la fraîcheur à mes pieds
Je ________________ le vent baigner ma tête nue. *laisser*
Je ________________ , je ________________ : *ne pas parler – ne rien penser*
Mais l'amour infini me ________________ dans l'âme, *monter*
Et je ________________ loin, bien loin, comme un bohémien *aller*
Par la Nature, heureux comme avec une femme.

Rimbaud, *Poésies*

⚠ Notez l'apparition d'un **accent grave.**

■ ACHETER

j'	ach**è**terai
tu	ach**è**teras
il/elle	ach**è**tera
nous	ach**è**terons
vous	ach**è**terez
ils/elles	ach**è**teront

■ SE PROMENER

je	me prom**è**nerai
tu	te prom**è**neras
il/elle	se prom**è**nera
nous	nous prom**è**nerons
vous	vous prom**è**nerez
ils/elles	se prom**è**neront

Et :
mener : *je m**è**nerai*
amener : *j'am**è**nerai*
emmener : *j'emm**è**nerai*

■ CONGELER

je	cong**è**lerai
tu	cong**è**leras
il/elle	cong**è**lera
nous	cong**è**lerons
vous	cong**è**lerez
ils/elles	cong**è**leront

Et :
modeler : *je mod**è**lerai*
harceler : *je harc**è**lerai*
peler : *je p**è**lerai...*

■ SE LEVER

je	me l**è**verai
tu	te l**è**veras
il/elle	se l**è**vera
nous	nous l**è**verons
vous	vous l**è**verez
ils/elles	se l**è**veront

Et :
enlever : *j'enl**è**verai*
soulever : *je soul**è**verai*
achever : *j'ach**è**verai*

■ PESER

je	p**è**serai
tu	p**è**seras
il/elle	p**è**sera
nous	p**è**serons
vous	p**è**serez
ils/elles	p**è**seront

■ SEMER

je	s**è**merai
tu	s**è**meras
il/elle	s**è**mera
nous	s**è**merons
vous	s**è**merez
ils/elles	s**è**meront

⚠ Les verbes du type **espérer** sont réguliers (voir p. 92).

EXERCICES

1 Mettez les accents comme il convient.

1. J'emmenerai Paul.
2. Elle ne se levera pas.
3. Nous n'acheterons rien.
4. Il préferera ne pas y aller.
5. Ils geleront les prix.
6. Tu enleveras la poussière.
7. Ils s'inquieteront pour ma santé.
8. Elle n'adherera pas à notre projet.

2 Mettez les verbes proposés au futur, puis au pluriel.

1. *acheter – semer – arroser*

   J'_______________ des graines, je les _______________ et je les _______________.

   Nous ____.

2. *emmener – se promener*

   Tu _______________ les enfants au parc et s'il fait beau nous _______________.

   Vous ____.

3. *acheter – congeler*

   Elle _______________ de la viande et elle en _______________ la moitié.

   Elles ____.

3 Complétez avec les verbes proposés au futur, puis reliez les éléments de gauche à ceux de droite pour faire une phrase.

1. S'il réussit son examen,
2. Si vous ne lui dites pas la vérité,
3. Si vous n'avez pas le temps,
4. Si tu fermes les fenêtres,
5. Si nous ne fixons pas les règles,
6. Si elle va mieux,

a. je _____________ mon manteau. (*enlever*)
b. vous _____________ ce travail plus tard. (*achever*)
c. ils _____________ le désordre (*semer*)
d. on lui _____________ un beau cadeau. (*acheter*)
e. tu l'_____________ à la piscine. (*emmener*)
f. il vous _____________ pendant longtemps. (*harceler*)

4 Conjuguez les verbes proposés au futur.

Tarte au citron

Tu _______________ (*acheter*) les ingrédients. Tu _______________ (*décongeler*) la pâte.
Tu _______________ (*peler*) les citrons et tu _______________ (*enlever*) les pépins.
Quand la pâte _______________ (*être*) cuite, tu _______________ (*mélanger*) bien les jaunes d'œufs, le sucre, la maïzena.
Tu _______________ (*verser*) le mélange sur la pâte et tu _______________ (*mettre*) les tranches de citron.
À la fin, tu _______________ (*parsemer*) le dessus de sucre glace.

Les verbes en *-IR*

FUTURS RÉGULIERS

• Le futur de ces verbes se forme avec l'**infinitif** du verbe auquel on ajoute les terminaisons ***-ai, -as, -a, -ons, -ez, ont***.

FINIR

je	finirai
tu	finiras
il/elle	finira
nous	finirons
vous	finirez
ils/elles	finiront

Et :
partir : *je partirai*
haïr : *je haïrai*
dormir : *je dormirai*
fuir : *je fuirai*

OUVRIR

je	ouvrirai
tu	ouvriras
il/elle	ouvrira
nous	ouvrirons
vous	ouvrirez
ils/elles	ouvriront

Et :
offrir : *j'offrirai*
couvrir : *je couvrirai*
découvrir : *je découvrirai*
souffrir : *je souffrirai*

(SE) SERVIR

je	(me) servirai
tu	(te) serviras
il/elle	(se) servira
nous	(nous) servirons
vous	(vous) servirez
ils/elles	(se) serviront

Et :
s'enrichir : *je m'enrichirai*
s'évanouir : *je m'évanouirai*

FUTURS IRRÉGULIERS

COURIR

je	cou**rr**ai
tu	cou**rr**as
il/elle	cou**rr**a
nous	cou**rr**ons
vous	cou**rr**ez
ils/elles	cou**rr**ont

Et :
mourir : *je mourrai*
acquérir : *j'acquerrai*

CUEILLIR

je	cueill**er**ai
tu	cueill**er**as
il/elle	cueill**er**a
nous	cueill**er**ons
vous	cueill**er**ez
ils/elles	cueill**er**ont

SE SOUVENIR

je	me sou**viendr**ai
tu	te sou**viendr**as
il/elle	se sou**viendr**a
nous	nous sou**viendr**ons
vous	vous sou**viendr**ez
ils/elles	se sou**viendr**ont

Et :
tenir : *je tiendrai*

♪ Pour distinguer le présent du futur aux 2 premières personnes du pluriel des verbes du type **courir** ou **mourir**, on insiste légèrement sur la prononciation des deux « r » : *Nous courons aujourd'hui et nous cou**rr**ons demain.*

EXERCICES

1 Conjuguez au futur.

1. *partir* Ils ______________ mardi prochain.
2. *se servir* Nous ______________ de ce document.
3. *revenir* Il ______________ me chercher.
4. *dormir* Nous ______________ sous la tente ?
5. *ouvrir* Tu ______________ un compte bancaire.
6. *cueillir* Je ______________ quelques fleurs.

2 Complétez avec le verbe souligné au futur.

1. Nous n'allons pas <u>finir</u> le projet maintenant, nous le ______________ demain.
2. Il ne va pas lui <u>offrir</u> ce cadeau aujourd'hui, il le lui ______________ pour la Saint-Valentin.
3. On ne va pas <u>partir</u> tout de suite, on ______________ en fin d'après-midi.
4. Ils ne vont pas <u>venir</u> ce jeudi, ils ______________ jeudi prochain.
5. Je ne vais pas m'en <u>servir</u> aujourd'hui, je ______________ dans deux jours.

3 Formez des phrases selon le modèle.

Manger trop / grossir → Si tu *manges trop, tu grossiras.*

1. partir / mourir de tristesse — Si elle ______________________________.
2. chercher bien / découvrir la vérité — Si on ______________________________.
3. travailler bien / sortir ce week-end — Si tu ______________________________.
4. changer d'avis / me prévenir — Si vous ______________________________ ?
5. noter la date / se souvenir du rendez-vous — Si je ______________________________.
6. s'entraîner bien / courir le marathon — Si nous ______________________________.
7. étudier sérieusement / réussir l'examen — S'ils ______________________________.

4 Complétez cette note d'information au futur simple.

Jeudi, nous ______________ une permanence de 9 h à midi et — *tenir*
nous ______________ les étudiants qui le ______________. — *accueillir – désirer*
Ils ______________ un questionnaire sur l'université. Nous espérons — *remplir*
qu'ils ______________ tous et qu'ils ______________ libres d'exprimer — *venir – se sentir*
leurs critiques et on ______________ compte de leurs suggestions. — *tenir*

5 Décrivez librement au futur un dîner que vous allez organiser.

arriver – accueillir – offrir – servir – discuter – dîner – partir – s'endormir – etc.

La semaine prochaine, j'inviterai mes amis à dîner... ______________________________

____

____

____

Les verbes en *-RE*

Le futur de ces verbes se forme avec l'**infinitif sans le e final** auquel on ajoute les terminaisons ***-ai, -as, -a, -ons, -ez, -ont***.
Exemple : dir-e → **dir** → je **dirai**.

■ PRENDRE

je	prendrai
tu	prendras
il/elle	prendra
nous	prendrons
vous	prendrez
ils/elles	prendront

■ DIRE

je	dirai
tu	diras
il/elle	dira
nous	dirons
vous	direz
ils/elles	diront

■ (S')INSCRIRE

je	(m')inscrirai
tu	(t')inscriras
il/elle	(s')inscrira
nous	(nous) inscrirons
vous	(vous) inscrirez
ils/elles	(s')inscriront

Et :
attendre : *j'attendrai*
répondre : *je répondrai*
conduire : *je conduirai*
lire : *je lirai*
écrire : *j'écrirai*
rire : *je rirai*
(se) perdre : *je (me) perdrai*
peindre : *je peindrai*
(se) plaindre : *je (me) plaindrai*
rejoindre : *je rejoindrai*
résoudre : *je résoudrai*
coudre : *je coudrai*

■ CROIRE

je	croirai
tu	croiras
il/elle	croira
nous	croirons
vous	croirez
ils/elles	croiront

■ METTRE

je	mettrai
tu	mettras
il/elle	mettra
nous	mettrons
vous	mettrez
ils/elles	mettront

■ (SE) TAIRE

je	(me) tairai
tu	(te) tairas
il/elle	(se) taira
nous	(nous) tairons
vous	(vous) tairez
ils/elles	(se) tairont

Et :
boire : *je boirai*
(se) distraire : *je (me) distrairai*
croître : *je croîtrai*
interrompre : *j'interromprai*
connaître : *je connaîtrai*
(se) battre : *je (me) battrai*
naître : *je naîtrai*
convaincre : *je convaincrai*
suivre : *je suivrai*
vivre : *je vivrai*
conclure : *je conclurai*

EXERCICES

1 Conjuguez au futur.

1. Nous attend_______ un peu.
2. Ils li_______ les critiques.
3. Vous boi_______ à ma santé.
4. Je convainc_______ les autres.
5. Tu repeind_______ le salon ?
6. On di_______ ce qu'on pense.
7. Il mett_______ son costume noir.
8. Nous nous inscri_______ demain.

2 Mettez les questions et les réponses au futur.

	Recommandations		*Mais oui, je te promets que :*
1. *conduire*	Tu _________	prudemment ?	*je* _________________________.
2. *écrire*	Tu m'_________	souvent ?	_________________________.
3. *lire*	Tu _________	mon livre ?	_________________________.
4. *dire*	Tu _________	à Guy de m'appeler ?	_________________________.
5. *prendre*	Tu _________	des photos ?	_________________________.

3 Faites des phrases au futur selon le modèle.

elle / téléphoner / prendre rendez vous : Quand elle téléphonera, elle prendra rendez-vous.

1. vous / entendre le réveil / se lever : _________________________
2. nous / aller là-bas / ne pas se perdre : _________________________
3. on / gagner / boire du champagne : _________________________
4. ils / vivre en chine / apprendre le chinois : _________________________
5. tu / sortir / mettre les clés sous le pot de fleurs : _________________________

4 Répondez librement au futur avec les verbes proposés ou d'autres de votre choix.

Que ferez-vous si, un jour,...

1. on vous propose de jouer dans un film ? (*croire / répondre / prendre / dire / lire...*)
____
2. un inconnu vous parle dans le métro ? (*répondre / se taire / dire / s'enfuir / descendre....*)
____
3. vous trouvez un porte-monnaie dans le bus ? (*remettre / rendre / prendre / dire...*)
____
4. on vous offre un livre que vous avez déjà lu ? (*dire / relire/ mettre / rendre / se taire....*)
____
5. vous trouvez, sur une plage, un message dans une bouteille ? (*lire / écrire / répondre /* (re)*mettre...*)
____

5 Écrivez trois bonnes résolutions pour l'année prochaine.

1. ____
2. ____
3. ____

Les verbes en *-OIR*

- Les verbes en ***-oir***, sauf exceptions (voir ci-dessous), ont un futur **irrégulier**.

■ **PLEUVOIR** : il pleuvra

■ **VOIR**

je	ver**r**ai
tu	ver**r**as
il/elle	ver**r**a
nous	ver**r**ons
vous	ver**r**ez
ils/elles	ver**r**ont

■ **S'ASSEOIR (2 conjugaisons possibles)**

je	m'ass**oi**rai	je	m'ass**ié**rai
tu	t'ass**oi**ras	tu	t'ass**ié**ras
il/elle	s'ass**oi**ra	il/elle	s'ass**ié**ra
nous	nous ass**oi**rons	nous	nous ass**ié**rons
vous	vous ass**oi**rez	vous	vous ass**ié**rez
ils/elles	s'ass**oi**ront	ils/elles	s'ass**ié**ront

 Les verbes **prévoir** et **pourvoir** ont un futur **régulier** formé sur l'infinitif :
je prévoirai – je pourvoirai

■ **VALOIR**

je	**vaud**rai
tu	**vaud**ras
il/elle	**vaud**ra
nous	**vaud**rons
vous	**vaud**rez
ils/elles	**vaud**ront

Et :
(s')émouvoir : *je (m')émouvrai*

■ **RECEVOIR**

je	recev**r**ai
tu	recev**r**as
il/elle	recev**r**a
nous	recev**r**ons
vous	recev**r**ez
ils/elles	recev**r**ont

Et :
décevoir : *je décevrai*

■ **(S')APERCEVOIR**

je	(m')apercev**r**ai
tu	(t')apercev**r**as
il/elle	(s')apercev**r**a
nous	(nous) apercev**r**ons
vous	(vous) apercev**r**ez
ils/elles	(s')apercev**r**ont

EXERCICES

1 **Conjuguez au futur.**

1. *voir* Tu ________________…
2. *valoir* Cela ________________ la peine.
3. *s'asseoir* Nous ________________ / ________________ l'un à côté de l'autre.
4. *recevoir* Vous les ________________ bientôt.
5. *s'apercevoir* Ils ________________ qu'il a raison.

2 **Complétez avec les verbes proposés au futur, puis reliez les éléments.**

voir **1.** Vous ______________ ,
se mettre **2.** Tu ______________ ici,
pleuvoir **3.** Demain, il ______________ ,
faire **4.** Je le ______________ ,
envoyer **5.** Nous l' ______________

a. je ne te ______________ pas ! *décevoir*
b. ils ne ______________ de rien ! *s'apercevoir*
c. vous le ______________ lundi. *recevoir*
e. il ______________ prendre un parapluie. *falloir*
f. ils ______________ là-bas. *s'asseoir*

3 **Complétez au futur, puis trouvez un autre scénario.**

On ____________ bien ce qui ____________ quand il ____________ sa lettre d'adieu et qu'il ____________ qu'elle le quitte vraiment. Il ____________ mieux le laisser tranquille. Ou bien il ____________ de ses erreurs passées et il ____________ lui demander pardon.

voir – se passer – recevoir
voir
valoir – s'apercevoir
vouloir

Ou bien il… ____

____

____

____

4 **À partir de cette interview d'une grande actrice de cinéma, prédisez l'avenir à une amie qui veut devenir actrice.**

« Depuis que je suis célèbre, je reçois des centaines de lettres d'admirateurs. Il me faut une secrétaire à temps complet pour y répondre. Au restaurant, j'ai la meilleure table et je m'assieds toujours à la place d'honneur dans les banquets. Mais je m'aperçois que je ne peux plus sortir seule dans la rue. Je dois être accompagnée d'un garde du corps. Je veux pourtant avoir une vie privée… Dans ces conditions, cela vaut-il la peine de continuer ma carrière ? »

Si tu deviens célèbre, tu ____

____

____

____

____

6

LE FUTUR ANTÉRIEUR DE L'INDICATIF

• Le futur antérieur se forme avec **avoir** ou **être** au **futur** auquel on ajoute le **participe passé** du verbe à conjuguer.
• Le choix de l'auxiliaire et les règles de l'accord du participe passé sont les mêmes que pour le passé composé (voir pp. 60, 74 et 78).

Les verbes *ÊTRE*, *AVOIR*, *FAIRE*, *ALLER*, *VENIR* et les verbes en *-ER*

■ ÊTRE

j'	aurai	été
tu	auras	été
il/elle	aura	été
nous	aurons	été
vous	aurez	été
ils/elles	auront	été

■ AVOIR

j'	aurai	eu
tu	auras	eu
il/elle	aura	eu
nous	aurons	eu
vous	aurez	eu
ils/elles	auront	eu

■ FAIRE

j'	aurai	fait
tu	auras	fait
il/elle	aura	fait
nous	aurons	fait
vous	aurez	fait
ils/elles	auront	fait

■ ALLER

je	serai	allé(e)
tu	seras	allé(e)
il/elle	sera	allé(e)
nous	serons	allé(e)s
vous	serez	allé(e)(s)
ils/elles	seront	allé(e)s

Et :
s'en aller : *je m'en serai allé(e)*

■ VENIR

je	serai	venu(e)
tu	seras	venu(e)
il/elle	sera	venu(e)
nous	serons	venu(e)s
vous	serez	venu(e)(s)
ils/elles	seront	venu(e)s

■ PARLER

j'	aurai	parlé
tu	auras	parlé
il/elle	aura	parlé
nous	aurons	parlé
vous	aurez	parlé
ils/elles	auront	parlé

Et :
oublier : *j'aurai oublié*
continuer : *j'aurai continué*
jouer : *j'aurai joué*
créer : *j'aurai crée*
appeler : *j'aurai appelé*
jeter : *j'aurai jeté*
payer : *j'aurai payé*
acheter : *j'aurai acheté*

■ SE DÉPÊCHER

je	me serai	dépêché(e)
tu	te seras	dépêché(e)
il/elle	se sera	dépêché(e)
nous	nous serons	dépêché(e)s
vous	vous serez	dépêché(e)(s)
ils/elles	se seront	dépêché(e)s

Et :
se promener : *je me serai promené(e)*
s'ennuyer : *je me serai ennuyé(e)*
se lever : *je me serai levé(e)*

EXERCICES

1 Conjuguez au passé composé, puis au futur antérieur.

1. *être malade* Il ______________. Il ______________.
2. *avoir une panne* Elles ______________. Elles ______________.
3. *faire des courses* Ils ______________. Ils ______________.
4. *aller à la plage* Tu ______________. Tu ______________.
5. *devenir fou* Il ______________. Il ______________.

2 Établissez une relation d'antériorité selon le modèle.

avoir eu les résultats avant midi / téléphoner dans l'après-midi
→ *Nous aurons eu les résultats avant midi, nous vous téléphonerons dans l'après-midi.*

1. avoir fait des réservations d'ici samedi / tenir au courant de mon heure d'arrivée.
____
2. être tous allés voir la pièce avant le 15 / pouvoir en discuter en classe
____
3. être rentré avant 18 heures / avoir le temps de préparer le dîner
____
4. s'être renseignés d'ici deux jours / prendre alors une décision
____

3 Mettez les verbes soulignés au futur antérieur.

1. Dès qu'elle commencera à travailler, elle aura moins de problèmes d'argent.
____
2. Quand ils se décideront, ils nous le diront.
____
3. Lorsque j'achèterai un ordinateur, le travail sera simplifié.
____
4. Tant que tu ne paieras pas ta facture, on ne rétablira pas ta ligne téléphonique.
____
5. Quand elle s'habituera à sa nouvelle vie, elle sera plus à l'aise.
____

4 Finissez les phrases librement en utilisant le futur antérieur.

1. Je parlerai mieux le français quand ______________.
2. Nous n'aurons plus de dettes quand ______________.
3. La vie sur Terre sera plus agréable quand ______________.
4. On guérira le cancer et le sida quand ______________.

Les verbes en *-IR*

• Le futur antérieur se forme avec **avoir** ou **être** au **futur** auquel on ajoute le **participe passé** du verbe à conjuguer.
• Le choix de l'auxiliaire et les règles d'accord du participe passé sont les mêmes que pour le passé composé (voir pp. 60, 74 et 78).

■ FINIR

j'	aurai	fini
tu	auras	fini
il/elle	aura	fini
nous	aurons	fini
vous	aurez	fini
ils/elles	auront	fini

Et :
haïr : *j'aurai haï*

■ SE SOUVENIR

je	me serai	souvenu(e)
tu	te seras	souvenu(e)
il/elle	se sera	souvenu(e)
nous	nous serons	souvenu(e)s
vous	vous serez	souvenu(e)(s)
ils/elles	se seront	souvenu(e)s

Et :
s'enrichir : *je me serai enrichi(e)*
se servir : *je me serai servi(e)*
s'enfuir : *je me serai enfui(e)*
s'évanouir : *je me serai évanoui(e)*

■ DORMIR

j'	aurai	dormi
tu	auras	dormi
il/elle	aura	dormi
nous	aurons	dormi
vous	aurez	dormi
ils/elles	auront	dormi

Et :
cueillir : *j'aurai cueilli*
fuir : *j'aurai fui*
courir : *j'aurai couru*
tenir : *j'aurai tenu*
acquérir : *j'aurai acquis*

■ OUVRIR

j'	aurai	ouvert
tu	auras	ouvert
il/elle	aura	ouvert
nous	aurons	ouvert
vous	aurez	ouvert
ils/elles	auront	ouvert

Et :
offrir : *j'aurai offert*
couvrir : *j'aurai couvert*
découvrir : *j'aurai découvert*
souffrir : *j'aurai souffert*

■ PARTIR

je	serai	parti(e)
tu	seras	parti(e)
il/elle	sera	parti(e)
nous	serons	parti(e)s
vous	serez	parti(e)(s)
ils/elles	seront	parti(e)s

Et :
sortir : *je serai sorti(e)*
devenir : *je serai devenu(e)*
mourir : *je serai mort(e)*

EXERCICES

1 **Conjuguez au futur antérieur à la forme affirmative puis négative.**

1. *agir* Elle ______ / ______.
2. *se souvenir* Ils ______ / ______.
3. *mentir* Je ______ / ______.
4. *découvrir* Il l' ______ / ______.
5. *revenir* Nous ______ / ______.

2 **Mettez les verbes proposés au futur antérieur.**

1. Elle nous rejoindra quand elle ______ (*finir*).
2. Je serai mort de fatigue quand je ______ (*courir*) pendant trois heures.
3. Revenez me voir une fois que vous ______ (*réfléchir*).
4. En dix ans, il ______ (*ne pas s'enrichir*) d'un centime.
5. Nous partirons quand le bébé ______ (*dormir*).

3 **Mettez le verbe au futur antérieur et faites l'accord du participe passé.**

1. Je vous enverrai les échantillons que nous ______ (*choisir*).
2. Ce sera la troisième occasion que je ______ (*ne pas saisir*).
3. Il ne parlera certainement pas des sommes d'argent qu'il ______ (*investir*).
4. Ils nous présenteront les plans qu'ils ______ (*établir*).
5. Quand vous arriverez, elle ______ certainement ______ (*partir*).
6. Ce soir, on en ______ au moins vingt kilos (*cueillir*).

4 **Utilisez les verbes proposés au futur antérieur pour exprimer des souhaits.**

Quand vous recevrez ma lettre :

J'espère

1. que grand-mère ______ (*guérir*) de sa grippe.
2. que grand-père ______ (*revenir*) de sa cure.
3. qu'Isabelle et Chris ______ (*réussir*) leurs examens.
4. qu'Éric ______ (*s'assagir*).
5. que les jumeaux ______ (*grandir*).

5 **Imaginez votre futur en utilisant les expressions proposées au futur antérieur.**

devenir riche – ouvrir trois nouvelles succursales – acquérir une réputation internationale – parcourir le monde – découvrir l'homme ou la femme de mes rêves

D'ici dix ans, je ______

______

______ *et je serai comblé(e).*

Les verbes en *-RE*

- Le futur antérieur se forme avec **avoir** ou **être** au futur auquel on ajoute le **participe passé** du verbe à conjuguer.
- Le choix de l'auxiliaire et les règles de l'accord du participe passé sont les mêmes que pour le passé composé (voir pp. 60, 74 et 78).

■ DIRE

j'	aurai	dit
tu	auras	dit
il/elle	aura	dit
nous	aurons	dit
vous	aurez	dit
ils/elles	auront	dit

Et :
conduire : *j'aurai conduit*
écrire : *j'aurai écrit*
distraire : *j'aurai distrait*
rire : *j'aurai ri*

■ OUVRIR

j'	aurai	cru
tu	auras	cru
il/elle	aura	cru
nous	aurons	cru
vous	aurez	cru
ils/elles	auront	cru

Et :
boire : *j'aurai bu*
plaire : *j'aurai plu*
lire : *j'aurai lu*

■ S'INSCRIRE

je	me serai	inscrit(e)
tu	te seras	inscrit(e)
il/elle	se sera	inscrit(e)
nous	nous serons	inscrit(e)s
vous	vous serez	inscrit(e)(s)
ils/elles	se seront	inscrit(e)s

Et :
se distraire : *je me serai distrait(e)*
se taire : *je me serai tu(e)*
se perdre : *je me serai perdu(e)*
se battre : *je me serai battu(e)*
se plaindre : *je me serai plaint(e)*

■ ATTENDRE

j'	aurai	attendu
tu	auras	attendu
il/elle	aura	attendu
nous	aurons	attendu
vous	aurez	attendu
ils/elles	auront	attendu

Et :
répondre : *j'aurai répondu*
perdre : *j'aurai perdu*
coudre : *j'aurai cousu*
résoudre : *j'aurai résolu*
peindre : *j'aurai peint*
rejoindre : *j'aurai rejoint*
connaître : *j'aurai connu*
battre : *j'aurai battu*
croître : *j'aurai crû*
vivre : *j'aurai vécu*
conclure : *j'aurai conclu*
interrompre : *j'aurai interrompu*
convaincre : *j'aurai convaincu*

■ METTRE

j'	aurai	mis
tu	auras	mis
il/elle	aura	mis
nous	aurons	mis
vous	aurez	mis
ils/elles	auront	mis

Et :
prendre : *j'aurai pris*
suivre : *j'aurai suivi*

■ NAÎTRE

je	serai	né(e)
tu	seras	né(e)
il/elle	sera	né(e)
nous	serons	né(e)s
vous	serez	né(e)(s)
ils/elles	seront	né(e)s

Et :
descendre : *je serai descendu(e)*

EXERCICES

1 Conjuguez au futur antérieur.

1. *répondre* Il ______________________
2. *mettre* Vous ______________________
3. *descendre* Elle ______________________
4. *se perdre* Vous ______________________
5. *s'inscrire* Tu ______________________
6. *vivre* Je ______________________
7. *se battre* Ils ______________________
8. *lire* Nous ______________________

2 Mettez les verbes au futur antérieur et reliez les éléments.

1. *répondre* Quand ils ______________,
2. *naître* Quand l'enfant ______________,
3. *convaincre* Une fois que nous les ______________,
4. *boire* Comme il ______________ de l'alcool,
5. *comprendre* Quand je ______________ ce texte,
6. *s'inscrire* Quand tu ______________,

a. elle nous téléphonera.
b. je pourrai le mémoriser.
c. tu auras ta carte de membre.
d. nous vous contacterons.
e. elle nous téléphonera.
f. il ne pourra pas conduire.

3 Mettez le verbe proposé au futur antérieur et accordez le participe passé.

1. Elle enverra la lettre aussitôt qu'elle l'______________________. (*écrire*)
2. À votre retour, vous nous raconterez les expériences que vous ______________________. (*vivre*)
3. Je te rapellerai quand je ______________________ ce problème. (*résoudre*)
4. Est-ce que tu pourras me prêter les livres que tu ______________________ ? (*lire*)
5. Ce sont des parents éloignés que je ______________________. (*ne pas connaître*)
6. Tu pourras mettre cette veste dès que je l'______________________. (*recoudre*)

4 Utilisez les éléments proposés en conjuguant les verbes au temps qui convient : futur simple ou futur antérieur.

écrire à ses parents *prendre une décision*

– Quand ______________________________ ?
– Elle ________________ à ses parents quand elle ________________.

signer le contrat *conclure l'affaire*

– À quel moment ______________________________ ?
– Je le ________________ quand je ________________.

faire une fête *repeindre l'appartement*

– Quand ______________________________ ?
– Nous ________________ quand nous ________________.

Les verbes en *-OIR*

• Le futur antérieur se forme avec **avoir** ou **être** au **futur** auquel on ajoute le **participe passé** du verbe à conjuguer.
• Le choix de l'auxiliaire et les règles de l'accord du participe passé sont les mêmes que pour le passé composé (voir pp. 60, 74 et 78).

■ POUVOIR

j'	aurai	pu
tu	auras	pu
il/elle	aura	pu
nous	aurons	pu
vous	aurez	pu
ils/elles	auront	pu

Et :
devoir : *j'aurai dû*
savoir : *j'aurai su*
valoir : *j'aurai valu*

■ VOULOIR

j'	aurai	voulu
tu	auras	voulu
il/elle	aura	voulu
nous	aurons	voulu
vous	aurez	voulu
ils/elles	auront	voulu

■ S'ASSEOIR

je	me serai	assis(e)
tu	te seras	assis(e)
il/elle	se sera	assis(e)
nous	nous serons	assis(e)s
vous	vous serez	assis(e)(s)
ils/elles	se seront	assis(es)

■ FALLOIR : il aura fallu

■ PLEUVOIR : Il aura plu

■ VOIR

j'	aurai	vu
tu	auras	vu
il/elle	aura	vu
nous	aurons	vu
vous	aurez	vu
ils/elles	auront	vu

■ RECEVOIR

j'	aurai	reçu
tu	auras	reçu
il/elle	aura	reçu
nous	aurons	reçu
vous	aurez	reçu
ils/elles	auront	reçu

■ S'APERCEVOIR

je	me serai	aperçu(e)
tu	te seras	aperçu(e)
il/elle	se sera	aperçu(e)
nous	nous serons	aperçu(e)s
vous	vous serez	aperçu(e)(s)
ils/elles	se seront	aperçu(e)s

Et :
s'émouvoir : *je me serai ému(e)...*

EXERCICES

1 **Conjuguez au futur antérieur.**

1. *devoir* Elle ________________ oublier ?
Ils ________________ se perdre ?

2. *pouvoir* Quand j' ________ le contacter...
________ -t-il ______arriver à temps ?

3. *savoir* Elle l' ________________________, c'est sûr.
Ils ________________________________

4. *s'apercevoir* Il ________ en ________________ !
Je ________ en ________________ avant.

2 **Utilisez les verbes soulignés au futur antérieur pour exprimer une probabilité en transformant les phrases selon le modèle.**

Ils sont certainement venus en notre absence → Ils seront venus en notre absence.

1. Elle n'a certainement pas pu nous joindre. ________________________________
2. Ils les ont certainement vus hier. ________________________________
3. Elle s'est sûrement posé la question. ________________________________
4. Il l'a sûrement su par sa sœur. ________________________________
5. Elles ont certainement tout prévu. ________________________________
6. Elle a certainement oublié. ________________________________

3 **Conjuguez un des verbes proposés au futur antérieur pour créer un rapport d'antériorité.**

s'apercevoir – pouvoir – recevoir – pleuvoir – voir

1. Je vous appellerai dès que je ____________________ les contacter.
2. Elle nous téléphonera quand elle ____________________ la convocation.
3. Le jardin refleurira une fois que ____________________ .
4. Nous connaîtrons le diagnostic quand nous ____________________ le résultat des analyses.
5. Ils changeront d'avis quand ils ____________________ de leurs erreurs.

4 **Finissez les phrases en utilisant le futur antérieur.**

1. Nous pourrons discuter du film quand vous ________________________________.
2. Elle reviendra chercher son sac quand elle ________________________________.
3. Le professeur commencera son cours quand ils ________________________________.
4. Je vous communiquerai son adresse quand je ________________________________.

5 **Vous rentrez chez vous après une journée de travail et votre appartement est dans un désordre impressionnant : faites des suppositions sur ce qui a bien pu se passer.**

Victor aura laissé la porte ouverte, ________________________________

____

____

____

7

LE PASSÉ SIMPLE DE L'INDICATIF

Les verbes *ÊTRE*, *AVOIR*, *POUVOIR*, *SAVOIR*, *DEVOIR*, *FALLOIR*, *VOULOIR*, *FAIRE* et *VENIR*

PASSÉ SIMPLE EN « U » : *-us, -us, -ut, -ûmes, -ûtes, -urent*

ÊTRE

je	fus
tu	fus
il/elle	fut
nous	fûmes
vous	fûtes
ils/elles	furent

AVOIR

j'	eus
tu	eus
il/elle	eut
nous	eûmes
vous	eûtes
ils/elles	eurent

POUVOIR

je	pus
tu	pus
il/elle	put
nous	pûmes
vous	pûtes
ils/elles	purent

SAVOIR

je	sus
tu	sus
il/elle	sut
nous	sûmes
vous	sûtes
ils/elles	surent

DEVOIR

je	dus
tu	dus
il/elle	dut
nous	dûmes
vous	dûtes
ils/elles	durent

FALLOIR

il fallut

VOULOIR

je	voulus
tu	voulus
il/elle	voulut
nous	voulûmes
vous	voulûtes
ils/elles	voulurent

PASSÉ SIMPLE EN « I » : *-is, -is, -it, -îmes, -îtes, -irent*

FAIRE

je	fis
tu	fis
il/elle	fit
nous	fîmes
vous	fîtes
ils/elles	firent

PASSÉ SIMPLE EN « IN » : *-ins, -ins, -int, -înmes, -întes, -inrent*

VENIR

je	vins
tu	vins
il/elle	vint
nous	vînmes
vous	vîntes
ils/elles	vinrent

Et :
devenir, parvenir, survenir.

EXERCICES

1 **Transformez les passés composés en passés simples.**

1. Elle a été reine de France. ____________________
2. Nous avons eu une querelle. ____________________
3. Je n'ai pas pu obtenir leur agrément. ____________________
4. Ils n'ont pas su se battre. ____________________
5. Il a fallu prendre une décision. ____________________
6. Ils ont voulu changer la Constitution. ____________________
7. Il a fait un discours devant l'Assemblée. ____________________
8. Elles sont venues en pleurant. ____________________
9. Nous avons dû lui retirer ses fonctions. ____________________

2 **Complétez avec les verbes proposés au passé simple.**

1. Elle ____________ par son frère à un vieux comte. Elle ____________ deux enfants et ____________ très malheureuse. (*être marié – avoir – être*)
2. L'ennemi ____________ avancer jusqu'à leurs lignes ; ils ____________ les arrêter ; ils ____________ battre en retrait. (*pouvoir – ne pas savoir – devoir*)
3. François 1er ____________ roi de France de 1515 à 1547. Ses armées ____________ remporter la victoire contre les Suisses en 1515. Ce ____________ un ami des arts et des lettres : des poètes et des peintres comme Léonard de Vinci ____________ à la cour de France. (*être – pouvoir – être – venir*)

3 **Écrivez cet extrait de la biographie de Molière en remplaçant les passés composés par des passés simples.**

Molière a fait ses études au collège de Clermont de 1636 à 1642. Il a eu très vite une passion pour le théâtre. En 1658, il est venu s'installer à Paris. Il a eu beaucoup de problèmes avec la censure. En 1664, les autorités ont fait interdire *Tartuffe*. Dans cette pièce, il a voulu combattre l'hypocrisie religieuse. Il a eu des problèmes de santé et il lui a fallu les régler. Il a eu des problèmes d'argent et il a dû aller en prison pour dettes. *Le Malade imaginaire* a été son dernier succès. Il n'a pu en donner que quatre représentations.

____

____

____

4 **Chercher dans des livres ou sur Internet la biographie d'un écrivain, d'un artiste ou d'un personnage historique que vous admirez et résumez les grandes étapes de sa vie (en utilisant des verbes conjugués au passé simple).**

____

____

____

Les verbes en *-ER* et le verbe *ALLER*

PASSÉ SIMPLE EN : *-ai, -as, -a, -âmes, -âtes, -èrent.*

PARLER

je	parlai
tu	parlas
il/elle	parla
nous	parlâmes
vous	parlâtes
ils/elles	parlèrent

Et :
oublier : *j'oubliai*
continuer : *je continuai*
jouer : *je jouai*
créer : *je créai*
gagner : *je gagnai*
travailler : *je travaillai*
payer : *je payai*
appeler : *j'appelai*
jeter : *je jetai*
employer : *j'employai*
mener : *je menai*
acheter : *j'achetai*
congeler : *je congelai*
lever : *je levai*
peser : *je pesai*
semer : *je semai*
espérer : *j'espérai*

ALLER

j'	allai
tu	allas
il/elle	alla
nous	allâmes
vous	allâtes
ils/elles	allèrent

Et :
s'en aller : *je m'en allai*

SE DÉPÊCHER

je	me	dépêchai
tu	te	dépêchas
il/elle	se	dépêcha
nous	nous	dépêchâmes
vous	vous	dépêchâtes
ils/elles	se	dépêchèrent

Et :
s'ennuyer : *je m'ennuyai*
se promener : *je me promenai*

⚠ La 1re personne du singulier du passé simple des verbes en ***-er*** ressemble à celle de l'imparfait sans le « s ».

COMMENCER

je	commen**ç**ai
tu	commen**ç**as
il/elle	commen**ç**a
nous	commen**ç**âmes
vous	commen**ç**âtes
ils/elles	commencèrent

♪ « ç » (c cédille) devant « a » permet de garder la prononciation [s].

MANGER

je	mang**e**ai
tu	mang**e**as
il/elle	mang**e**a
nous	mang**e**âmes
vous	mang**e**âtes
ils/elles	mangèrent

♪ « e » devant « a » permet de garder la prononciation [ʒ]

EXERCICES

1 Conjuguez au passé simple.

1. *couper* Ils lui _______________ les vivres.
2. *se reposer* Nous _______________ sous un chêne.
3. *s'en aller* Elle _______________ sans un mot.
4. *s'ennuyer* Je _______________ à mourir.
5. *chercher* Elles le _______________ toute la nuit.
6. *lancer* Vous leur _______________ un défi.

2 Complétez avec les verbes proposés au passé simple.

1. Il _______________ dans notre direction, nous _______________ et _______________ à nous parler. (*avancer – saluer – commencer*)
2. Ce jour-là, nous _______________ dans la forêt, puis nous _______________ au château. (*se promener – s'arrêter*)
3. Ils m'_______________ une lettre mais je _______________ de leur répondre et _______________ très vite leur demande. Ils _______________ dans une rage folle. Cet incident _______________ un malaise entre nous. (*envoyer – négliger – oublier – entrer – créer*)
4. Ce soir-là, il _______________ à minuit. Il _______________ de l'apercevoir parmi les invités. Il lui _______________ un regard furieux et l'_______________ avec rudesse. (*arriver – essayer – lancer – appeler*)

3 Complétez avec les verbes proposés au passé simple.

1. Le lendemain, Frédéric _______________ (*se présenter*) chez elle… Elle _______________ (*crier*) de loin : « Je l'ai, je l'ai » puis, le prenant par les oreilles, elle l' _______________ (*embrasser*) au front, le _______________ (*remercier*) beaucoup, le _______________ (*tutoyer*) et _______________ (*vouloir*) même le faire asseoir sur son lit.

Gustave Flaubert, *L'Éducation sentimentale*

2. On m'_______________ (*apporter*) le filet de hareng aux pommes à l'huile, ce qui m'_______________ (arracher) à ma sorte de rêverie. On m'_______________ (*apporter*) le beaujolais, je m'en _______________ (*verser*) un verre…

Eugène Ionesco, *Le Solitaire*

3. Avant 1789, la cocarde était toute blanche, le blanc symbolisant la monarchie. Les militaires l'attachaient au chapeau ou sur la poitrine les jours de fêtes. Le 14 juillet 1789, le maire de Paris _______________ (*distribuer*) des cocardes aux couleurs de la ville : bleu et rouge. Quand le roi Louis XVI _______________ (*arriver*) à Paris le 17 juillet 1789, Bailly (le maire) et La Fayette lui _______________ (*donner*) la première cocarde tricolore bleu-blanc rouge. Cette nouvelle cocarde _______________ (*symboliser*) l'alliance entre le peuple et le roi.

Histoire de la cocarde tricolore

Les verbes en *-IR*

PASSÉ SIMPLE EN « I » : *-is, -is, it, -îmes, -îtes, irent.*

FINIR

je	finis
tu	finis
il/elle	finit
nous	finîmes
vous	finîtes
ils/elles	finirent

Et :
haïr : *je haïs*
s'enrichir : *je m'enrichis*

OUVRIR

j'	ouvris
tu	ouvris
il/elle	ouvrit
nous	ouvrîmes
vous	ouvrîtes
ils/elles	ouvrirent

Et :
cueillir : *je cueillis*
souffrir : *je souffris*
acquérir : *j'acquis*

(SE) SERVIR

je	(me)	servis
tu	(te)	servis
il/elle	(se)	servit
nous	(nous)	servîmes
vous	(vous)	servîtes
ils/elles	(se)	servirent

Et :
partir : *je partis*
dormir : *je dormis*
s'enfuir : je m'enfuis

⚠ Le verbe **haïr** garde son tréma à toutes les personnes du passé simple et n'a pas d'accent circonflexe :
je haïs, tu haïs, il haït, nous haïmes, vous haïtes, ils haïrent.

PASSÉ SIMPLE EN « U » : *-us, -us, -ut, -ûmes, -ûtes, -urent*

COURIR

je	courus
tu	courus
il/elle	courut
nous	courûmes
vous	courûtes
ils/elles	coururent

MOURIR

je	mourus
tu	mourus
il/elle	mourut
nous	mourûmes
vous	mourûtes
ils/elles	moururent

PASSÉ SIMPLE EN « IN » : *-ins, -ins, -int, -înmes, -întes, -inrent*

SE SOUVENIR

je	me souvins
tu	te souvins
il/elle	se souvint
nous	nous souvînmes
vous	vous souvîntes
ils/elles	se souvinrent

TENIR

je	tins
tu	tins
il/elle	tint
nous	tînmes
vous	tîntes
ils/elles	tinrent

⚠ Le verbe **venir** se conjugue comme **tenir** (voir p. 110).

EXERCICES

1 **Conjuguez au passé simple.**

1. *mourir* Ils ____________ de faim.
2. *finir* Elle ____________ par comprendre.
3. *ouvrir* Nous ____________ les yeux.
4. *se souvenir* Il ____________ de sa promesse.

2 **Mettez au passé simple et faites correspondre les éléments.**

1. *courir* Elle ____________
2. *mourir* Il____________
3. *dormir* Je____________
4. *rougir* Elle ____________
5. *souffrir* Je____________
6. *s'enfuir* Il____________

a. de honte
b. d'un sommeil paisible.
c. comme un voleur.
d. en héros.
e. à perdre haleine.
f. comme un damné.

3 **Transformez ces phrases au passé simple.**

1. Les villageois ont accueilli les réfugiés. Les villageois ____________.
2. Elle a souffert de la chaleur torride. Elle ____________.
3. Ils se sont endormis au petit matin. Ils ____________.
4. Les pompiers ont secouru les victimes. Les pompiers ____________.
5. Nous sommes partis sans un regret. Nous____________.

4 **Complétez ces faits historiques en conjuguant les verbes au passé simple.**

1. Les Romains ____________ (*conquérir*) la Gaule et ____________ (*bâtir*) des ponts.
2. En 1900, tout le monde ____________ (*accourir*) pour visiter l'Exposition universelle.
3. En 1903, Pierre et Marie Curie ____________ (*découvrir*) la radioactivité.
4. En 1914, les hommes ____________ (*partir*) à la guerre. Peu en ____________ (*revenir*).
5. Sous le général de Gaulle, la France ____________ (*sortir*) de l'OTAN.

5 **Complétez au passé simple.**

En 1968, les jeux Olympiques ____________ lieu à Mexico : des athlètes noirs américains ____________ de leur victoire pour protester contre le racisme. Le Français Banbuck ____________ le 100 mètres en 10 secondes. L'Américain Fosbury ____________ le premier saut en hauteur dorsal et la Française Colette Besson ____________ la médaille d'or sur 400 mètres.

avoir
se servir
courir
réussir
obtenir

6 **Citez au passé simple des événements historiques qui ont marqué l'histoire de votre pays.**

____

____

Les verbes en *-RE*

PASSÉ SIMPLE EN « I » : *-is, -is, -it, -îmes, -îtes, -irent*

DIRE		ATTENDRE		METTRE		NAÎTRE	
je	dis	j'	attendis	je	mis	je	naquis
tu	dis	tu	attendis	tu	mis	tu	naquis
il/elle	dit	il/elle	attendit	il/elle	mit	il/elle	naquit
nous	dîmes	nous	attendîmes	nous	mîmes	nous	naquîmes
vous	dîtes	vous	attendîtes	vous	mîtes	vous	naquîtes
ils/elles	dirent	ils/elles	attendirent	ils/elles	mirent	ils/elles	naquirent

Et :
rire : *je ris*
conduire : *je conduisis*
écrire : *j'écrivis*
s'inscrire : *je m'inscrivis*

Et :
prendre : *je pris*
répondre : *je répondis*
(se) perdre : *je (me) perdis*
peindre : *je peignis*
rejoindre : *je rejoignis*
(se) plaindre : *je (me) plaignis*
coudre : *je cousis*

Et :
(se) battre : *je (me) battis*
suivre : *je suivis*
interrompre : *j'interrompis*
convaincre : *je convainquis*

Les formes du singulier du verbe **dire** sont les mêmes au **présent** et au **passé simple** de l'indicatif. La 2e personne du pluriel a un accent circonflexe au passé simple.

PASSÉ SIMPLE EN « U » : *-us, -us, -ut, -ûmes, -ûtes, -urent*

LIRE		CROIRE		VIVRE	
je	lus	je	crus	je	vécus
tu	lus	tu	crus	tu	vécus
il/elle	lut	il/elle	crut	il/elle	vécut
nous	lûmes	nous	crûmes	nous	vécûmes
vous	lûtes	vous	crûtes	vous	vécûtes
ils/elles	lurent	ils/elles	crurent	ils/elles	vécurent

Et :
boire : *je bus*
plaire : *je plus*
conclure : *je conclus*
se taire : *je me tus*
résoudre : *je résolus*

Et :
connaître : *je connus*
croire : *je crus*

EXERCICES

1 Conjuguez au passé simple.

1. *dire* Ils ____________ qu'ils étaient absents.
2. *naître* Elle _______ dans une famille modeste.
3. *résoudre* Nous ____________ l'énigme.
4. *attendre* Nous ________________ le lendemain.
5. *lire* Il ________ la déclaration à haute voix.
6. *vivre* Ils ________________ loin de leur pays.

2 Mettez au passé simple.

1. Elle a dit oui sans hésiter. ____________________
2. Ils ont détruit toute la ville. ____________________
3. J'ai écrit à ma famille. ____________________
4. Il a connu de grandes joies. ____________________
5. Nous avons répondu tous ensemble. ____________________
6. Léonard de Vinci a peint *La Joconde*. ____________________
7. Elle s'est perdue dans la foule. ____________________
8. Ils ont bu à la santé du roi de France. ____________________

3 Complétez ce récit en conjuguant les verbes au passé simple.

Augustin ______________ la femme dans la boutique. Il l'______________ murmurer une phrase en italien. Il ____________________________ un mot mais il ______________ a un complot. Il ______________ alors quelques instants, il ______________ les documents dans sa poche, il ______________ discrètement de la boutique et ______________ .

suivre – entendre
ne pas comprendre
croire – attendre
mettre – sortir
disparaître

4 Écrivez ce conte de fées au passé simple.

Le prince arrive au galop. Il descend de son cheval et s'approche de la princesse endormie. Il la prend dans ses bras. Elle ouvre soudain les yeux et lui sourit. Ils repartent tous deux vers le château. Un mois plus tard, ils se marient. Ils connaissent un bonheur sans nuages. Ils ont des enfants et vivent heureux jusqu'à la fin de leurs jours.

____

____

____

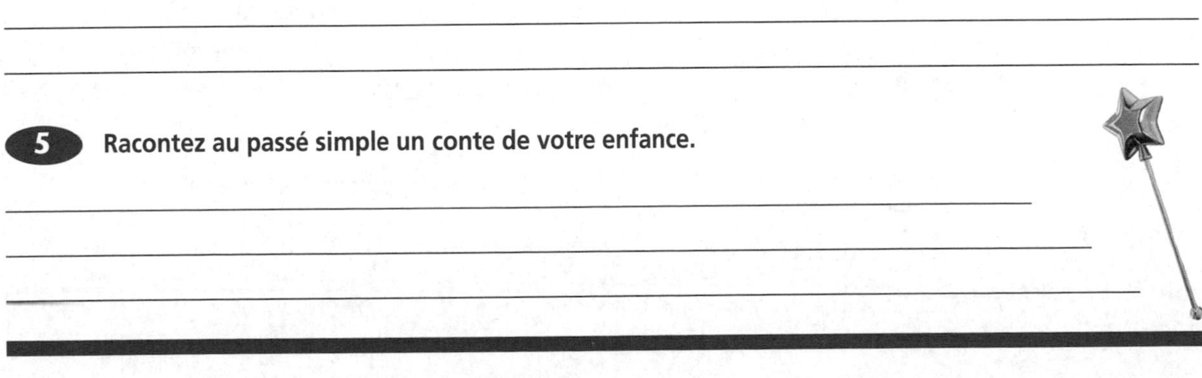

5 Racontez au passé simple un conte de votre enfance.

____

____

____

Les verbes en *-OIR*

PASSÉ SIMPLE EN « I » : *-is, -is, -it, -îmes, -îtes, -irent*

■ VOIR

je	vis
tu	vis
il/elle	vit
nous	vîmes
vous	vîtes
ils/elles	virent

■ S'ASSEOIR

je	(m')assis
tu	(t')assis
il/elle	(s')assit
nous	(nous) assîmes
vous	(vous) assîtes
ils/elles	(s')assirent

Attention à ne pas confondre les 3 personnes du singulier du verbe **voir** au passé simple avec celles du verbe **vivre** au présent :
*Il vécut au xxe siècle et **vit** tous les progrès accomplis pendant ce siècle.*
*Aujourd'hui, il **vit** au Brésil.*

PASSÉ SIMPLE EN « U » : *-us, -us, -ut, -ûmes, -ûtes, -urent*

■ PLEUVOIR : il plut

Les verbes **pleuvoir** et **plaire** ont la même forme à la 3e personne du singulier du passé simple :
*Ce jour-là, il **plut** toute la matinée. – La robe rouge lui **plut** dès qu'elle la vit.*

■ RECEVOIR

je	reçus
tu	reçus
il/elle	reçut
nous	reçûmes
vous	reçûtes
ils/elles	reçurent

Et :
valoir : *je valus*
concevoir : *je conçus*

■ (S')APERCEVOIR

je	(m')aperçus
tu	(t')aperçus
il/elle	(s')aperçut
nous	(nous) aperçûmes
vous	(vous) aperçûtes
ils/elles	(s')aperçurent

Et :
(s')émouvoir : *j'(je m')émus*

EXERCICES

1 Conjuguez au passé composé, puis au passé simple.

1. *voir* Nous ______________ / Nous ______________ nos espoirs se réaliser.
   Elle ______________ / Elle ______________ le résultat de ses efforts.
2. *s'asseoir* Il ______________ / Il ______________ sur le trône.
   Ils ______________ / Ils ______________ tous en rond.
3. *pleuvoir* Il ______________ / Il ______________ à torrents.
4. *recevoir* Ils ______________ / Ils ______________ le prix Nobel.
   Elle ______________ / Elle ______________ la Légion d'honneur.
5. *s'apercevoir* Je ______________ / Je ______________ de son absence.
   Ils ______________ / Ils ______________ de sa présence.

2 Complétez au passé simple le récit de ce chef militaire.

Je ______________ les cavaliers s'approcher au galop et je ______________ au loin les canons. Il ______________ donner l'ordre de tirer, ce que je ______________... Mais trop tard ! Les soldats ______________ le temps de réagir. Nous ______________ l'attaque de plein fouet et des centaines de soldats ______________. Ce ______________ un désastre qui me ______________ un blâme de l'empereur ! Il ______________ pour moi une haine implacable. Je ______________ m'exiler.

voir – apercevoir
falloir
faire – ne pas avoir
recevoir
mourir – être
valoir – concevoir
devoir

3 Soulignez dans ce poème les verbes au passé simple, puis donnez-en l'infinitif et le passé composé.

Nous grimpâmes un jour jusqu'à ce livre noir ; ______________ ______________
Je ne sais pas comment nous fîmes pour l'avoir, ______________ ______________
Mais je me souviens bien que c'était une bible.

Ce vieux livre sentait une odeur d'encensoir.
Nous allâmes ravis dans un coin nous asseoir. ______________ ______________
Des estampes partout ! Quel bonheur ! Quel délire !

Nous l'ouvrîmes alors tout grand sur nos genoux, ______________ ______________
Et dès le premier mot, il nous parut si doux ______________ ______________
Qu'oubliant de jouer, nous nous mîmes à lire.

Nous lûmes tous les trois ainsi, tout le matin, ______________ ______________
Joseph, Ruth et Booz, le bon Samaritain,
Et toujours plus charmés, le soir nous le relûmes. ______________ ______________

Victor Hugo, *Les Feuillantines*

8 LE PASSÉ ANTÉRIEUR DE L'INDICATIF

• Le passé antérieur se forme avec **être** ou **avoir** au passé simple auquel on ajoute le **participe passé** du verbe à conjuguer.
• Le choix de l'auxiliaire et les règles d'accord du participe passé sont les mêmes que pour le passé composé (voir pp. 60, 74 et 78).

Les verbes *ÊTRE*, *AVOIR*, *FAIRE*, *ALLER*, *VENIR* et les verbes en *-ER*

■ ÊTRE

j'	eus	été
tu	eus	été
il/elle	eut	été
nous	eûmes	été
vous	eûtes	été
ils/elles	eurent	été

■ AVOIR

j'	eus	eu
tu	eus	eu
il/elle	eut	eu
nous	eûmes	eu
vous	eûtes	eu
ils/elles	eurent	eu

■ FAIRE

j'	eus	fait
tu	eus	fait
il/elle	eut	fait
nous	eûmes	fait
vous	eûtes	fait
ils/elles	eurent	fait

■ ALLER

je	fus	allé(e)
tu	fus	allé(e)
il/elle	fut	allé(e)
nous	fûmes	allé(e)s
vous	fûtes	allé(e)(s)
ils/elles	furent	allé(e)s

Et :
s'en aller : *je m'en fus allé(e)*

■ VENIR

je	fus	venu(e)
tu	fus	venu(e)
il/elle	fut	venu(e)
nous	fûmes	venu(e)s
vous	fûtes	venu(e)(s)
ils/elles	furent	venu(e)s

■ PARLER

j'	eus	parlé
tu	eus	parlé
il/elle	eut	parlé
nous	eûmes	parlé
vous	eûtes	parlé
ils/elles	eurent	parlé

Et :
oublier : *j'eus oublié*
continuer : *j'eus continué*
jouer : *j'eus joué*
créer : *j'eus créé*
appeler : *j'eus appelé*
jeter : *j'eus jeté*
payer : *j'eus payé*
acheter : *j'eus acheté*
espérer : *j'eus espéré*

■ SE DÉPÊCHER

je	me fus	dépêché(e)
tu	te fus	dépêché(e)
il/elle	se fut	dépêché(e)
nous	nous fûmes	dépêché(e)s
vous	vous fûtes	dépêché(e)(s)
ils/elles	se furent	dépêché(e)s

Et :
se promener *je me fus promené(e)*
se lever : *je me fus levé(e)*
s'ennuyer : *je me fus ennuyé(e)*

EXERCICES

1 Conjuguez au passé antérieur.

1. *être* Nous ______________________ heureux.
2. *avoir* Je ______________________ plus de chance.
3. *faire* Il ______________________ des promesses.
4. *aller* Elles ______________________ se plaindre.
5. *venir* Vous ______________________ ici.
6. *refuser* Elle lui ______________________ .
7. *prier* Nous l' ______________________ .
8. *songer* Ils y ______________________ .

2 Mettez le verbe proposé au passé antérieur.

1. Dès qu'ils (*être informés*), ils se dépêchèrent de prendre une décision.

____

2. Tant qu'elle (*ne pas avoir*) confiance, elle ne s'engagea pas.

____

3. Aussitôt qu'ils (*faire connaissance*), il lui présenta son projet.

____

4. Après qu'elle (*revenir*), il retrouva sa joie de vivre.

____

5. Quand je (*arriver*) au sommet de la montagne, je m'arrêtai pour contempler la vallée.

____

6. Lorsque vous (*déjeuner*), vous sortîtes, comme à l'habitude, pour faire votre promenade dans la forêt.

____

7. Une fois qu'il (*évoquer*) ce souvenir, son visage s'illumina.

____

8. Quand nous (*se promener*), nous entrâmes nous réchauffer au coin du feu.

____

3 Transformez les phrases pour exprimer une antériorité en conjuguant le verbe souligné au passé antérieur.

1. Il lui <u>adressa</u> la parole et elle le toisa avec colère.

   Une fois que ____.
2. Nous <u>oubliâmes</u> l'incident, puis nous passâmes au salon pour écouter le concert.

   Après que ____.
3. Ils <u>signèrent</u> le contrat, ensuite il tendit vers eux une main reconnaissante.

   Quand ____.
4. Ils <u>arrivèrent</u>, <u>entrèrent</u> ; aussitôt elle se précipita pour les accueillir et les saluer.

   Aussitôt que ____.
5. Elle <u>commença</u> à jouer le requiem, aussitôt nous fûmes émus aux larmes.

   Dès que ____.

Les verbes en *-IR*

• Le passé antérieur se forme avec **être** ou **avoir** au **passé simple** auquel on ajoute le **participe passé** du verbe à conjuguer.
• Le choix de l'auxiliaire et les règles d'accord du participe passé sont les mêmes que pour le passé composé (voir pp. 60, 74 et 78).

■ FINIR

j'	eus	fini
tu	eus	fini
il/elle	eut	fini
nous	eûmes	fini
vous	eûtes	fini
ils/elles	eurent	fini

■ SE SOUVENIR

je	me fus	souvenu(e)
tu	te fus	souvenu(e)
il/elle	se fut	souvenu(e)
nous	nous fûmes	souvenu(e)s
vous	vous fûtes	souvenu(e)(s)
ils/elles	se furent	souvenu(e)s

Et :
s'enrichir : *je me fus enrichi(e)*
se servir : *je me fus servi(e)*
s'enfuir : *je me fus enfui(e)*

 Haïr : *j'eus haï*

■ DORMIR

j'	eus	dormi
tu	eus	dormi
il/elle	eut	dormi
nous	eûmes	dormi
vous	eûtes	dormi
ils/elles	eurent	dormi

Et :
cueillir : *j'eus cueilli*
fuir : *j'eus fui*
acquérir : *j'eus acquis*

■ OUVRIR

j'	eus	ouvert
tu	eus	ouvert
il/elle	eut	ouvert
nous	eûmes	ouvert
vous	eûtes	ouvert
ils/elles	eurent	ouvert

Et :
courir : *j'eus couru*
tenir : *j'eus tenu*
offrir : *j'eus offert*
couvrir : *j'eus couvert*

■ PARTIR

je	fus	parti(e)
tu	fus	parti(e)
il/elle	fut	parti(e)
nous	fûmes	parti(e)s
vous	fûtes	parti(e)(s)
ils/elles	furent	parti(e)s

Et :
sortir : *je fus sorti(e)*
venir : *je fus venu(e)*
devenir : *je fus devenu(e)*
mourir : *je fus mort(e)*

EXERCICES

1 **Mettez les verbes au passé composé, puis au passé antérieur.**

1. *dormir* Je ______________________ ; je ______________________
2. *sortir* Vous ______________________ ; vous ______________________
3. *devenir* Il ______________________ ; il ______________________
4. *partir* Ils ______________________ ; ils ______________________
5. *obtenir* Nous ______________________ ; nous ______________________
6. *se souvenir* Je ______________________ ; je ______________________
7. *s'enfuir* Ils ______________________ ; ils ______________________

2 **Mettez les verbes au passé antérieur, puis reliez les éléments.**

1. *finir* Lorsqu'elle ______________ sa broderie,
2. *choisir* Quand ils ______________ les témoins,
3. *découvrir* Une fois qu'on ______________ le secret,
4. *ouvrir* Lorsqu'ils ______________ le coffre,
5. *s'enrichir* Après qu'il ______________ ,
6. *couvrir* Une fois qu'on ______________ le corps,

a. ils découvrirent qu'il était vide.
b. il put épouser la princesse.
c. elle reposa son ouvrage.
d. on l'enterra dans la forêt.
e. il fallu trouver le lieu du duel.
f. plus personne ne voulut lui parler.

3 **Mettez les verbes proposés au passé antérieur et finissez la phrase au passé simple.**

1. *parcourir* Une fois qu'il ______________ , cette longue distance, ils ______________ .
2. *choisir* Lorsqu'elle ______________ de cesser de se soumettre, son ______________ .
3. *partir* Quand vous ______________ , elle ______________ .
4. *dormir* Quand je ______________ , quelques heures, je ______________ .
5. *ouvrir* Quand elle ______________ la lettre, elle ______________ .

4 **Organisez les éléments proposés pour exprimer l'antériorité avec le passé antérieur selon le modèle, en variant les pronoms.**

arriver devant la porte / trouver trois hommes en noir / quand
→ *Quand je fus arrivée devant la porte, je trouvai trois hommes en noir.*

1. se sentir mieux / recommencer à sortir régulièrement la nuit / lorsque
____
2. couvrir le corps d'un drap blanc / le transporter dans la calèche / une fois que
____
3. mourir / se rendre compte du rôle qu'il avait joué dans sa vie / après que
____

Les verbes en *-RE*

• Le passé antérieur se forme avec **être** ou **avoir** au **passé simple** auquel on ajoute le **participe passé** du verbe à conjuguer.
• Le choix de l'auxiliaire et les règles d'accord du participe passé sont les mêmes que pour le passé composé (voir pp. 60, 74 et 78).

■ DIRE

j'	eus	dit
tu	eus	dit
il/elle	eut	dit
nous	eûmes	dit
vous	eûtes	dit
ils/elles	eurent	dit

Et :
conduire : *j'eus conduit*
écrire : *j'eus écrit*
rire : *j'eus ri*
lire : *j'eus lu*

■ CROIRE

j'	eus	cru
tu	eus	cru
il/elle	eut	cru
nous	eûmes	cru
vous	eûtes	cru
ils/elles	eurent	cru

Et :
boire : *j'eus bu*
plaire : *j'eus plu*
lire : *j'eus lu*

■ S'INSCRIRE

je	me	fus	inscrit(e)
tu	te	fus	inscrit(e)
il/elle	se	fut	inscrit(e)
nous	nous	fûmes	inscrit(e)s
vous	vous	fûtes	inscrit(e)(s)
ils/elles	se	furent	inscrit(e)s

Et :
se distraire : *je me fus distrait(e)*
se taire : *je me fus tu(e)*
se perdre : *je me fus perdu(e)*
se battre : *je me fus battu(e)*
se plaindre : *je me fus plaint(e)*

■ ATTENDRE

j'	eus	attendu
tu	eus	attendu
il/elle	eut	attendu
nous	eûmes	attendu
vous	eûtes	attendu
ils/elles	eurent	attendu

Et :
répondre : *j'eus répondu*
perdre : *j'eus perdu*
peindre : *j'eus peint*
rejoindre : *j'eus rejoint*
coudre : *j'eus cousu*
résoudre : *j'eus résolu*
connaître : *j'eus connu*
battre : *j'eus battu*
vivre : *j'eus vécu*
conclure : *j'eus conclu*
interrompre : *j'eus interrompu*
convaincre : *j'eus convaincu*
croître : *j'eus crû*

■ METTRE

j'	eus	mis
tu	eus	mis
il/elle	eut	mis
nous	eûmes	mis
vous	eûtes	mis
ils/elles	eurent	mis

Et :
prendre : *j'eus pris*
suivre : *j'eus suivi*

■ NAÎTRE

je	fus	né(e)
tu	fus	né(e)
il/elle	fut	né(e)
nous	fûmes	né(e)s
vous	fûtes	né(e)(s)
ils/elles	furent	né(e)s

Et :
descendre : *je fus descendu(e)*

EXERCICES

1 **Conjuguez au passé composé, puis au passé antérieur.**

1. *souscrire* Elle ______________ , ______________.
2. *écrire* Je ______________ , ______________.
3. *lire* Nous ______________ , ______________.
4. *boire* Ils ______________ , ______________.
5. *se taire* Vous ______________ , ______________.
6. *se perdre* Il ______________ , ______________.
7. *suivre* Nous ______________ , ______________.
8. *rejoindre* Je ______________ , ______________.

2 **Mettez le verbe proposé au passé antérieur.**

1. Une fois qu'il (*vivre*) quelques années dans cette nouvelle contrée, il recommença à s'ennuyer.

____

2. Dès que je (*dire*) ce que je pensais de la situation, je quittai l'endroit avec précipitation.

____

3. Lorsque Paul (*connaître*) la vérité, une violente colère s'empara de lui.

____

4. Peu de temps après qu'elle (*naître*), sa mère mourut à son tour.

____

5. Lorsqu'elle (*prendre*) le temps de réfléchir, elle se rendit compte de son erreur.

____

3 **Organisez les éléments proposés pour exprimer un rapport d'antériorité avec le passé antérieur en variant les pronoms.**

1. une fois que / mettre son chapeau / prendre congé

____

2. aussitôt que / répondre avec violence / regretter son emportement

____

3. dès que / apprendre la nouvelle / répandre la nouvelle dans la ville

____

4. quand / lire le contenu de la lettre / méditer pendant des jours

____

4 **Complétez la phrase avec le verbe proposé au passé antérieur.**

La vie devint difficile quand :

1. ils ______________________________________ *comprendre*
2. je ______________________________________ *surprendre*
3. elle ______________________________________ *perdre*
4. nous ______________________________________ *interrompre*

Les verbes en *-OIR*

• Le passé antérieur se forme avec **être** ou **avoir** au **passé simple** auquel on ajoute le **participe passé** du verbe à conjuguer.
• Le choix de l'auxiliaire et les règles de l'accord du participe passé sont les mêmes que pour le passé composé (voir pp. 60, 74 et 78).

■ POUVOIR

j'	eus	pu
tu	eus	pu
il/elle	eut	pu
nous	eûmes	pu
vous	eûtes	pu
ils/elles	eurent	pu

Et :
devoir : *j'eus dû*
savoir : *j'eus su*
valoir : *j'eus valu*

■ VOULOIR

j'	eus	voulu
tu	eus	voulu
il/elle	eut	voulu
nous	eûmes	voulu
vous	eûtes	voulu
ils/elles	eurent	voulu

■ S'ASSEOIR

je	me	fus	assis(e)
tu	te	fus	assis(e)
il/elle	se	fut	assis(e)
nous	nous	fûmes	assis(e)s
vous	vous	fûtes	assis(e)(s)
ils/elles	se	furent	assis(es)

■ FALLOIR : il eut fallu

■ PLEUVOIR : il eut plu

■ VOIR

j'	eus	vu
tu	eus	vu
il/elle	eut	vu
nous	eûmes	vu
vous	eûtes	vu
ils/elles	eurent	vu

■ RECEVOIR

j'	eus	reçu
tu	eus	reçu
il/elle	eut	reçu
nous	eûmes	reçu
vous	eûtes	reçu
ils/elles	eurent	reçu

■ S'APERCEVOIR

je	me	fus	aperçu(e)
tu	te	fus	aperçu(e)
il/elle	se	fut	aperçu(e)
nous	nous	fûmes	aperçu(e)s
vous	vous	fûtes	aperçu(e)(s)
ils/elles	se	furent	aperçu(e)s

Et :
s'émouvoir : *je me fus ému(e)*

EXERCICES

1 Transformez les passés composés en passés antérieurs.

1. Il a fallu : ______________________

2. Nous avons pu : ______________________

3. Vous avez dû : ______________________

4. Il a voulu : ______________________

5. Elles ont su : ______________________

6. Je me suis aperçu : ______________________

7. Elle a reçu : ______________________

8. Ils ont aperçu : ______________________

2 Mettez les verbes au passé antérieur et reliez les éléments de phrase.

1. *pleuvoir* Après qu'il ______________________ ,

2. *recevoir* Quand ils ______________ les ordres,

3. *revoir* Lorsqu'elle ______________ son amoureux,

4. *pouvoir* Dès qu'ils ____________ rejoindre leur régiment,

5. *s'asseoir* Après qu'il ______________________ ,

6. *émouvoir* Après qu'elle ______________ le public,

7. *s'apercevoir* Quand nous ______________ de notre erreur,

a. ils se sentirent en sécurité.

b. elle fut applaudie avec ferveur.

c. nous décidâmes de la rectifier.

d. le soleil réapparut timidement.

e. elle se sentie apaisée.

f. ils les exécutèrent.

g. le train démarra.

3 Organisez les éléments proposés pour exprimer l'antériorité avec le passé antérieur en variant les pronoms.

1. tant que / ne pas pouvoir voir mon frère / rester enfermé dans ma chambre

____

2. dès que / percevoir la vérité / changer d'attitude

____

3. après que / recevoir le message / comprendre le jeu

____

4. quand / s'asseoir / commencer à expliquer la situation

____

5. aussitôt que / s'apercevoir du danger/ décider de prendre la fuite

____

6. une fois que / pouvoir se libérer / s'empresser de partir

____

4 Mettez les verbes au passé antérieur.

1. Lorsqu'elle (entrevoir) son amoureux, elle fut prise d'un trouble.

____

2. Tant que je (ne pas revoir) la maison de mon enfance, j'éprouvai un sentiment de solitude.

____

3. Une fois que je (voir) le voleur, je le poursuivis.

____

BILAN • Indicatif

1 **Qui êtes-vous ? Que faites-vous ? Cochez la réponse qui correspond à votre personnalité et à vos activités habituelles.**

	Oui	Non		Oui	Non
Être timide	☐	☐	Vouloir voyager	☐	☐
Avoir des frères et sœurs	☐	☐	Continuer à voir ses amis d'enfance	☐	☐
Vivre dans une grande ville	☐	☐	Mener une vie tranquille	☐	☐
Apprécier la musique classique	☐	☐	Acheter beaucoup de gadgets	☐	☐
Faire la cuisine	☐	☐	S'ennuyer parfois	☐	☐
Travailler beaucoup	☐	☐	Recevoir beaucoup d'amis	☐	☐
Aller souvent au théâtre	☐	☐	Sortir beaucoup le soir	☐	☐
Étudier une autre langue que le français	☐	☐	Se lever très tard le week-end	☐	☐

Présentez-vous en conjuguant ces verbes au présent et en apportant des explications ou des détails que vous jugez importants.

____

____

____

2 **Décrivez des activités que les citoyens de votre pays aiment faire.**

Si vous êtes indien → *Les Indiens aiment regarder les matchs de cricket.*

____

____

____

3 **Écrivez la biographie de cet auteur en conjuguant les verbes proposés au présent.**

Jules Barbey d'Aurevilly ______________ (*naître*) le 2 novembre 1808. Il ______________ (*venir*) au monde un jour d'hiver sombre et glacé. Sa famille ______________ (*faire*) partie de la récente noblesse. Il ______________ (*passer*) son enfance à Lognes, en Normandie. Il ______________ (*obtenir*) son baccalauréat en 1829. Il ______________ (*se proclamer*) républicain et cela ______________ (*provoquer*) la mort de son père. Il ______________ (*partir*) à la faculté de droit de Caen. Il ______________ (*séduire*) la jeune femme de son cousin et il ______________ (*fuir*) Paris pour éviter le scandale. Lui et la jeune femme ______________ (*rester*) marqués par cette passion malheureuse.

En 1833, il ______________ (*recevoir*) son diplôme de droit et il ______________ (*pouvoir*), grâce à l'héritage de son oncle, mener la belle vie. Ses amis parisiens et lui ______________ (*jouer*) les dandys, ______________ (*fréquenter*) les salons et ______________ (*s'enivrer*) le soir dans les restaurants. Il ______________ (*écrire*) des nouvelles et ______________ (*publier*) *L'Amour impossible* en 1841. Il ______________ (*souffrir*) de ne pas connaître la gloire littéraire. Pour survivre, il ______________ (*devenir*) rédacteur en chef de la *Revue du monde catholique*. Après la révolution de 1848, les journaux

__________ (*ne pas vouloir*) publier ses articles royalistes. En 1851, il __________ (*connaître*) la célébrité quand il __________ (*publier*) un roman sulfureux. Toutes ses nouvelles __________ (*être*) saisies, interdites : cet écrivain d'extrême droite __________ (*ne pas épargner*) personne et __________ (*polémiquer*). C'est en 1874 que le public __________ (*découvrir*) son œuvre et que les journaux lui __________ (*ouvrir*) à nouveau leurs tribunes.En 1889, le vieux dandy __________ (*mourir*) dans son petit appartement, terrassé par une hémorragie.

À votre tour, écrivez au présent de l'indicatif la biographie d'un de vos auteurs préférés ou d'un personnage historique que vous admirez.

4 **Les villes ont changé. Observez les deux photos et expliquez.**

Avant __________, *maintenant* __________

__________ *Avant* __________

__________ *maintenant.*

Avez-vous vu des grands changements dans votre ville ou dans votre pays ces dernières années ? Expliquez.

____

____

____

5 **Mettez les verbes à l'imparfait.**

Ce __________ (*être*) un beau soir d'automne. La nuit __________ (*venir*), le ciel __________ (*être*) encore clair à l'ouest, mais __________ (*s'assombrir*). Les lampadaires __________ (*briller*) faiblement. Je __________ (*remonter*) les quais de la rive gauche vers le pont des Arts. On __________ (*voir*) luire le fleuve, entre les boîtes fermées des bouquinistes. Il y __________ (*avoir*) peu de monde sur les quais : Paris __________ (*manger*) déjà. Je __________ (*fouler*) les feuilles jaunes et poussiéreuses qui __________ (*rappeler*) encore l'été. Le ciel __________ (*se remplir*) peu à peu d'étoiles qu'on __________ (*apercevoir*) fugitivement en s'éloignant d'un lampadaire vers un autre. Je __________ (*goûter*) le silence revenu, la douceur du soir, Paris vide. Je __________ (*être*) content.

Albert Camus, *La Chute*, Gallimard, 1956.

5 **Transformez les présents en imparfaits, puis en passés composés.**

1. elle va : ____________ , ____________
2. je voyage : ____________ , ____________
3. ils divorcent : ____________ , ____________
4. tu exiges : ____________ , ____________
5. elle essuie : ____________ , ____________
6. vous balayez : ____________ , ____________
7. j'enlève : ____________ , ____________
8. il décède : ____________ , ____________
9. elle se blottit : ____________ , ____________
10. nous venons : ____________ , ____________
11. je me travestis : ____________ , ____________
12. il admet : ____________ , ____________
13. vous recueillez : ____________ , ____________
14. j'acquiers : ____________ , ____________
15. je maintiens : ____________ , ____________
16. vous comprenez : ____________ , ____________

6 **Conjuguez les verbes pronominaux proposés au passé composé à la personne demandée.**

1. *s'endormir* il ____________
2. *s'interrompre* elle ____________
3. *se battre* ils ____________
4. *se plaindre* elles ____________
5. *se convaincre* nous ____________
6. *se distraire* je ____________
7. *s'introduire* elle ____________
8. *se suivre* ils ____________
9. *se revoir* vous ____________
10. *s'apercevoir* tu ____________
11. *se satisfaire* je ____________
12. *s'asseoir* nous ____________

7 **Complétez le texte avec les verbes proposés en les conjuguant au passé composé.**

Tous ____________ quand je leur ____________ mon aventure, *rire – raconter*
mais aucun ____________ de moi. « Voilà, cela paraît invraisemblable, *ne (pas) se moquer*
mais c'est l'histoire qui m'____________ , que je ____________ et *arriver – vivre*
qui me ____________ pessimiste », ____________-je ____________ *rendre – dire*
en soupirant. Une des filles m'____________ attentivement et *regarder*
m'____________ une question. Je lui ____________ : *poser – répondre*
« Il ____________ et il ____________ . » *disparaître – ne jamais revenir*

8 **Complétez le texte en choisissant parmi les verbes proposés et en les conjuguant au plus-que-parfait.**

avoir – se marier – partir – créer – raconter – combattre – rencontrer – devenir – s'adapter – revenir

Ce soir-là, grand-père nous ____________ sa vie lorsque, pendant la guerre de 14-18, il ____________ dans les tranchés. À son retour, il ____________ grand-mère et ils ____________ . Puis ils ____________ faire fortune au Canada où ils ____________ une petite entreprise. Il ____________ le plus riche entrepreneur de la région. Ils ____________ à leur nouvelle vie, ____________ trois filles et trente ans plus tard, ils ____________ en France.

9 **Transformez les présents en futurs.**

1. je vois : ____________ **4.** elle souffre : ____________ **7.** nous venons : ____________

2. il sait : ____________ **5.** je punis : ____________ **8.** vous croyez : ____________

3. tu réponds : ____________ **6.** il crée : ____________ **9.** ils peignent : ____________

10 **Mettez les verbes proposés au futur.**

Chers amis,

Nous ____________ (*partir*) pour Athènes le dimanche matin. Quand vous ____________(*arriver*), vous ____________ (*prendre*) la clé chez les voisins car le gardien ____________ (*être*) absent ce jour-là. Il ____________ (*falloir*) débrancher l'alarme avant d'entrer. Vous ____________ (*attendre*) une minute, puis vous ____________ (*pouvoir*) pénétrer dans la maison. Dans le réfrigérateur, il y ____________ (*avoir*) des provisions. Vous ____________ (*devoir*) sans doute laisser les volets fermés dans la journée car il ____________ (*faire*) très chaud. Aurélien ____________ (*venir*) vous rendre visite dans le courant de la semaine.

Bon séjour. Amitiés. Lucile

11 **Organisez les éléments pour exprimer l'antériorité avec le futur antérieur.**

1. Quand / rejoindre ses amis / partir ensemble en vacances.

2. Tant que / ne pas présenter des excuses / ne pas vouloir la revoir.

3. Dès que / finir ce roman / se mettre à écrire pour le théâtre.

4. Lorsque / arriver à l'aéroport / louer une voiture.

12 **Récrivez cette biographie au passé simple.**

Charles Baudelaire est né à Paris le 9 avril 1821. Son père meurt et sa mère se remarie avec un officier. L'enfant prend son beau-père en aversion. Après son baccalauréat, il ne veut qu'être écrivain. Il fréquente la jeunesse littéraire du Quartier latin. Il effraie sa famille par ses aventures et est envoyé aux Indes. Il revient très vite à Paris. Il se lie avec Jeanne Duval dont il reste l'amant toute sa vie. Il participe au mouvement romantique, joue au dandy et fait des dettes. En 1857, la publication des *Fleurs du mal* fait scandale. Il doit payer une forte amende. De jeunes poètes le soutiennent. Sa santé commence à se dégrader. Il souffre de syphilis et combat la douleur en fumant de l'opium. Il s'éteint à 46 ans dans les bras de sa mère.

13 **Complétez les phrases avec les verbes au passé simple ou au passé antérieur.**

1. Quand il lui ____________ (*avouer*) son amour, il lui ____________ (*dire*) qu'il fallait en parler à son père.

2. Quand il ____________ (*se retirer*), on nous ____________ (*conduire*) à nos chambres.

3. Après que le cocher me ____________ (*apercevoir*), il ____________ (*s'avancer*) vers moi.

4. Tant que l'enfant ____________ (*ne pas atteindre*) l'âge de cinq ans, elle ____________ (*s'inquiéter*).

9 L'IMPÉRATIF PRÉSENT

• L'impératif présent se forme sur la 2e personne du singulier (*tu*) et les 1re et 2e personnes du pluriel (*nous, vous*) du **présent** de l'indicatif.

Les verbes *ÊTRE*, *AVOIR*, *VOULOIR*, *SAVOIR*, *ALLER* et les verbes en *-ER*

VERBES IRRÉGULIERS

■ ÊTRE	■ AVOIR	■ VOULOIR	■ SAVOIR
Sois !	Aie !	Veuille ! / Veux !	Sache !
Soyons !	Ayons !	Voulons !	Sachons !
Soyez !	Ayez !	Veuillez ! / Voulez !	Sachez !

⚠ **Veuillez** a le sens de « s'il vous plaît » dans la langue formelle :
Veuillez remplir ce formulaire.
Veuillez m'excuser.

VERBES RÉGULIERS

• Pour les verbes en *-er,* la 2e personne du singulier perd le « **s** ».

■ ALLER	■ PARLER	■ SE DÉPÊCHER	■ MANGER
Va !	Parle !	Dépêche-toi !	Mange !
Allons !	Parlons !	Dépêchons-nous !	Mangeons !
Allez !	Parlez !	Dépêchez-vous !	Mangez !

⚠ Avec les pronoms « **y** » et « **en** », il faut rétablir le « **s** » de la 2e personne du singulier :
*Va**s**-y ! – Parle**s**-en ! – Mange**s**-en !*
S'en aller : Va-t'en ! – Allons-nous-en ! – Allez-vous-en !

■ APPELER	■ ACHETER	■ PAYER
Appelle !	Achète !	Paye ! / Paie !
Appelons !	Achetons !	Payons !
Appelez !	Achetez !	Payez !

EXERCICES

1 Conjuguez à l'impératif présent.

1. être sage

____
____
____

2. y aller

____
____
____

3. épeler son nom

____
____
____

4. se préparer vite

____
____
____

5. ne pas avoir honte

____
____
____

6. se lever tôt

____
____
____

7. savoir se contrôler

____
____
____

8. payer par chèque

____
____
____

9. en manger un peu

____
____
____

2 Mettez les verbes à la 2e personne de l'impératif (*tu*).

_______________ (*s'approcher*) ! _______________ (*regarder*) ce que Gilles m'a offert ! _______________ -y (*aller*) ! C'est beau, non ? Mais _______________ (*toucher*) ! _______________ (*admirer*) la qualité ! _______________ -le (*essayer*) ! _______________ (*aller*) dans ma chambre ! _______________ (*fermer*) la porte ! _______________ (*se dépêcher*) !...Alors ? Mais _______________ (*parler*) ! _______________ (*ne pas avoir*) peur ! _______________ (*être*) honnête ! Ah ! Non ! _______________ (*ne pas faire*) cette tête ! Mais... _______________ (*écouter*) ! _______________ (*ne pas être*) fâché !

3 Mettez les verbes à l'impératif présent selon le modèle.

Donner du gâteau aux enfants (*tu*). → *Donne du gâteau aux enfants !*

1. Emmener les enfants à l'école (*vous*). → _______________ !
2. Ne pas oublier ton frère (*tu*). → _______________ !
3. Appeler Paul et Marie (*nous*). → _______________ !
4. En parler au groupe (*nous*). → _______________ !
5. Être gentils avec ses grands-parents (*vous*). → _______________ !
6. Étudier parfaitement ses leçons (*vous*). → _______________ !
7. Y aller à pied (*tu*). → _______________ !
8. Ranger ses affaires (*nous*). → _______________ !
9. S'habiller vite (*tu*). → _______________ !
10. Se comporter en adultes (*vous*). → _______________ !

Les verbes en *-IR/-RE/-OIR*

• L'impératif présent se forme sur la 2e personne du singulier (*tu*) et les 1re et 2e personnes du pluriel (*nous, vous*) du **présent** de l'indicatif.
• On ne supprime pas le « s » de la 2e personne du singulier du présent, sauf exceptions (voir ci-dessous).

■ FINIR	■ OUVRIR	■ PARTIR	■ VENIR	■ SE SOUVENIR
Finis !	Ouvre !	Pars !	Viens !	Souviens-toi !
Finissons !	Ouvrons !	Partons !	Venons !	Souvenons-nous !
Finissez !	Ouvrez !	Partez !	Venez !	Souvenez-vous !

Et :
haïr : *haïs, haïssons, haïssez*
dormir : *dors, dormons, dormez*
cueillir : *cueille, cueillons, cueillez*
tenir : *tiens, tenons, tenez*
courir : *cours, courons, courez*
s'enrichir : *enrichis-toi, enrichissons-nous, enrichissez-vous*
se servir : *sers-toi, servons-nous, servez-vous*

⚠ Les verbes du type **cueillir** et **ouvrir**, qui se conjuguent au présent de l'indicatif comme des verbes en ***-er***, n'ont **pas de** « **s** » à la 2e personne du singulier.

■ SOURIRE	■ DIRE	■ PRENDRE	■ CROIRE	■ FAIRE
Souris !	Dis !	Prends !	Crois !	Fais !
Sourions !	Disons !	Prenons !	Croyons !	Faisons !
Souriez !	Dites !	Prenez !	Croyez !	Faites !

Et :
conduire : *conduis, conduisons, conduisez*
écrire : *écris, écrivons, écrivez*
attendre : *attends, attendons, attendez*
rejoindre : *rejoins, rejoignons, rejoignez*
connaître : *connais, connaissons, connaissez*
vivre : *vis, vivons, vivez*
conclure : *conclus, concluons, concluez*
lire : *lis, lisons, lisez*
répondre : *réponds, répondons, répondez*
peindre : *peins, peignons, peignez*
résoudre : *résous, résolvons, résolvez*
suivre : *suis, suivons, suivez*
coudre : *couds, cousons, cousez*
interrompre : *interromps, interrompons, interrompez*
convaincre : *convaincs, convainquons, convainquez*

■ (S')INSCRIRE	■ (SE) PLAINDRE	■ SE TAIRE
Inscris(-toi) !	Plains(-toi) !	Tais-toi !
Inscrivons(-nous) !	Plaignons(-nous) !	Taisons-nous !
Inscrivez(-vous) !	Plaignez(-vous) !	Taisez-vous !

Et :
se distraire : *distrais-toi, distrayons-nous, distrayez-vous*
se battre : *bats-toi, battons-nous, battez-vous*

■ VOIR	■ RECEVOIR	■ S'ASSEOIR	
Vois !	Reçois !	Assieds-toi !	Assois-toi !
Voyons !	Recevons !	Asseyons-nous !	Assoyons-nous !
Voyez !	Recevez !	Asseyez-vous !	Assoyez-vous !

EXERCICES

1 **Conjuguez aux trois personnes de l'impératif.**

1. *choisir* ________________ un nombre ! ________________ ________________
2. *sortir* ________________ d'ici ! ________________ ________________
3. *attendre* ________________ une minute ! ________________ ________________
4. *faire* ________________ attention ! ________________ ________________
5. *se servir* ________________ d'abord ! ________________ ________________

2 **Conjuguez les verbes proposés à la 2e personne du singulier de l'impératif (*tu*) et reliez les éléments.**

1. *se perdre* Ne ________________ pas !
2. *contredire* Ne le ________________ pas !
3. *s'arrêter* Ne ________________ pas !
4. *mentir* Ne ________________ pas !
5. *partir* Ne ________________ pas !
6. *confondre* Ne les ________________ pas !

a. *écrire* ____________-les séparément !
b. *prendre* ________________ une carte !
c. *revenir* ____________ immédiatement !
d. *se taire* ________________ !
e. *obéir* ! ________________
f. *dire* ____________ -moi la vérité !

Reliez un élément de chaque colonne pour faire des phrases à la 2e personne du pluriel (*vous*).

Ne vous perdez pas, prenez une carte ! ________________

____

____

3 **Complétez ce discours à la 1re personne du pluriel de l'impératif (*nous*).**

____________ nos forces ! ________________ pour défendre nos intérêts ! *unir – se battre*

____________ à mieux nous connaître et ____________ plus solidaires ! *apprendre – devenir*

____________ des actions efficaces et ____________ de respecter nos engagements ! *entreprendre – se promettre*

________________ de faire entendre notre voix ! *ne pas craindre*

____________ dans la rue, si nécessaire ! *descendre*

4 **Complétez ces publicités avec les verbes qui conviennent conjugués à l'impératif.**
s'endormir – s'offrir – courir – réussir

1. Avec les baskets Rabuk, ________________ comme un athlète !
2. ________________ une semaine de rêve au Sénégal avec le Club du Soleil !
3. ________________ paisiblement tous les soirs sur les matelas Samva !
4. Grâce à la méthode Memoris, ________________ tous vos examens !

5 **Écrivez des slogans publicitaires pour des produits que vous utilisez ou pour des produits imaginaires.**

10 LE CONDITIONNEL PRÉSENT

• Le conditionnel présent de ces verbes se forme avec le **radical** qui est **irrégulier** auquel on ajoute les terminaisons : ***-ais, -ais, -ait, -ions, -iez, -aient***.

 Ces terminaisons sont celles de l'imparfait de l'indicatif.

Les verbes *ÊTRE*, *AVOIR*, *ALLER*, *VENIR* et *FAIRE*

■ ÊTRE

je	serais
tu	serais
il/elle	serait
nous	serions
vous	seriez
ils/elles	seraient

■ AVOIR

j'	aurais
tu	aurais
il/elle	aurait
nous	aurions
vous	auriez
ils/elles	auraient

♪ La liaison dans **nous aurions, vous auriez, ils auraient** et **elles auraient** est obligatoire.
[z] [z] [z] [z]

■ ALLER

j'	irais
tu	irais
il/elle	irait
nous	irions
vous	iriez
ils/elles	iraient

Et :
s'en aller : *je m'en irais*

■ VENIR

je	viendrais
tu	viendrais
il/elle	viendrait
nous	viendrions
vous	viendriez
ils/elles	viendraient

♪ La liaison dans **nous irions, vous iriez, ils iraient** et **elles iraient** est obligatoire.
[z] [z] [z] [z]

■ FAIRE

je	ferais
tu	ferais
il/elle	ferait
nous	ferions
vous	feriez
ils/elles	feraient

EXERCICES

1 **Transformez les futurs en conditionnels présents selon le modèle.**

Vous pensez....	*Oui, on a dit :*
1. qu'elle sera élue ?	qu'*elle serait élue.*
2. que vous ferez le discours d'ouverture ?	que__________________________
3. qu'il ira en visite officielle ?	que__________________________
4. qu'elles auront des crédits ?	que__________________________
5. qu'ils viendront en avion ?	que__________________________

2 **Mettez les verbes au conditionnel présent et reliez les éléments.**

1. Sans son téléphone portable,	**a.** elle ____________ d'études (*ne pas faire*).
2. Sans votre aide,	**b.** nous ____________ en Chine (*ne pas aller*).
3. Sans cette bourse,	**c.** ils ______________ avec nous (*venir*).
4. Sans cette subvention,	**d.** il ________________ perdu (*être*).
5. Sans cet incident,	**e.** je ______________ des difficultés (*avoir*).

3 **Complétez avec « être », « avoir », « aller », « venir » et « faire » au conditionnel présent, puis reliez les éléments.**

Au cas où...

1. tu ________________ en notre absence,	**a.** appelez-nous !
2. vous ____________ en Normandie samedi,	**b.** ne sois pas fâché !
3. je __________________ absent demain,	**c.** viens nous voir !
4. tu ______________ un détour par Lille,	**d.** prends la clé chez le gardien !
5. vous ____________________ une idée,	**e.** prévenez-nous !

4 **Complétez ce texte en conjuguant les verbes au conditionnel présent.**

Nous ____________ une maison à la campagne. Il y ____________ un grand parc	*avoir (2)*
avec un étang. Tous les jours, je ____________ pêcher et tu ____________	*aller – venir*
me rejoindre quand tu ____________ le temps. Le samedi, des	*avoir*
amis ____________ nous rendre visite. Nous ____________	*venir – faire*
ensemble une grande partie de pêche. Ce ____________ l'été.	*être*
Nous ____________ heureux...	*être*

5 **Composez un texte sur le modèle de l'exercice 4 pour décrire vos vacances idéales.**

____

____

____

Les verbes *POUVOIR*, *VOULOIR*, *DEVOIR*, *FALLOIR* et *SAVOIR*

• Le conditionnel présent de ces verbes se forme avec le **radical** qui est **irrégulier** auquel on ajoute les terminaisons : ***-ais, -ais, -ait, -ions, -iez, -aient***.

■ POUVOIR

je	pourrais
tu	pourrais
il/elle	pourrait
nous	pourrions
vous	pourriez
ils/elles	pourraient

■ VOULOIR

je	voudrais
tu	voudrais
il/elle	voudrait
nous	voudrions
vous	voudriez
ils/elles	voudraient

■ DEVOIR

je	devrais
tu	devrais
il/elle	devrait
nous	devrions
vous	devriez
ils/elles	devraient

■ FALLOIR

il faudrait

⚠ **Falloir** ne se conjugue qu'à la 3e personne du singulier.

■ SAVOIR

je	saurais
tu	saurais
il/elle	saurait
nous	saurions
vous	sauriez
ils/elles	sauraient

⚠ Ne confondez pas :

nous aurions et **nous saurions** – **vous auriez** et **vous sauriez** –
[z] [s] [z] [s]

nous serions et **nous saurions** – **vous seriez** et **vous sauriez**.
[səʀiɔ̃] [soʀiɔ̃] [səʀie] [soʀie]

EXERCICES

1 **Transformez les futurs simples en conditionnels présents.**

1. Je pourrai vous aider. – Elle a dit qu'elle ____________
2. Nous devrons attendre. – Ils ont dit que nous ____________
3. Ils sauront comment faire. – Il a dit que vous ____________
4. Elle ne voudra pas s'en occuper. – J'ai dit qu'elle ____________
5. Il faudra leur écrire. – Il a dit qu'il ____________

2 **À partir des situations proposées, faites des phrases avec « pouvoir », « vouloir », « falloir » et « savoir » au conditionnel pour faire une demande polie.**

1. Vous êtes dans un restaurant, vous demandez la carte.

____

2. Vous êtes au secrétariat de l'université, vous voulez connaître la date de l'examen.

____

3. Vous êtes à la gare, vous voulez savoir s'il y a des trains pour Nice dans la soirée.

____

4. Vous êtes dans la rue, vous demandez votre chemin.

____

5. Vous avez besoin d'argent rapidement ; vous en demandez à votre meilleur ami.

____

3 **Utilisez « pouvoir », « vouloir », « devoir » et « falloir » au conditionnel pour exprimer un conseil, un reproche, une obligation, une prévision, une proposition.**

1. ***Conseil*** – À mon avis, tu ____________ aller dormir et te réveiller tôt demain matin pour travailler.
2. ***Proposition*** – ____________-vous aller voir cette pièce de Beckett avec moi ?
3. ***Prévision*** – Son avion ____________ arriver à 20 h 30.
4. ***Obligation*** – Nos partenaires sont prêts à nous rencontrer à la fin du mois. Il ____________ préparer le dossier rapidement.
5. ***Reproche*** – Vous ____________ faire attention, vous avez abîmé ma voiture.

4 **Vous écrivez à une agence pour lui demander des informations sur une maison à louer : vous posez des questions sur le mois de location, la proximité de la plage, le prix, le confort, etc.**

____

____

____

____

____

Les verbes en *-ER*

• Le conditionnel présent se forme avec l'**infinitif** auquel on ajoute les terminaisons : ***-ais, -ais, -ait, -ions, -iez, -aient***.

CONDITIONNELS RÉGULIERS

■ PARLER

je	parlerais
tu	parlerais
il/elle	parlerait
nous	parlerions
vous	parleriez
ils/elles	parleraient

■ SE DÉPÊCHER

je	me	dépêcherais
tu	te	dépêcherais
il/elle	se	dépêcherait
nous	nous	dépêcherions
vous	vous	dépêcheriez
ils/elles	se	dépêcheraient

Et :
oublier : *j'oublierais*
continuer : *je continuerais*
jouer : *je jouerais*
créer : *je créerais*
gagner : *je gagnerais*
travailler : *je travaillerais*
commencer : *je commencerais*
manger : *je mangerais*
espérer : *j'espérerais*

CONDITIONNELS IRRÉGULIERS

■ APPELER

j'	appe**ll**erais
tu	appe**ll**erais
il/elle	appe**ll**erait
nous	appe**ll**erions
vous	appe**ll**eriez
ils/elles	appe**ll**eraient

■ JETER

je	je**tt**erais
tu	je**tt**erais
il/elle	je**tt**erait
nous	je**tt**erions
vous	je**tt**eriez
ils/elles	je**tt**eraient

■ S'ENNUYER

je	m'ennu**ie**rais
tu	t'ennu**ie**rais
il/elle	s'ennu**ie**rait
nous	nous ennu**ie**rions
vous	vous ennu**ie**riez
ils/elles	s'ennu**ie**raient

⚠ Le « e » après « ll », « tt » et « i » ne se prononce pas.

Et : employer : *j'emploierais*

■ PAYER

je	pa**ie**rais
tu	pa**ie**rais
il/elle	pa**ie**rait
nous	pa**ie**rions
vous	pa**ie**riez
ils/elles	pa**ie**raient

⚠ Les verbes en ***-ayer*** peuvent avoir un conditionnel présent régulier : *je payerais, nous essayerions*…

■ ENVOYER

j'	enve**rr**ais
tu	enve**rr**ais
il/elle	enve**rr**ait
nous	enve**rr**ions
vous	enve**rr**iez
ils/elles	enve**rr**aient

EXERCICES

1 **Conjuguez au conditionnel présent.**

1. *aimer* nous ________, il ________
2. *se préparer* je ________, vous ________
3. *changer* tu ________, elles ________
4. *louer* je ________, vous ________
5. *étudier* elle ________, ils ________
6. *essayer* nous ________, je ________
7. *employer* ils ________, tu ________
8. *rappeler* je ________, nous ________

2 **Complétez librement avec les verbes proposés au conditionnel présent.**

1. Si j'étais ministre de l'Environnement, ________________ (*protéger*).
2. Si tu étais à ma place, ________________ (*essayer*).
3. Si vous n'étiez pas à la maison à 18 heures, ________________ (*appeler*).
4. S'il me restait 24 heures à vivre, ________________ (*se dépêcher*).
5. Si nous étions des extraterrestres, ________________ (*voyager*).
6. Si j'étais comédienne, ________________ (*interpréter*).
7. Si elle était un homme, ________________ (*porter*).
8. S'il était une femme, ________________ (*aimer*).

3 **Utilisez le conditionnel présent selon le modèle pour donner une information non vérifiée.**

On pense que le Premier ministre démissionnera avant la fin du mois.
→ *Le Premier ministre démissionnerait avant la fin du mois.*

1. On dit que le directeur général va donner une réception pour le personnel.
____
2. On pense que les syndicats appelleront les grévistes à reprendre le travail avant la fin de la semaine.
____
3. D'après ses amis, ses parents vont l'envoyer à l'étranger pour étudier.
____
4. Grâce à la nouvelle loi, on pense qu'on créera beaucoup d'emplois pour les jeunes.
____
5. On dit que l'Assemblée nationale rejettera le projet du gouvernement.
____

4 **Utilisez des verbes en « -er » au conditionnel présent pour décrire votre mode de vie idéal : pays, logement, manière de vivre, profession, etc.**

J'habiterais ________________
____
____

⚠ Notez l'apparition de l'accent grave.

■ ACHETER

j'	achèterais
tu	achèterais
il/elle	achèterait
nous	achèterions
vous	achèteriez
ils/elles	achèteraient

■ SE PROMENER

je	me	promènerais
tu	te	promènerais
il/elle	se	promènerait
nous	nous	promènerions
vous	vous	promèneriez
ils/elles	se	promèneraient

Et :
mener : *je mènerais*
amener : *j'amènerais*
emmener : *j'emmènerais*

■ CONGELER

je	congèlerais
tu	congèlerais
il/elle	congèlerait
nous	congèlerions
vous	congèleriez
ils/elles	congèleraient

Et :
modeler : *je modèlerais*
harceler : *je harcèlerais*
peler : *je pèlerais*

■ SE LEVER

je	me	lèverais
tu	te	lèverais
il/elle	se	lèverait
nous	nous	lèverions
vous	vous	lèveriez
ils/elles	se	lèveraient

Et :
enlever : *j'enlèverais*
soulever : *je soulèverais*
achever : *j'achèverais*

■ PESER

je	pèserais
tu	pèserais
il/elle	pèserait
nous	pèserions
vous	pèseriez
ils/elles	pèseraient

■ SEMER

je	sèmerais
tu	sèmerais
il/elle	sèmerait
nous	sèmerions
vous	sèmeriez
ils/elles	sèmeraient

EXERCICES

1 **Mettez les accents comme il convient.**

1. Je racheterais leur maison.
2. Vous semeriez des plants.
3. Elle pelerait les oranges.
4. Tu souleverais leur fureur.
5. Tu emmenerais le bébé.
6. Elle amenerait un ami.
7. Nous nous leverions tôt.
8. Vous acheveriez votre projet.
9. Tu décongelerais du pain.
10. J'enleverais la nappe.

2 **Transformez les phrases au conditionnel présent.**

Elle dit :	*Elle a dit :*
1. qu'elle pèsera le pour et le contre.	qu'elle ________
2. qu'ils mèneront une vie calme.	qu'ils ________
3. que vous soulèverez la question en temps voulu.	que vous ________
4. que tu amèneras des amis avec toi.	que tu ________

3 **Transformez les infinitifs en conditionnels présents.**

Promettre :	*Ils ont promis à leur mère :*
1. de se lever tôt	qu'ils ________
2. d'enlever la poussière	que Sophie ________
3. d'emmener le petit frère au cinéma	que Manon ________
4. de ramener les jeunes de l'école	qu'ils ________
5. d'acheter du pain avant de rentrer	que Marc ________

4 **Complétez avec les verbes au conditionnel présent.**

1. S'il vendait sa maison de campagne, je ________ . *acheter*
2. Si les vols continuaient, nous ________ la police jusqu'ici. *amener*
3. Si les salaires n'augmentaient pas, cela ________ la colère des ouvriers. *soulever*
4. Si cet essai échouait, ils ________ leur expérience. *achever*
5. Si vous ne rentriez pas ce soir, cela ________ le doute. *semer*

5 **Exprimez vos désirs selon le modèle, en utilisant les verbes proposés au conditionnel, puis en continuant librement avec des verbes de votre choix.**

Acheter un nouveau canapé. → *J'achèterais bien un nouveau canapé si j'avais assez d'argent.*

1. Enlever ces vieux rideaux. ________.
2. Se lever tard demain. ________.
3. Promener les chiens dans le bois. ________.
4. Emmener Paul au théâtre. ________.
5. Semer des graines à cet endroit. ________.

Les verbes en *-IR*

CONDITIONNELS RÉGULIERS

• Le conditionnel présent de ces verbes se forme avec l'**infinitif** auquel on ajoute les terminaisons : ***-ais, -ais, -ait, -ions, -iez, -aient***.

■ FINIR

je	finirais
tu	finirais
il/elle	finirait
nous	finirions
vous	finiriez
ils/elles	finiraient

Et :
partir : *je partirais*
réussir : *je réussirais*
choisir : *je choisirais*
haïr : *je haïrais*
fuir : *je fuirais*

■ OUVRIR

j'	ouvrirais
tu	ouvrirais
il/elle	ouvrirait
nous	ouvririons
vous	ouvririez
ils/elles	ouvriraient

Et :
dormir : *je dormirais*
offrir : *j'offrirais*
couvrir : *je couvrirais*
découvrir : *je découvrirais*
souffrir : *je souffrirais*

■ (SE) SERVIR

je	(me) servirais
tu	(te) servirais
il/elle	(se) servirait
nous	(nous) servirions
vous	(vous) serviriez
ils/elles	(se) serviraient

Et :
s'enrichir : *je m'enrichirais*
s'évanouir : *je m'évanouirais*

CONDITIONNELS IRRÉGULIERS

■ COURIR

je	cou**r**rais
tu	cou**r**rais
il/elle	cou**r**rait
nous	cou**r**rions
vous	cou**r**riez
ils/elles	cou**r**raient

Et :
mourir : *je mourrais*
acquérir : *j'acquerrais*

■ CUEILLIR

je	cueill**er**ais
tu	cueill**er**ais
il/elle	cueill**er**ait
nous	cueill**er**ions
vous	cueill**er**iez
ils/elles	cueill**er**aient

■ SE SOUVENIR

je	me sou**viendr**ais
tu	te sou**viendr**ais
il/elle	se sou**viendr**ait
nous	nous sou**viendr**ions
vous	vous sou**viendr**iez
ils/elles	se sou**viendr**aient

Et :
tenir : *je tiendrais*

♪ Pour distinguer le conditionnel présent de l'**imparfait** de l'indicatif aux 2 premières personnes des verbes de type **courir** ou **mourir**, on insiste légèrement sur la prononciation des deux « **r** » :
Nous courions vite quand nous étions jeunes !
*Si nous étions encore jeunes, nous cou**rr**ions plus vite !*

EXERCICES

1 **Répondez au conditionnel présent selon le modèle.**

Tu crois...	*Oui, on m'a dit...*
1. qu'elle ouvrira une librairie ?	*qu'elle ouvrirait une librairie.*
2. qu'il lui offrira un diamant ?	______________________
3. qu'ils se serviront de leurs relations ?	______________________
4. qu'on sortira à l'heure ?	______________________
5. que nous accueillerons la délégation ?	______________________
6. que je tiendrai le stand ?	______________________

2 **Complétez au conditionnel présent et reliez les éléments.**

se souvenir – acquérir – ouvrir – s'endormir

1. Avec un agenda électronique	**a.** ils ______________ des connaissances utiles.
2. Avec un stage en entreprise	**b.** vous ______________ sans difficulté.
3. Avec un bon tire-bouchon	**c.** tu ______________ de tes rendez-vous.
4. Avec une bonne tisane	**d.** nous ______________ cette bouteille en 1 minute.

3 **Complétez au conditionnel présent ce rêve d'enfant.**

– Si je partais sur une île déserte, tu ______________ avec moi ?	*venir*
Nous ______________ à la belle étoile. On ______________ de faim	*dormir – ne pas mourir*
parce qu'on ______________ des fruits. Je ______________ des outils	*cueillir – fabriquer*
dont on ______________ pour aller à la pêche ou à la chasse.	*se servir*
– Moi ______________ peur... Quand des bêtes sauvages ______________	*avoir – venir*
trop près de nous, je ______________ à toute vitesse, je ______________ !	*courir – s'enfuir*
– Mais non ! Petit à petit tu ______________ , tu ______________ moins	*s'habituer – devenir*
peureuse et tu ______________ toutes les merveilles de la nature...	*découvrir*
– Oui, mais on ______________ par s'ennuyer et on ______________	*finir – se sentir*
seuls, sans personne à qui parler...	

4 **Finissez les phrases librement avec les verbes de votre choix conjugués au conditionnel présent.**

dormir – se souvenir – maigrir – courir – partir – sortir – souffrir – s'évanouir – s'enfuir – prévenir – se sentir – etc.

1. Si je la voyais aujourd'hui, je ______________________________ .

2. Si tu faisais un peu d'exercice, tu ______________________________ .

3. Si vous aviez plus de temps libre, vous ______________________________ ?

4. Si elle apprenait la nouvelle, elle ______________________________ .

Les verbes en *-RE*

• Le conditionnel présent de ces verbes se forme avec le **radical** auquel on ajoute les terminaisons : ***-ais, -ais, -ait, -ions, -iez, -aient***.
• Pour obtenir le **radical**, il faut supprimer le « **e** » final de l'infinitif.
Exemple : dir-e → **dir** → je **dirais**.

■ PRENDRE

je	prendrais
tu	prendrais
il/elle	prendrait
nous	prendrions
vous	prendriez
ils/elles	prendraient

■ DIRE

je	dirais
tu	dirais
il/elle	dirait
nous	dirions
vous	diriez
ils/elles	diraient

■ (S')INSCRIRE

je	(m')inscrirais
tu	(t')inscrirais
il/elle	(s')inscrirait
nous	(nous) inscririons
vous	(vous) inscririez
ils/elles	(s')inscriraient

Et :
attendre : *j'attendrais*
répondre : *je répondrais*
conduire : *je conduirais*
lire : *je lirais*
écrire : *j'écrirais*
rire : *je rirais*
(se) perdre : *je (me) perdrais*
peindre : *je peindrais*
(se) plaindre : *je (me) plaindrais*
rejoindre : *je rejoindrais*
résoudre : *je résoudrais*
coudre : *je coudrais*

■ CROIRE

je	croirais
tu	croirais
il/elle	croirait
nous	croirions
vous	croiriez
ils/elles	croiraient

■ METTRE

je	mettrais
tu	mettrais
il/elle	mettrait
nous	mettrions
vous	mettriez
ils/elles	mettraient

■ (SE) TAIRE

je	(me) tairais
tu	(te) tairais
il/elle	(se) tairait
nous	(nous) tairions
vous	(vous) tairiez
ils/elles	(se) tairaient

Et :
boire : *je boirais*
(se) distraire : *je (me) distrairais*
connaître : *je connaîtrais*
(se) battre : *je (me) battrais*
naître : *je naîtrais*
croître : *je croîtrais*
suivre : *je suivrais*
vivre : *je vivrais*
conclure : *je conclurais*
interrompre : *j'interromprais*
convaincre : *je convaincrais*
plaire : *je plairais*

EXERCICES

1 Transformez les futurs en conditionnels présents selon le modèle.

J'attendrai devant l'entrée du magasin. → Tu as bien dit que tu *attendrais devant l'entrée* ?

1. Nous repeindrons tout le studio en blanc. — Vous avez bien dit que vous ____________ ?
2. Il répondra à toutes les questions. — Il a bien dit qu'il ____________ ?
3. Nous nous inscrirons sans tarder. — Elles ont bien dit qu'elles ____________ ?
4. On prendra le TGV un lundi. — Vous avez bien dit qu'on ____________ ?
5. Nous descendrons à Valence. — Tu as bien dit que nous____________ ?

2 Réécrivez le texte au conditionnel présent selon le modèle.

Une mère parle à son enfant :

Un enfant sage... — *Si tu étais sage...*

1. met une écharpe quand il fait froid. — *tu* ____________
2. écrit de temps en temps à sa grand-mère. — ____________
3. répond poliment quand on lui parle. — ____________
4. éteint les lumières quand il quitte une pièce. — ____________
5. boit du lait pour les vitamines. — ____________
6. se tait quand le professeur parle. — ____________
7. ne se bat pas avec ses camarades. — ____________
8. apprend ses leçons. — ____________
9. connaît ses tables de multiplication. — ____________
10. lit au lieu de regarder la télévision. — ____________

3 Finissez les phrases au conditionnel présent.

1. *reconnaître* Si on le rencontrait dans la rue, on le ____________.
2. *coudre* Si vous n'aviez pas de machine à coudre, vous ____________ ?
3. *ne pas suivre* Si nous lui donnions des conseils, il ____________.
4. *se plaindre* S'ils n'obtenaient pas de réponse, ils ____________.
5. *surprendre* Si elle m'annonçait qu'elle se marie, cela me ____________.
6. *convaincre* S'il hésitait, nous le ____________.

4 Complétez avec les verbes « dire » ou « se croire » au présent du conditionnel.

1. « Que ____________-vous d'aller travailler en Chine ? »
2. « On est en avril , mais on ____________ qu'on est en hiver »
3. « Ça te ____________ d'aller au cinéma ?

5 Faites une proposition au groupe ou à un(e) ami(e) avec le verbe « dire » ou « plaire ».

____

____

Les verbes en *-OIR*

• Les verbes en ***-oir***, sauf exceptions (voir ci-dessous), ont un conditionnel **irrégulier**.

PLEUVOIR : il pleuvrait

VOIR

je	ve**rr**ais
tu	ve**rr**ais
il/elle	ve**rr**ait
nous	ve**rr**ions
vous	ve**rr**iez
ils/elles	ve**rr**aient

S'ASSEOIR (2 conjugaisons possibles)

je	m'ass**oi**rais	je	m'ass**ié**rais
tu	t'ass**oi**rais	tu	t'ass**ié**rais
il/elle	s'ass**oi**rait	il/elle	s'ass**ié**rait
nous	nous ass**oi**rions	nous	nous ass**ié**rions
vous	vous ass**oi**riez	vous	vous ass**ié**riez
ils/elles	s'ass**oi**raient	ils/elles	s'ass**ié**raient

⚠ Les verbes **prévoir** et **pourvoir** ont un conditionnel **régulier** formé sur l'infinitif : *je prévoirais – je pourvoirais.*

VALOIR

je	v**au**drais
tu	v**au**drais
il/elle	v**au**drait
nous	v**au**drions
vous	v**au**driez
ils/elles	v**au**draient

RECEVOIR

je	rece**vr**ais
tu	rece**vr**ais
il/elle	rece**vr**ait
nous	rece**vr**ions
vous	rece**vr**iez
ils/elles	rece**vr**aient

(S')APERCEVOIR

je	(m') apercev**r**ais
tu	(t') apercev**r**ais
il/elle	(s') apercev**r**ait
nous	(nous) apercev**r**ions
vous	(vous) apercev**r**iez
ils/elles	(s') apercev**r**aient

Et :
(s')émouvoir : *je (m')émouvrais*

EXERCICES

1 **Conjuguez au futur simple, puis au conditionnel présent selon le modèle.**

revoir : *Si vous venez à cette soirée, vous reverrez Anne-Marie.*
Si vous veniez à cette soirée, vous reverriez Anne-Marie.

1. *voir* Si tu vas à cette exposition, tu __________ des Renoir.
Si tu allais à cette exposition, tu __________ des Renoir.

2. *s'apercevoir* Si vous lisez bien ce texte, vous __________ que c'est un chef-d'œuvre.
Si vous lisiez bien ce texte, vous __________ que c'est un chef-d'œuvre.

3. *s'asseoir* S'ils arrivent pour le dessert, ils __________ au bout de la table.
S'ils arrivaient pour le dessert, ils __________ au bout de la table.

4. *valoir* Si elle est de mauvaise humeur, il __________ mieux ne pas lui parler.
Si elle était de mauvaise humeur, il __________ mieux ne pas lui parler.

2 **Finissez les phrases au conditionnel présent avec le verbe qui convient.**

recevoir – s'asseoir – pleuvoir – apercevoir

1. On a prévu un buffet à l'intérieur au cas où __________.
2. Je te signale que cette chaise est cassée au cas où __________.
3. Rappelez-nous au cas où __________.
4. Fais-moi signe au cas où __________.

3 **Décrivez ce projet au conditionnel présent.**

Un anniversaire surprise

Sylvie et Gérard peuvent contacter les vieux amis de Sébastien. On se voit avant pour régler les détails. Il vaut mieux commander le dîner chez le traiteur. On prévoit un repas pour 30 personnes par exemple. Le jour J vous venez chez moi. Pendant ce temps, je l'emmène se promener et nous rentrons vers 7 heures. Quand vous entendez l'ascenseur, vous éteignez les lumières et vous vous asseyez autour de la table. Quand nous entrons dans l'appartement, il ne s'aperçoit de rien. Et là, tout le monde se met à chanter et allume des bougies ! Imaginez sa surprise quand il nous voit !... Et tous les cadeaux qu'il reçoit !

Sylvie et Gérard pourraient contacter __________

____

____

____

____

____

4 **Quelle serait votre réaction si on organisait une soirée surprise pour votre anniversaire ?**

____

LE CONDITIONNEL PASSÉ

• Le conditionnel passé se forme avec **avoir** ou **être** au **conditionnel présent** auquel on ajoute le **participe passé** du verbe à conjuguer.
• Le choix de l'auxiliaire et les règles de l'accord du participe passé sont les mêmes que pour le passé composé (voir pp. 60, 74 et 78).

Les verbes *ÊTRE*, *AVOIR*, *FAIRE*, *ALLER*, *VENIR* et les verbes en *-ER*

■ ÊTRE

j'	aurais	été
tu	aurais	été
il/elle	aurait	été
nous	aurions	été
vous	auriez	été
ils/elles	auraient	été

■ AVOIR

j'	aurais	eu
tu	aurais	eu
il/elle	aurait	eu
nous	aurions	eu
vous	auriez	eu
ils/elles	auraient	eu

■ FAIRE

j'	aurais	fait
tu	aurais	fait
il/elle	aurait	fait
nous	aurions	fait
vous	auriez	fait
ils/elles	auraient	fait

■ ALLER

je	serais	allé(e)
tu	serais	allé(e)
il/elle	serait	allé(e)
nous	serions	allé(e)s
vous	seriez	allé(e)(s)
ils/elles	seraient	allé(e)s

Et :
s'en aller : *je m'en serais allé(e)*

■ VENIR

je	serais	venu(e)
tu	serais	venu(e)
il/elle	serait	venu(e)
nous	serions	venu(e)s
vous	seriez	venu(e)(s)
ils/elles	seraient	venu(e)s

■ PARLER

j'	aurais	parlé
tu	aurais	parlé
il/elle	aurait	parlé
nous	aurions	parlé
vous	auriez	parlé
ils/elles	auraient	parlé

Et :
oublier : *j'aurais oublié*
continuer : *j'aurais continué*
jouer : *j'aurais joué*
créer : *j'aurais créé*
appeler : *j'aurais appelé*
jeter : *j'aurais jeté*
payer : *j'aurais payé*
acheter : *j'aurais acheté*
espérer : *j'aurais espéré*

■ SE DÉPÊCHER

je	me serais	dépêché(e)
tu	te serais	dépêché(e)
il/elle	se serait	dépêché(e)
nous	nous serions	dépêché(e)s
vous	vous seriez	dépêché(e)(s)
ils/elles	se seraient	dépêché(e)s

Et :
se promener : *je me serais promené(e)*
s'ennuyer : *je me serais ennuyé(e)*

1 **Transformez les passés composés en conditionnels passés.**

1. J'ai été content. ____________
2. Il a eu vingt ans. ____________
3. Il a fait chaud. ____________
4. Nous y sommes allés en groupe. ____________
5. Tu es venue seule. ____________
6. Elle s'est amusée. ____________

2 **Complétez les phrases librement en mettant les verbes proposés au conditionnel passé.**

1. S'ils avaient eu leurs enfants avec eux, ____________. (*être*)
2. S'il avait mieux travaillé, ____________. (*avoir*)
3. Si tu avais apporté tes chaussures de marche, ____________. (*faire*)
4. Si j'avais eu de l'argent, ____________. (*aller*)
5. Si vous m'aviez invité, ____________. (*venir*)
6. Si nous avions raté le dernier métro, ____________. (*rentrer*)
7. Si vous nous l'aviez demandé, ____________. (*rester*)
8. S'il ne lui avait pas tendu la main, ____________. (*tomber*)

3 **Mettez les verbes proposés au conditionnel passé, puis reliez les éléments.**

1. Avec un peu plus de technique, ils
2. Sans une bourse du ministère, elle
3. Sans l'énergie du metteur en scène, nous
4. Sans son coup de téléphone, je
5. En cas de crise grave, tu
6. En cas de problème, vous

a. ____________ ses études. (*ne pas continuer*)
b. ____________ le rendez-vous. (*oublier*)
c. ____________ le match. (*gagner*)
d. ____________ la pièce. (*ne pas jouer*)
e. ____________ de nous joindre ? (*essayer*)
f. ____________ le médecin en urgence. (*appeler*)

4 **Utilisez les verbes et les expressions proposés pour dire ce qui a bien pu se passer. Exprimez ces suppositions en utilisant le conditionnel passé.**

A. Ils n'ont pas répondu à notre lettre. Pourquoi ?

1. Est-ce qu'*ils ne l'auraient pas eue ?*
2. Est-ce que ____________ ? (*nous trouver impolis*)
3. Est-ce que ____________ par notre refus ? (*être vexés*)
4. Est-ce que ____________ notre lettre ? (*mal interpréter*)

B. Il est minuit trente. Ils auraient dû arriver à 22 heures !

1. ____________ des difficultés ? (*rencontrer*)
2. ____________ en route pour se reposer ? (*s'arrêter*)
3. ____________ en notre absence ? (*appeler*)
4. ____________ à nous prévenir ? (*ne pas arriver*)

Les verbes en *-IR*

• Le conditionnel passé se forme avec **avoir** ou **être** au **conditionnel présent** auquel on ajoute le **participe passé** du verbe à conjuguer.
• Le choix de l'auxiliaire et les règles de l'accord du participe passé sont les mêmes que pour le passé composé (voir pp. 60, 74 et 78).

■ FINIR

j'	aurais	fini
tu	aurais	fini
il/elle	aurait	fini
nous	aurions	fini
vous	auriez	fini
ils/elles	auraient	fini

Et :
haïr : *j'aurais haï*

■ SE SOUVENIR

je	me serais	souvenu(e)
tu	te serais	souvenu(e)
il/elle	se serait	souvenu(e)
nous	nous serions	souvenu(e)s
vous	vous seriez	souvenu(e)(s)
ils/elles	se seraient	souvenu(e)s

■ DORMIR

j'	aurais	dormi
tu	aurais	dormi
il/elle	aurait	dormi
nous	aurions	dormi
vous	auriez	dormi
ils/elles	auraient	dormi

Et :
cueillir : *j'aurais cueilli*
fuir : *j'aurais fui*
courir : *j'aurais couru*
tenir : *j'aurais tenu*
acquérir : *j'aurais acquis*

■ OUVRIR

j'	aurais	ouvert
tu	aurais	ouvert
il/elle	aurait	ouvert
nous	aurions	ouvert
vous	auriez	ouvert
ils/elles	auraient	ouvert

Et :
offrir : *j'aurais offert*
couvrir : *j'aurais couvert*
découvrir : *j'aurais découvert*
souffrir : *j'aurais souffert*

■ PARTIR

je	serais	parti(e)
tu	serais	parti(e)
il/elle	serait	parti(e)
nous	serions	parti(e)s
vous	seriez	parti(e)(s)
ils/elles	seraient	parti(e)s

Et :
sortir : *je serais sorti(e)*
se servir : *je me serais servi(e)*
s'enfuir : *je me serais enfui(e)*
devenir : *je serais devenu(e)*
mourir : *je serais mort(e)*

EXERCICES

1 **Conjuguez au conditionnel passé.**

1. *découvrir* Nous ____________
2. *recueillir* Je ____________
3. *réagir* Elle ____________
4. *grandir* Tu ____________
5. *mourir* Il ____________
6. *s'endormir* Ils ____________

2 **Complétez librement en mettant les verbes proposés au conditionnel passé.**

1. Si tu m'avais demandé mon avis, ____________. (*choisir*)
2. Si nous avions su qu'elles arrivaient seules, ____________. (*accueillir*)
3. Si vous aviez lavé ce pull à l'eau froide, ____________. (*ne pas rétrécir*)
4. S'il lui avait demandé de rester, ____________. (*ne pas partir*)
5. Si les secours étaient arrivés plus tôt, ____________. (*ne pas mourir*)
6. Si tu ne l'avais pas insultée, ____________. (*ne pas s'enfuir*)
7. Si je n'avais pas été réveillé par le téléphone, ____________. (*dormir*)
8. Si elle vous l'avait dit, ____________. (*se souvenir*)

3 **Complétez les phrases librement en choisissant un verbe de la liste et en le conjuguant au conditionnel passé.**

1. Si j'avais su, ____________. *fuir – se souvenir*
2. Si nous avions pu, ____________. *venir – réfléchir*
3. S'ils avaient voulu, ____________. *mentir – sortir*
4. S'il avait fallu, ____________. *servir – démentir*
5. Si cela en avait valu la peine, ____________. *parcourir – offrir*
6. Si vous nous aviez prévenus, ____________. *sortir – partir*

4 **Mettez les verbes proposés au conditionnel passé pour exprimer des regrets.**

1. Sans cet incident qui a gâché notre vie, nous ____________ (*réussir*) notre vie professionnelle et sentimentale, nous ____________ (*acquérir*) de la notoriété, nous ____________ (*cueillir*) les fruits de notre travail, nous ____________ (*être couvert*) d'honneurs et aujourd'hui nous serions heureux !
2. Avec un peu plus de persévérance, j'____________ (*finir*) ma thèse, je ____________ (*devenir*) professeur d'université, d'autres possibilités ____________ (*s'offrir*) à moi et peut-être que je ____________ (*partir*) en poste à l'étranger : quel dommage !

5 **Formulez des regrets comme dans l'exercice 4 en utilisant le conditionnel passé.**

____

____

Les verbes en *-RE*

• Le conditionnel passé se forme avec **avoir** ou **être** au **conditionnel présent** auquel on ajoute le **participe passé** du verbe à conjuguer.
• Le choix de l'auxiliaire et les règles de l'accord du participe passé sont les mêmes que pour le passé composé (voir pp. 60, 74 et 78).

■ DIRE

j'	aurais	dit
tu	aurais	dit
il/elle	aurait	dit
nous	aurions	dit
vous	auriez	dit
ils/elles	auraient	dit

Et :
conduire : *j'aurais conduit*
écrire : *j'aurais écrit*
distraire : *j'aurais distrait*
rire : *j'aurais ri*

■ CROIRE

j'	aurais	cru
tu	aurais	cru
il/elle	aurait	cru
nous	aurions	cru
vous	auriez	cru
ils/elles	auraient	cru

Et :
boire : *j'aurais bu*
plaire : *j'aurais plu*
lire : *j'aurais lu*

■ S'INSCRIRE

je	me serais	inscrit(e)
tu	te serais	inscrit(e)
il/elle	se serait	inscrit(e)
nous	nous serions	inscrit(e)s
vous	vous seriez	inscrit(e)(s)
ils/elles	se seraient	inscrit(e)s

Et :
se distraire : *je me serais distrait(e)*
se taire : *je me serais tu(e)*
se perdre : *je me serais perdu(e)*
se battre : *je me serais battu(e)*
se plaindre : *je me serais plaint(e)*

■ ATTENDRE

j'	aurais	attendu
tu	aurais	attendu
il/elle	aurait	attendu
nous	aurions	attendu
vous	auriez	attendu
ils/elles	auraient	attendu

Et :
répondre : *j'aurais répondu*
perdre : *j'aurais perdu*
coudre : *j'aurais cousu*
résoudre : *j'aurais résolu*
peindre : *j'aurais peint*
rejoindre : *j'aurais rejoint*
connaître : *j'aurais connu*
battre : *j'aurais battu*
croître : *j'aurais cru*
vivre : *j'aurais vécu*
conclure : *j'aurais conclu*
interrompre : *j'aurais interrompu*
convaincre : *j'aurais convaincu*

■ METTRE

j'	aurais	mis
tu	aurais	mis
il/elle	aurait	mis
nous	aurions	mis
vous	auriez	mis
ils/elles	auraient	mis

Et :
prendre : *j'aurais pris*
suivre : *j'aurais suivi*

■ NAÎTRE

je	serais	né(e)
tu	serais	né(e)
il/elle	serait	né(e)
nous	serions	né(e)s
vous	seriez	né(e)(s)
ils/elles	seraient	né(e)s

Et :
descendre : *je serais descendu(e)*

EXERCICES

1 Mettez ces informations au conditionnel passé pour exprimer une incertitude.

1. La BFL a entrepris une restructuration. ____________
2. L'actrice Gina Lolla a disparu de son domicile. ____________
3. Une explosion s'est produite dans les locaux du MSV. ____________
4. L'année dernière, le taux de chômage a atteint 12 %. ____________
5. Deux navigateurs se sont perdus dans le Pacifique. ____________
6. La police a poursuivi deux malfaiteurs sur l'autoroute. ____________

2 Conjuguez au passé composé, puis au conditionnel passé selon le modèle.

Prendre J'*ai pris* le train mais si j'avais su je *n'aurais pas pris le train.*

1. *attendre* Nous ____________ mais si nous avions su nous ____________.
2. *traduire* Il ____________ le texte, mais s'il avait su il ____________.
3. *répondre* Tu ____________ mais si tu avais su tu ____________ ?
4. *boire* Ils ____________ du whisky, mais s'ils avaient su ils ____________.

3 Complétez avec les verbes proposés au conditionnel passé.

1. Avec elle,
2. Si c'était vrai,
3. Faire un tel scandale !
4. Avec son uniforme,
5. Aller à l'opéra ?

a. *reconnaître :* vous ne l'____________ !
b. *croire :* Nous n'____________ cela de lui !
c. *plaire :* Cela m'____________ !
d. *se permettre :* Je ____________ une remarque !
e. *entendre :* on en ____________ parler !

4 Finissez les phrases au conditionnel passé avec le verbe qui convient.

descendre – comprendre – mettre – convaincre – s'inscrire – rire

1. Si on lui avait dit que c'était une soirée très habillée, elle ____________.
2. Si nous avions découvert ce cours de théâtre avant, nous ____________.
3. S'ils avaient su que le train ne s'arrêtait pas à cette gare, ils ____________.
4. Si tu avais vu cette scène, tu ____________.
5. S'il s'était exprimé plus clairement, je ____________.
6. Si vous aviez trouvé de bons arguments, vous ____________.

5 Si vous n'aviez pas appris le français, cela aurait-il changé votre vie ? Quelles expériences n'auriez-vous pas vécues ? Racontez.

Si je n'avais pas appris le français, ____________

____

____

Les verbes en *-OIR*

• Le conditionnel passé se forme avec **avoir** ou **être** au **conditionnel présent** auquel on ajoute le **participe passé** du verbe à conjuguer.
• Le choix de l'auxiliaire et les règles de l'accord du participe passé sont les mêmes que pour le passé composé (voir pp. 60, 74 et 78).

■ **POUVOIR**

j'	aurais	pu
tu	aurais	pu
il/elle	aurait	pu
nous	aurions	pu
vous	auriez	pu
ils/elles	auraient	pu

Et :
devoir : *j'aurais dû*
savoir : *j'aurais su*
valoir : *j'aurais valu*

■ **VOULOIR**

j'	aurais	voulu
tu	aurais	voulu
il/elle	aurait	voulu
nous	aurions	voulu
vous	auriez	voulu
ils/elles	auraient	voulu

■ **S'ASSEOIR**

je	me serais	assis(e)
tu	te serais	assis(e)
il/elle	se serait	assis(e)
nous	nous serions	assis(es)
vous	vous seriez	assis(e)(s)
ils/elles	se seraient	assis(es)

■ **FALLOIR :** il aurait fallu

■ **PLEUVOIR :** il aurait plu

■ **VOIR**

j'	aurais	vu
tu	aurais	vu
il/elle	aurait	vu
nous	aurions	vu
vous	auriez	vu
ils/elles	auraient	vu

■ **RECEVOIR**

j'	aurais	reçu
tu	aurais	reçu
il/elle	aurait	reçu
nous	aurions	reçu
vous	auriez	reçu
ils/elles	auraient	reçu

■ **S'APERCEVOIR**

je	me serais	aperçu(e)
tu	te serais	aperçu(e)
il/elle	se serait	aperçu(e)
nous	nous serions	aperçu(e)s
vous	vous seriez	aperçu(e)(s)
ils/elles	se seraient	aperçu(e)s

Et :
s'émouvoir : *je me serais ému(e)...*

EXERCICES

1 Conjuguez au conditionnel passé.

1. *pouvoir* – Tu ____________ t'habiller mieux ! – C'est vrai, je ____________ le faire.
2. *devoir* – Vous ____________ y penser plus tôt ! – En effet, nous ____________.
3. *vouloir* – Ils ____________ être consultés ! – Mois aussi, je ____________ l'être.
4. *valoir* – Il ________ mieux ________ rester ici ! – Cela en ____________ la peine.
5. *falloir* – Il ____________ leur expliquer pourquoi ! – Oui, il ____________ préciser.

2 Finissez les phrases au conditionnel passé avec le verbe qui convient.

falloir – s'apercevoir – recevoir – vouloir – se revoir

1. Si le destin l'avait voulu, nous ____________.
2. S'ils avaient gagné au Loto, ils ____________.
3. Si on t'avait volé de l'argent, tu ____________.
4. Si la voiture n'avait pas démarré, il ____________.
5. Si tes parents ne l'avaient pas forcé à être avocat, il ____________ ?

3 Exprimez des reproches ou des regrets au conditionnel passé.

1. Vous les avez vexés. *ne pas devoir :* Vous ____________.
2. Tu n'as pas payé la facture *pouvoir :* Tu ____________.
3. On n'a pas prévenu Alex. *devoir :* Nous ____________.
4. Je n'ai pas skié cette année. *vouloir :* J' ____________.
5. Elle a peint la pièce en bleu. *mieux valoir :* Il ____________.

4 Complétez ce récit au conditionnel passé.

Si grand-père était encore vivant, cela ____________ (*valoir*) la peine de se réunir. Voir ses douze petits-enfants l'____________ (*émouvoir*) aux larmes. Il ____________ (*s'asseoir*) dans son vieux fauteuil et nous tous l'____________ (*voir*) et ____________ (*pouvoir*) lui parler. Avec son humour et son intelligence, il n' ____________ (*décevoir*) personne ! On ____________ (*prévoir*) une séance de photos. Ainsi tout le monde ____________ (*recevoir*) un souvenir de cette journée.

5 Exprimez des regrets sur les événements passés de votre vie familiale ou professionnelle, ou des événements d'actualité, en utilisant les verbes « pouvoir », « vouloir », « devoir » et « falloir » au conditionnel passé.

J'aurais voulu… ____________

____

____

12 LE SUBJONCTIF PRÉSENT

Les verbes *ÊTRE*, *AVOIR*, *POUVOIR*, *SAVOIR*, *FAIRE* et *FALLOIR*

SUBJONCTIFS IRRÉGULIERS

■ ÊTRE

que	je	sois
que	tu	sois
qu'	il/elle	soit
que	nous	soyons
que	vous	soyez
qu'	ils/elles	soient

■ AVOIR

que	j'	aie
que	tu	aies
qu'	il/elle	ait
que	nous	ayons
que	vous	ayez
qu'	ils/elles	aient

♪ **Sois**, **soit**, **soient** se prononcent de la même façon : [swa].

♪ **Aie**, **aies**, **ait**, **aient** se prononcent de la même façon : [ɛ].

♪ La liaison est obligatoire dans :
que nous‿ayons, que vous‿ayez, qu'ils‿aient, qu'elles‿aient.
[z] [z] [z] [z]

■ POUVOIR

que	je	puisse
que	tu	puisses
qu'	il/elle	puisse
que	nous	puissions
que	vous	puissiez
qu'	ils/elles	puissent

■ SAVOIR

que	je	sache
que	tu	saches
qu'	il/elle	sache
que	nous	sachions
que	vous	sachiez
qu'	ils/elles	sachent

■ FAIRE

que	je	fasse
que	tu	fasses
qu'	il/elle	fasse
que	nous	fassions
que	vous	fassiez
qu'	ils/elles	fassent

■ FALLOIR

qu'il faille

 Pour les verbes **pouvoir**, **savoir** et **faire**, les terminaisons sont celles du présent du subjonctif régulier : ***-e, -es, -e, -ions, -iez, -ent*** (voir p. 162).

EXERCICES

1 Conjuguez au subjonctif présent.

1. *être* Il faut que je __________ à l'heure.
2. *avoir* Il faut que nous __________ le temps.
3. *faire* Il faut que vous __________ le repas.
4. *pouvoir* Il faut que tu __________ venir.
5. *savoir* Il faudra qu'elle le __________.
6. *avoir* Il faudra que je __________ sa réponse.
7. *être* Il faudra qu'il __________ prêt.
8. *pouvoir* Il faudra que nous __________ en parler.

2 Transformez en utilisant le subjonctif présent selon le modèle.

Soyez plus prudents ! → *Il faut que vous soyez plus prudents.*

1. Soyez persévérants ! __________
2. Aie la patience de les écouter ! __________
3. Faisons-leur confiance ! __________
4. Sachez le comprendre ! __________
5. Sois plus tolérant ! __________
6. Fais ta valise ce soir ! __________
7. Ayez toujours une pièce d'identité avec vous ! __________
8. Sachons les écouter ! __________
9. Soyons vigilants ! __________

3 Complétez cette carte en conjuguant « être » ou « avoir » au subjonctif présent.

Pour le Premier de l'An, tante Jeanne nous a envoyé une carte avec des vœux pour chacun de nous :

- que Daniel __________ le premier de sa classe et qu'il __________ le bac.
- que Marie __________ un amoureux gentil et qu'elle __________ épanouie.
- que maman __________ en bonne forme et qu'elle __________ moins de soucis.
- que grand-père n'__________ plus mal au dos et qu'il ne __________ plus fatigué.
- que Philippe __________ plus raisonnable et qu'il __________ de bons amis.
- que les affaires de papa __________ prospères et qu'il __________ satisfait.
- enfin, que nous __________ tous très heureux et que nous __________ le temps d'aller la voir.

4 Faites des souhaits pour préserver notre planète.

Que les gens soient plus conscients des problèmes écologiques.

____
____
____
____

Les verbes *ALLER*, *VOULOIR*, *VENIR* et *DEVOIR*

SUBJONCTIFS SEMI-RÉGULIERS

• Aux deux premières personnes du pluriel (*nous* et *vous*), ces verbes ont un présent du subjonctif **régulier** qui est identique à l'imparfait de l'indicatif.
• Pour les autres personnes (*je, tu, il/elle, ils/elles*), le radical est **irrégulier**.
• Les terminaisons sont : ***-e, -es, -e, -ions, -iez, -ent***.

ALLER

que j' aille
que tu ailles
qu' il/elle aille
que nous allions
que vous alliez
qu' ils/elles aillent

Et :
s'en aller : *que je m'en aille, que nous nous en allions*

VOULOIR

que je veuille
que tu veuilles
qu' il/elle veuille
que nous voulions
que vous vouliez
qu' ils/elles veuillent

SUBJONCTIFS RÉGULIERS

Ces verbes ont un subjonctif régulier :
• Les trois premières personnes du singulier et la 3e personne du pluriel (*je, tu, il/elle, ils/elles*) sont formées sur le radical de la 3e personne du pluriel du présent de l'indicatif (*ils/elles*) auquel on ajoute les terminaisons ***-e, -es, -e, -ent***.
Exemple : venir → ils **vienn**-ent → que je **vienne**, que tu **viennes**, qu'il **vienne**, qu'ils **viennent**.
• Aux deux premières personnes du pluriel (*nous* et *vous*), le présent du subjonctif est identique à l'imparfait de l'indicatif.
Exemple : que nous **venions**, que vous **veniez**.

VENIR

que je vienne
que tu viennes
qu' il/elle vienne
que nous venions
que vous veniez
qu' ils/elles viennent

DEVOIR

que je doive
que tu doives
qu' il/elle doive
que nous devions
que vous deviez
qu' ils/elles doivent

EXERCICES

1 Conjuguez au subjonctif présent.

1. Il est possible que nous y _______________ (*aller*) et que Clara _______________ (*venir*) avec nous.
2. Il est peu probable que j'y _______________ (*aller*) et que Marc _______________ (*vouloir*) y aller seul.
3. Je ne pense pas que vous _______________ (*devoir*) payer maintenant.
4. Il est peu certain qu'ils _______________ (*vouloir*) prêter leur voiture.
5. Je ne crois pas que tu me _______________ (*devoir*) de l'argent.

2 Transformez en utilisant le subjonctif présent selon le modèle.

Si seulement tu venais avec nous ! → *J'aimerais tant que tu viennes avec nous !*

1. Si seulement elles voulaient nous suivre !

____

2. Si seulement elle voulait partir !

____

3. Si seulement ils s'en allaient !

____

4. Si seulement nous allions à New York !

____

5. Si seulement tu ne lui devais pas d'argent !

____

6. Si seulement ils venaient ce soir !

____

7. Si seulement elle n'y allait pas !

____

8. Si seulement elle revenait !

____

9. Si seulement ils voulaient sortir !

____

10. Si seulement elle ne devait pas voyager !

____

3 Complétez librement en conjuguant les verbes proposés au subjonctif présent.

1. Il fait trop froid pour que _______________________________ (*aller*).
2. Partez avant que _______________________________ (*revenir*).
3. J'irai à condition que _______________________________ (*venir*).
4. C'est agaçant que _______________________________ (*vouloir*).
5. Nous sommes heureux que _______________________________ (*devenir*).
6. Elle n'aimerait pas que _______________________________ (*s'en aller*).

4 Finissez les phrases avec des verbes au subjonctif présent.

1. L'idéal, c'est que _______________________________.
2. Le mieux, c'est que _______________________________.
3. Le pire serait que _______________________________.
4. Son idée, c'est que _______________________________.
5. Leur crainte, c'est que _______________________________.
6. Son rêve, c'est que _______________________________.

Les verbes en *-ER*

Ces verbes ont un subjonctif **régulier** :

• Les trois premières personnes du singulier et la 3e personne du pluriel (*je, tu, il/elle, ils/elles*) sont formées sur le radical de la 3e personne du pluriel du présent de l'indicatif (*ils/elles*) auquel on ajoute les terminaisons ***-e, -es, -e, -ent***.

Exemple : appeler → ils **appell**-ent → que j'**appelle**, que tu **appelles**, qu'il **appelle**, qu'ils **appellent**.

• Aux deux premières personnes du pluriel (*nous* et *vous*), le présent du subjonctif est identique à l'imparfait de l'indicatif.

Exemple : que nous **appelions**, que vous **appeliez**.

■ PARLER

que	je	parle
que	tu	parles
qu'	il/elle	parle
que	nous	parlions
que	vous	parliez
qu'	ils/elles	parlent

Et :

oublier : *que j'oublie, que nous oubliions*
continuer : *que je continue, que nous continuions*
jouer : *que je joue, que nous jouions*
créer : *que je crée, que nous créions*
travailler : *que je travaille, que nous travaillions*
manger : *que je mange, que nous mangions*
commencer : *que je commence, que nous commencions*
payer : *que je paye/paie, que nous payions*
employer : *que j'emploie, que nous employions*
jeter : *que je jette, que nous jetions*
acheter : *que j'achète, que nous achetions*
congeler : *que je congèle, que nous congelions*
lever : *que je lève, que nous levions*
peser : *que je pèse, que nous pesions*
semer : *que je sème, que nous semions*
espérer : *que j'espère, que nous espérions*

■ SE DÉPÊCHER

que	je	me dépêche
que	tu	te dépêches
qu'	il/elle	se dépêche
que	nous	nous dépêchions
que	vous	vous dépêchiez
qu'	ils/elles	se dépêchent

⚠ Notez les 2 « i » pour les verbes en ***-ier*** : *que nous étudiions, que vous remerciiez…*

■ APPELER

que	j'	appelle
que	tu	appelles
qu'	il/elle	appelle
que	nous	appelions
que	vous	appeliez
qu'	ils/elles	appellent

■ SE PROMENER

que	je	me promène
que	tu	te promènes
qu'	il/elle	se promène
que	nous	nous promenions
que	vous	vous promeniez
qu'	ils/elles	se promènent

EXERCICES

1 **Conjuguez au présent et à l'imparfait de l'indicatif, puis au subjonctif présent.**

	aimer	*crier*	*acheter*
présent :	ils ______	elles ______	ils ______
imparfait :	nous ______	nous ______	nous ______
subjonctif :	que tu ______	que je ______	qu'il ______
	que vous ______	que nous ______	que vous ______

2 **Reprenez le même verbe et conjuguez-le au subjonctif présent selon le modèle.**

Ils étudient très bien ; j'aimerais que tu *étudies* aussi bien qu'eux.

1. Elle travaille tard le soir ; il faudrait que vous ______ aussi.
2. Ils emploient une femme de ménage ; il faudrait que nous en ______ une aussi.
3. Je m'ennuie un peu ici ; je souhaite que vous ne vous y ______ pas autant que moi.
4. Nous utilisons Internet tous les jours ; il serait plus efficace qu'ils l'______ également.
5. Elles s'appellent par leur prénom ; j'aimerais bien aussi que nous ______ par notre prénom.
6. Ils se déplacent en métro ; il faudra que nous ______ aussi en métro.
7. Elles remercient leur professeur ; il serait bien que vous ______ les vôtres.

3 **Transformez selon le modèle.**

Il faudra tourner à gauche. Il faudra que vous *tourniez à gauche.*

1. Il faut continuer de lire jusqu'à la page 134. Il faut que vous ______.
2. Il est nécessaire d'acheter un dictionnaire. Il est nécessaire que tu ______.
3. Il est indispensable de changer les freins. Il est indispensable que vous ______.
4. Est-ce qu'il faut jeter ces vieux documents ? Est-ce qu'il faut que je ______ ?
5. Ce serait bien de la remercier. Ce serait bien que nous ______.
6. Il faudra emmener Peter et Tania dans ce restaurant. Il faudra que vous ______.
7. Faut-il essayer maintenant ? Faut-il que nous ______ ?
8. Il est impératif de créer un nouveau programme. Il est impératif que vous ______.
9. Il est essentiel de la rappeler dès demain. Il est essentiel que tu ______.

4 **Écrivez un petit texte pour dire ce que vous aimeriez changer dans vos rapports avec les autres : famille, amis, collègues, etc.**

J'aimerais que ______

Les verbes en *-IR*

Ces verbes ont un subjonctif **régulier** :

• Les trois premières personnes du singulier et la 3e personne du pluriel (*je, tu, il/elle, ils/elles*) sont formées sur le radical de la 3e personne du pluriel du présent de l'indicatif (*ils/elles*) auquel on ajoute les terminaisons ***-e, -es, -e, -ent***.

Exemple : finir → ils **finiss**-ent → que je **finisse**, que tu **finisses**, qu'il **finisse**, qu'ils **finissent**.

• Aux deux premières personnes du pluriel (*nous* et *vous*), le présent du subjonctif est identique à l'imparfait de l'indicatif.

Exemple : que nous **finissions**, que vous **finissiez**.

■ FINIR

que	je	finisse
que	tu	finisses
qu'	il/elle	finisse
que	nous	finissions
que	vous	finissiez
qu'	ils/elles	finissent

■ SE SOUVENIR

que	je	me souvienne
que	tu	te souviennes
qu'	il/elle	se souvienne
que	nous	nous souvenions
que	vous	vous souveniez
qu'	ils/elles	se souviennent

Et :
haïr : *que je haïsse, que nous haïssions*
s'enrichir : *que je m'enrichisse, que nous nous enrichissions*

■ OUVRIR

que	j'	ouvre
que	tu	ouvres
qu'	il/elle	ouvre
que	nous	ouvrions
que	vous	ouvriez
qu'	ils/elles	ouvrent

■ PARTIR

que	je	parte
que	tu	partes
qu'	il/elle	parte
que	nous	partions
que	vous	partiez
qu'	ils/elles	partent

■ (SE) SERVIR

que	je	(me) serve
que	tu	(te) serves
qu'	il/elle	(se) serve
que	nous	(nous) servions
que	vous	(vous) serviez
qu'	ils/elles	(se) servent

Et :
cueillir : *que je cueille, que nous cueillions*
courir : *que je coure, que nous courions*
dormir : *que je dorme, que nous dormions*
acquérir : *que j'acquière, que nous acquérions*
tenir : *que je tienne, que nous tenions*
mourir : *que je meure, que nous mourions*
fuir : *que je fuie, que nous fuyions*

EXERCICES

1 **Conjuguez au présent et à l'imparfait de l'indicatif, puis transformez au subjonctif présent.**

	agrandir	*accueillir*	*dormir*
présent :	Ils ____________ la photo.	Ils ____________ les invités.	Ils ____________ bien.
imparfait :	Nous ____________	Nous ____________	Nous ____________
subjonctif :	Que tu ____________	Que je ____________	Qu'il ____________
	Que nous ____________	Que vous ____________	Que vous ____________

2 **Finissez les phrases au subjonctif présent.**

1. *ouvrir* Il fait trop chaud ici, il faut que je ____________________.
2. *courir* Il n'y a plus de pain, il faut que tu ____________________.
3. *partir* Nous allons être en retard, il faut que nous ____________________.
4. *se servir* Cela va refroidir, il faut que vous ____________________.
5. *choisir* Alors, quelle couleur préfères-tu ? Il faut qu'on ____________________.
6. *prévenir* Il est malade, il faut qu'il ____________________.

3 **Exprimez vos sentiments en conjuguant les verbes soulignés au subjonctif.**
Je suis choqué(e), content(e), surpris(e) que..., cela me fait plaisir que..., c'est dommage que..., etc.

1. Ils ne lui offrent pas de cadeaux pour Noël... ____________________
2. Elle ne viendra pas le voir à l'hôpital... ____________________
3. Il vieillit mal... ____________________
4. Nous reviendrons souvent te voir... ____________________
5. Je me sers de la théière que tu m'as offerte... ____________________

4 **Transformez ce commentaire au subjonctif présent.**

Objectif des exercices :
Sentir la différence entre les types de verbes, parvenir à les conjuguer correctement, enrichir son vocabulaire, élargir ses possibilités d'expression, acquérir une certaine aisance dans la langue, obtenir de meilleures notes aux examens, devenir maître dans l'art de conjuguer, réussir à mieux parler français...

Nécessité :
Souffrir un peu, mais se souvenir que les efforts sont récompensés !

Ces exercices sont faits pour que vous ____________________
____
____
____

Pour cela, il faut que vous ____________________

Les verbes en *-RE*

Ces verbes ont un subjonctif **régulier** :

• Les trois premières personnes du singulier et la 3e personne du pluriel (*je, tu, il/elle, ils/elles*) sont formées sur le radical de la 3e personne du pluriel du présent de l'indicatif (*ils/elles*) auquel on ajoute les terminaisons ***-e, -es, -e, -ent***.

Exemple : prendre → ils **prenn**-ent → que je **prenne**, que tu **prennes**, qu'il **prenne**, qu'ils **prennent**.

• Aux deux premières personnes du pluriel (*nous* et *vous*), le présent du subjonctif est identique à l'imparfait de l'indicatif.

Exemple : que nous **prenions**, que vous **preniez**.

■ RIRE			■ DIRE			■ (S') INSCRIRE		
que	je	rie	que	je	dise	que	je	(m')inscrive
que	tu	ries	que	tu	dises	que	tu	(t')inscrives
qu'	il/elle	rie	qu'	il/elle	dise	qu'	il/elle	(s')inscrive
que	nous	riions	que	nous	disions	que	nous	(nous) inscrivions
que	vous	riiez	que	vous	disiez	que	vous	(vous) inscriviez
qu'	ils/elles	rient	qu'	ils/elles	disent	qu'	ils/elles	(s')inscrivent

Et :

conduire : *que je conduise, que nous conduisions*

lire : *que je lise, que nous lisions*

écrire : *que j'écrive, que nous écrivions*

 Notez les deux « i » aux 2 personnes du pluriel du verbe **rire**.

■ PRENDRE			■ PEINDRE			■ (SE) PERDRE		
que	je	prenne	que	je	peigne	que	je	(me) perde
que	tu	prennes	que	tu	peignes	que	tu	(te) perdes
qu'	il/elle	prenne	qu'	il/elle	peigne	qu'	il/elle	(se) perde
que	nous	prenions	que	nous	peignions	que	nous	(nous) perdions
que	vous	preniez	que	vous	peigniez	que	vous	(vous) perdiez
qu'	ils/elles	prennent	qu'	ils/elles	peignent	qu'	ils/elles	(se) perdent

Et :

attendre : *que j'attende, que nous attendions*

répondre : *que je réponde, que nous répondions*

(se) plaindre : *que je (me) plaigne, que nous (nous) plaignions*

rejoindre : *que je rejoigne, que nous rejoignions*

résoudre : *que je résolve, que nous résolvions*

EXERCICES

1 **Conjuguez au présent de l'indicatif, puis au présent du subjonctif.**

dire Ils __________ qu'elle n'est pas qualifiée. C'est bizarre qu'on ____________________.
ne pas lire Ils ______________. C'est dommage que tu ____________________.
entendre Ils ______________ circuler des rumeurs. Je suis surprise que tu ____________________.
ne pas répondre Ils ______________. Il vaut mieux que je ____________________.

2 **Conjuguez à l'imparfait de l'indicatif, puis au présent du subjonctif.**

craindre Nous ______________ de perdre notre travail. C'est triste que vous ____________________.
conduire Nous ______________ trop vite. J'ai peur que vous ____________________.
prendre Nous ______________ trois semaines de vacances. C'est bien que vous ____________________.
interdire Nous ______________ l'entrée. Il est furieux que nous ____________________.

3 **Complétez au subjonctif présent selon le modèle.**

L'optimiste	***Le sceptique***
Je suis sûr…	Je ne pense pas…
1. qu'elle comprend la situation	*qu'elle comprenne la situation.*
2. qu'elles vont rire de bon cœur.	____________________
3. qu'on construira un centre culturel.	____________________
4. qu'il écrit un superbe roman.	____________________
5. que cela va lui plaire.	____________________
6. qu'ils défendent nos intérêts.	____________________
7. que tu vas te joindre à nous.	____________________
8. que vous résoudrez le problème.	____________________

4 **Complétez au subjonctif présent.**

Il est utile que tu __________ à utiliser un distributeur automatique : il suffit que tu __________ ta carte bancaire dans la fente et que tu __________ jusqu'à ce que la machine te __________ de taper ton code secret. Une fois le code tapé, il faut que tu __________ une somme. Juste avant que l'argent __________ , il est important que tu __________ vite ta carte pour qu'elle __________ avalée par la machine… Et bien sûr, il faut que tu __________ les billets…

apprendre
introduire – attendre
dire
choisir – sortir
reprendre – ne pas être
prendre

5 **Expliquez à des amis comment utiliser votre cafetière, votre machine à laver, votre chaîne stéréo ou un autre appareil électrique.**

____

____

■ CROIRE

que	je	croie
que	tu	croies
qu'	il/elle	croie
que	nous	croyions
que	vous	croyiez
qu'	ils/elles	croient

■ BOIRE

que	je	boive
que	tu	boives
qu'	il/elle	boive
que	nous	buvions
que	vous	buviez
qu'	ils/elles	boivent

Et :
plaire : *que je plaise, que nous plaisions*
soustraire : *que je soustraie, que nous soustrayions*
se distraire : *que je me distraie, que nous nous distrayons*

■ METTRE

que	je	mette
que	tu	mettes
qu'	il/elle	mette
que	nous	mettions
que	vous	mettiez
qu'	ils/elles	mettent

■ CONNAÎTRE

que	je	connaisse
que	tu	connaisses
qu'	il/elle	connaisse
que	nous	connaissions
que	vous	connaissiez
qu'	ils/elles	connaissent

Et :
(se) battre : *que je (me) batte, que nous (nous) battions*
naître : *que je naisse, que nous naissions*
croître : *que je croisse, que nous croissions*
conclure : *que je conclue, que nous concluions*
interrompre : *que j'interrompe, que nous interrompions*
convaincre : *que je convainque, que nous convainquions*

■ VIVRE

que	je	vive
que	tu	vives
qu'	il/elle	vive
que	nous	vivions
que	vous	viviez
qu'	ils/elles	vivent

Et :
suivre : *que je suive, que nous suivions*

■ (SE) TAIRE

que	je	(me) taise
que	tu	(te) taises
qu'	il/elle	(se) taise
que	nous	(nous) taisions
que	vous	(vous) taisiez
qu'	ils/elles	(se) taisent

EXERCICES

1 **Conjuguez aux temps indiqués.**

	Indicatif présent	Indicatif imparfait	Subjonctif présent *J'aimerais tant qu(e)...*
croire	ils ______	nous ______	tu me ______ / vous me ______
plaire	ils ______	nous ______	elle lui ______ / vous lui ______
connaître	ils ______	nous ______	il la ______ / vous la ______
vivre	ils ______	nous ______	elle ______ en paix / vous ______ en paix

2 **Transformez les infinitifs en subjonctifs présents.**

1. Il est temps de conclure. — Il est temps que vous ______.
2. Il ne faut plus m'interrompre. — Il ne faut plus que tu ______.
3. Il est important de poursuivre ses études. — Il est important qu'ils ______.
4. C'est magnifique de vivre un grand amour ! — C'est magnifique qu'elle ______ !
5. Il est essentiel de le convaincre. — Il est essentiel que nous ______.
6. Il est urgent de transmettre ce message. — Il est urgent que je ______.

3 **Conjuguez les verbes au subjonctif présent et reliez les éléments.**

1. Je ne veux plus les voir.
2. Il perturbe la classe.
3. Elle ne veut pas porter de robe.
4. Il n'y a plus de jus de fruit.
5. Il ne dit que des bêtises.
6. Il ne sait pas faire marcher la machine.

a. *se taire :* Qu'il ______ !
b. *boire :* Qu'ils ______ de l'eau !
c. *suivre :* Qu'il ______ le mode d'emploi !
d. *disparaître :* Qu'elles ______ !
e. *mettre :* Qu'elle ______ un pantalon !
f. *exclure :* Qu'on l' ______ du cours !

4 **Transformez les phrases selon le modèle.**

Elle réussira à garder son poste si elle se bat.
→ *Elle réussira à garder son poste à condition qu'elle se batte.*

1. Nous lui pardonnerons s'il promet de ne plus recommencer.

______

2. Je veux bien discuter avec vous si vous reconnaissez vos erreurs.

______

3. Elles iront à cette soirée si on leur permet de sortir.

______

4. Ils pourront venir nous voir en avril si le bébé ne naît pas avant la date prévue.

______

Les verbes en *-OIR*

SUBJONCTIFS RÉGULIERS

Ces verbes ont un subjonctif **régulier** :
• Les trois premières personnes du singulier et la 3e personne du pluriel (*je, tu, il/elle, ils/elles*) sont formées sur le radical de la 3e personne du pluriel du présent de l'indicatif (*ils /elles*) auquel on ajoute les terminaisons ***-e, -es, -e, -ent***.
Exemple : recevoir → ils **reçoiv**-ent → que je **reçoive**, que tu **reçoives**, qu'il **reçoive**, qu'ils **reçoivent**.
• Aux deux premières personnes du pluriel (*nous* et *vous*), le présent du subjonctif est identique à l'imparfait de l'indicatif.
Exemple : que nous **recevions**, que vous **receviez**.

■ **PLEUVOIR** : qu'il pleuve

■ **VOIR**

que	je	voie
que	tu	voies
qu'	il/elle	voie
que	nous	voyions
que	vous	voyiez
qu'	ils/elles	voient

■ **S'ASSEOIR (2 conjugaisons possibles)**

que	je	m'assoie	que	je	m'asseye
que	tu	t'assoies	que	tu	t'asseyes
qu'	il/elle	s'assoie	qu'	il/elle	s'asseye
que	nous	nous assoyions	que	nous nous	asseyions
que	vous	vous assoyiez	que	vous vous	asseyiez
qu'	ils/elles	s'assoient	qu'	ils/elles	s'asseyent

■ **RECEVOIR**

que	je	reçoive
que	tu	reçoives
qu'	il/elle	reçoive
que	nous	recevions
que	vous	receviez
qu'	ils/elles	reçoivent

■ **(S')APERCEVOIR**

que	je	(m')aperçoive
que	tu	(t')aperçoives
qu'	il/elle	(s')aperçoive
que	nous	(nous) apercevions
que	vous	(vous) aperceviez
qu'	ils/elles	(s')aperçoivent

Et :
(s')émouvoir : *que je (m')émeuve, que nous (nous) émouvions*

SUBJONCTIF SEMI-RÉGULIER

• Aux deux premières personnes du pluriel (*nous* et *vous*), le présent du subjonctif est identique à l'imparfait de l'indicatif.

■ **VALOIR**

que	je	vaille
que	tu	vailles
qu'	il/elle	vaille
que	nous	valions
que	vous	valiez
qu'	ils/elles	vaillent

EXERCICES

1 **Conjuguez aux temps indiqués.**

	revoir	*s'asseoir* (conjugaison de votre choix)	*recevoir*
indicatif présent :	ils ________	ils ________	ils ________
indicatif imparfait :	nous ________	nous ________	nous ________
subjonctif présent :	que je ________	que vous ________	que tu ________
	que vous ________	que tu ________	que nous ________

2 **Transformez les futurs en subjonctifs présents.**

J'ai peur qu(e)…

1. Vous recevrez le paquet trop tard. — vous ________________
2. Elle décevra son employeur. — elle ________________
3. On ne verra plus Ivan. — on ________________
4. Ils ne se reverront plus jamais. — ils ________________
5. Il ne s'apercevra pas de son erreur. — il ________________

3 **Complétez au subjonctif présent.**

– Ce serait bien que nous ________________ tous, le lundi de Pâques. Il faudrait que nous ________________ organiser un grand pique-nique… à moins qu'il ____________ évidemment !
– D'accord pour le pique-nique… Je ne pense pas qu'il ______________ lancer une invitation formelle, mais il faut quand même que nous ______________ le nombre de personnes à inviter.

se voir
pouvoir
pleuvoir
falloir
prévoir

4 **Exprimez un jugement, en employant le subjonctif présent selon le modèle.**

Dans ce pays, toutes les personnes âgées perçoivent une pension.
→ *C'est bien que toutes les personnes âgées perçoivent une pension.*

1. On prévoit une population mondiale de 7 milliards d'hommes d'ici une dizaine d'années.

____

2. Un tableau de Van Gogh vaut au moins 3 millions d'euros.

____

3. On reçoit plus d'informations par Internet que par la presse écrite.

____

4. On s'aperçoit que la couche d'ozone se détériore de plus en plus.

____

5 **Exprimez vos craintes pour le futur.**

13 LE SUBJONCTIF PASSÉ

• Le subjonctif passé se forme avec l'auxiliaire **avoir** ou **être** au présent du subjonctif auquel on ajoute **le participe passé** du verbe à conjuguer.
• Le choix de l'auxiliaire et les règles de l'accord du participe passé sont les mêmes que pour le passé composé (voir pp. 60, 74 et 78).

Les verbes *ÊTRE*, *AVOIR*, *FAIRE*, *ALLER*, *VENIR* et les verbes en *-ER*

■ ÊTRE

que	j'	aie	été
que	tu	aies	été
qu'	il/elle	ait	été
que	nous	ayons	été
que	vous	ayez	été
qu'	ils/elles	aient	été

■ AVOIR

que	j'	aie	eu
que	tu	aies	eu
qu'	il/elle	ait	eu
que	nous	ayons	eu
que	vous	ayez	eu
qu'	ils/elles	aient	eu

■ FAIRE

que	j'	aie	fait
que	tu	aies	fait
qu'	il/elle	ait	fait
que	nous	ayons	fait
que	vous	ayez	fait
qu'	ils/elles	aient	fait

■ ALLER

que	je	sois	allé(e)
que	tu	sois	allé(e)
qu'	il/elle	soit	allé(e)
que	nous	soyons	allé(e)s
que	vous	soyez	allé(e)(s)
qu'	ils/elles	soient	allé(e)s

■ VENIR

que	je	sois	venu(e)
que	tu	sois	venu(e)
qu'	il/elle	soit	venu(e)
que	nous	soyons	venu(e)s
que	vous	soyez	venu(e)(s)
qu'	ils/elles	soient	venu(e)s

■ PARLER

que	j'	aie	parlé
que	tu	aies	parlé
qu'	il/elle	ait	parlé
que	nous	ayons	parlé
que	vous	ayez	parlé
qu'	ils/elles	aient	parlé

■ SE DÉPÊCHER

que	je	me sois	dépêché(e)
que	tu	te sois	dépêché(e)
qu'	il/elle	se soit	dépêché(e)
que	nous	nous soyons	dépêché(e)s
que	vous	vous soyez	dépêché(e)(s)
qu'	ils/elles	se soient	dépêché(e)s

Et :
oublier : *que j'aie oublié*
continuer : *que j'aie continué*
jouer : *que j'aie joué*
créer : *que j'aie créé*
appeler : *que j'aie appelé*
jeter : *que j'aie jeté*
payer : *que j'aie payé*
acheter : *que j'aie acheté*
espérer : *que j'aie espéré*

Et :
se promener : *que je me sois promené(e)*
s'ennuyer : *que je me sois ennuyé(e)*

EXERCICES

1 Transformez au subjonctif passé.

1. Il n'a pas eu de chance. C'est dommage qu'il ______________________________.
2. Elle a été malade. C'est triste qu'elle ______________________________.
3. Ils n'ont pas eu envie de sortir. C'est étonnant qu'ils ______________________________.
4. Elles ne sont pas venues à la réception. C'est bizarre qu'elles ______________________________.
5. Il est parti à deux heures du matin sous la pluie. Ce n'est pas prudent qu'il______________________________.
6. Elle a oublié son rendez-vous. C'est décevant qu'elle ______________________________.

2 Mettez les verbes proposés au subjonctif passé.

1. Quel dommage que vous ______________________________ ! (*ne pas entrer*)
2. Quelle insouciance que tu ______________________________ tes clés ! (*oublier*)
3. Quelle irresponsabilité qu'il ______________________________ son loyer ! (*ne pas payer*)
4. Quelle bêtise qu'elle ______________________________ ses études ! (*arrêter*)
5. Quel gâchis que vous ______________________________ ces livres ! (*jeter*)

3 Exprimez l'antériorité en mettant les verbes proposés au subjonctif passé.

1. Je suis content que vous ____________________. (*venir*)
2. Mes parents sont fâchés que je ____________________ en cours. (*ne pas aller*)
3. Je n'accepte pas que tu ____________________ comme cela à ta grand-mère hier. (*parler*)
4. À la fin de la journée, il faudra qu'elle ____________________ toutes les personnes de la liste. (*contacter*)
5. Nous ne servirons pas le repas avant que tous les invités ____________________. (*arriver*)
6. Où qu'il ____________________, il aurait dû nous prévenir. (*aller*)
7. J'attendrai jusqu'à ce qu'elle ____________________ la lettre. (*signer*)

4 Créez un texte avec des verbes au subjonctif passé pour exprimer des incidents possibles.

1. Vous attendiez des amis à 20 h chez vous. À 22 h, ils ne sont pas arrivés. Qu'est-ce qui a bien pu se passer ?

Il est possible que ____

____

____

____

2. Vous rentrez chez vous après la journée de travail. Vous trouvez la cuisine et le salon très en désordre, sales. Qu'est-ce qui a bien pu se passer ?

Il est possible que ____

____

____

____

Les verbes en *-IR*

• Le subjonctif passé se forme avec l'auxiliaire **avoir** ou **être** au présent du subjonctif auquel on ajoute **le participe passé** du verbe à conjuguer.
• Le choix de l'auxiliaire et les règles de l'accord du participe passé sont les mêmes que pour le passé composé (voir pp. 60, 74 et 78).

■ FINIR

que	j'	aie	fini
que	tu	aies	fini
qu'	il/elle	ait	fini
que	nous	ayons	fini
que	vous	ayez	fini
qu'	ils/elles	aient	fini

Et :
haïr : *que j'aie haï*

■ SE SOUVENIR

que	je	me sois	souvenu(e)
que	tu	te sois	souvenu(e)
qu'	il/elle	se soit	souvenu(e)
que	nous	nous soyons	souvenu(e)s
que	vous	vous soyez	souvenu(e)(s)
qu'	ils/elles	se soient	souvenu(e)s

Et :
s'enrichir : *que je me sois enrichi(e)*
se servir : *que je me sois servi(e)*
s'enfuir : *que je me sois enfui(e)*
s'évanouir : *que je me sois évanoui(e)*

■ DORMIR

que	j'	aie	dormi
que	tu	aies	dormi
qu'	il/elle	ait	dormi
que	nous	ayons	dormi
que	vous	ayez	dormi
qu'	ils/elles	aient	dormi

Et :
cueillir : *que j'aie cueilli*
fuir : *que j'aie fui*
courir : *que j'aie couru*
tenir : *que j'aie tenu*
acquérir : *que j'aie acquis*

■ OUVRIR

que	j'	aie	ouvert
que	tu	aies	ouvert
qu'	il/elle	ait	ouvert
que	nous	ayons	ouvert
que	vous	ayez	ouvert
qu'	ils/elles	aient	ouvert

Et :
offrir : *que j'aie offert*
couvrir : *que j'aie couvert*
découvrir : *que j'aie découvert*
souffrir : *que j'aie souffert*

■ PARTIR

que	je	sois	parti(e)
que	tu	sois	parti(e)
qu'	il/elle	soit	parti(e)
que	nous	soyons	parti(e)s
que	vous	soyez	parti(e)(s)
qu'	ils/elles	soient	parti(e)s

Et :
sortir : *que je sois sorti(e)*
devenir : *que je sois devenu(e)*
mourir : *que je sois mort(e)*

1 **Transformez au subjonctif passé.**

1. Il est sorti avant la fin du cours. C'est inadmissible qu'il ______________________.
2. Je me suis évanouie de peur. Je comprends que tu ______________________.
3. Vous êtes revenus à 6 h du matin. Ce n'est pas raisonnable que vous ______________________.
4. Ils se sont enrichis malhonnêtement. C'est scandaleux qu'ils ______________________.
5. Elle est morte loin de son pays natal. C'est bien triste qu'elle ______________________.
6. Nous avons parcouru 30 km à pied. C'est un exploit que nous ______________________.
7. Je me suis souvenu de son nom. C'est une chance que je ______________________.

2 **Transformez les phrases selon le modèle en variant les sujets.**

Le voyage se passera bien à condition d'avoir dormi deux heures avant de partir.
→ *Le voyage se passera bien à condition que j'aie dormi deux heures avant de partir.*

1. Ton dossier sera examiné à condition d'avoir fourni les pièces nécessaires.

____

2. On pourra écouter de la musique à condition d'avoir prévenu les voisins.

____

3. Ce sera une belle victoire pour nous à condition d'avoir recueilli au moins 30 % des voix.

____

4. Ce poste lui est accessible à condition d'avoir déjà acquis une expérience internationale.

____

3 **Complétez cette lettre au subjonctif passé (attention à l'accord du participe passé).**

Cher Marc,
Cela me fait très plaisir que tu m'______________ (*prévenir*). Quelle bonne nouvelle ! C'est merveilleux que tu ______________ (*réussir*) ton examen et que tu ______________ (*obtenir*) ton diplôme ! Je suis ravie que tes parents ______________ (*consentir*) à te laisser continuer tes études, qu'ils t'______________ (*soutenir*) et qu'ils t'______________ (*faire*) confiance. Ils doivent être fiers que tu ______________ (*devenir*) ingénieur ! Quel dommage que je ______________ (*ne pas venir*) te féliciter en personne ! Mais je te dis encore « Bravo ! » et t'embrasse affectueusement.

Tante Lise

4 **À partir des éléments donnés, écrivez une note de service d'un patron à sa secrétaire.**

Ton de la lettre : reproches. Motifs : arrivée au bureau à 10 h, sortie déjeuner à 11 h 30, retour déjeuner 13 h, courrier non ouvert, travail non fini, départ du bureau à 16 h.

Les verbes en *-RE*

• Le subjonctif passé se forme avec l'auxiliaire **avoir** ou **être** au présent du subjonctif auquel on ajoute **le participe passé** du verbe à conjuguer.
• Le choix de l'auxiliaire et les règles de l'accord du participe passé sont les mêmes que pour le passé composé (voir pp. 60, 74 et 78).

■ DIRE

que	j'	aie	dit
que	tu	aies	dit
qu'	il/elle	ait	dit
que	nous	ayons	dit
que	vous	ayez	dit
qu'	ils/elles	aient	dit

Et :
conduire : *que j'aie conduit*
écrire : *que j'aie écrit*
distraire : *que j'aie distrait*
rire : *j'aie ri*

■ CROIRE

que	j'	aie	cru
que	tu	aies	cru
qu'	il/elle	ait	cru
que	nous	ayons	cru
que	vous	ayez	cru
qu'	ils/elles	aient	cru

Et :
boire : *que j'aie bu*
plaire : *que j'aie plu*
lire : *que j'aie lu*

■ S'INSCRIRE

que	je	me sois	inscrit(e)
que	tu	te sois	inscrit(e)
qu'	il/elle	se soit	inscrit(e)
que	nous	nous soyons	inscrit(e)s
que	vous	vous soyez	inscrit(e)(s)
qu'	ils/elles	se soient	inscrit(e)s

Et :
se distraire : *que je me sois distrait(e)*
se taire : *que je me sois tu(e)*
se perdre : *que je me sois perdu(e)*
se battre : *que je me sois battu(e)*
se plaindre : *que je me sois plaint(e)*

■ ATTENDRE

que	j'	aie	attendu
que	tu	aies	attendu
qu'	il/elle	ait	attendu
que	nous	ayons	attendu
que	vous	ayez	attendu
qu'	ils/elles	aient	attendu

Et :
répondre : *que j'aie répondue*
perdre : *que j'aie perdu*
coudre : *que j'aie cousu*
résoudre : *que j'aie résolu*
peindre : *que j'aie peint*
rejoindre : *que j'aie rejoint*
connaître : *que j'aie connu*
battre : *que j'aie battu*
croître : *que j'aie crû*
vivre : *que j'aie vécu*
conclure : *que j'aie conclu*
interrompre : *que j'aie interrompu*
convaincre : *que j'aie convaincu*

■ METTRE

que	j'	aie	mis
que	tu	aies	mis
qu'	il/elle	ait	mis
que	nous	ayons	mis
que	vous	ayez	mis
qu'	ils/elles	aient	mis

Et :
prendre : *que j'aie pris*
suivre : *que j'aie suivi*

■ NAÎTRE

que	je	sois	né(e)
que	tu	sois	né(e)
qu'	il/elle	soit	né(e)
que	nous	soyons	né(e)s
que	vous	soyez	né(e)(s)
qu'	ils/elles	soient	né(e)s

Et :
descendre : *que je sois descendu(e)*

1 Exprimez vos doutes en utilisant le subjonctif passé.

1. Nous avons écrit ce discours et nous l'avons lu devant un millier de personnes.
   Je ne peux pas croire que vous ______________________ .
2. Ils nous ont dit d'entrer et nous ont permis de nous asseoir ici.
   Cela m'étonnerait qu'ils ______________________ .
3. Elle leur a prédit l'avenir et ils l'ont crue.
   Ce n'est pas possible qu'elle ______________________ .
4. J'ai vécu en Iran et j'ai connu personnellement le Shah.
   Je ne peux pas croire que tu ______________________ .
5. Ils se sont plaints auprès du directeur et nous nous sommes joints à eux.
   C'est incroyable qu'ils ______________________ .

2 Exprimez ces regrets au subjonctif passé.

J'aurais voulu apprendre à piloter un avion, écrire une pièce de théâtre, conduire une voiture de course, vivre à la montagne, m'inscrire à un cours de cuisine indienne, entendre Arthur Rubinstein jouer au piano…

Quel dommage que je n'aie pas appris ______________________

____

____

____

3 Complétez avec les verbes proposés au subjonctif passé.

Je n'arrive pas à croire qu'un homme ____________ chez elle	*s'introduire*
sans que le chien l'____________ , qu'il ____________	*mordre – descendre*
à la cave, qu'il y ____________ une bouteille de champagne, puis qu'il	*boire*
____________ au 1er étage, qu'il ____________ tous les bijoux	*remonter – prendre*
et qu'il ____________ sans que les voisins ne l'____________ !	*disparaître – entendre*

4 Finissez les phrases avec le verbe qui convient conjugué au subjonctif passé.

se perdre – s'inscrire – attendre – prendre – suivre

1. Nous sommes très en retard… Pourvu qu'ils ______________________ !
2. Les inscriptions sont finies depuis hier… Pourvu qu'elle ______________________ !
3. Il pleut très fort… Pourvu qu'il ______________________ !
4. Ils ne sont pas encore arrivés… Pourvu qu'ils ______________________ !
5. Je lui ai conseillé de faire attention… Pourvu qu'il ______________________ !

Les verbes en -*OIR*

• Le subjonctif passé se forme avec l'auxiliaire **avoir** ou **être** au présent du subjonctif auquel on ajoute **le participe passé** du verbe à conjuguer.
• Le choix de l'auxiliaire et les règles de l'accord du participe passé sont les mêmes que pour le passé composé (voir pp. 60, 74 et 78).

■ POUVOIR

que j'	aie	pu
que tu	aies	pu
qu' il/elle	ait	pu
que nous	ayons	pu
que vous	ayez	pu
qu' ils/elles	aient	pu

■ VOULOIR

que j'	aie	voulu
que tu	aies	voulu
qu' il/elle	ait	voulu
que nous	ayons	voulu
que vous	ayez	voulu
qu' ils/elles	aient	voulu

■ S'ASSEOIR

que je	me sois	assis(e)
que tu	te sois	assis(e)
qu' il/elle	se soit	assis(e)
que nous	nous soyons	assis(es)
que vous	vous soyez	assis(e)(s)
qu' ils/elles	se soient	assis(es)

Et :
devoir : *que j'aie dû*
savoir : *que j'aie su*
valoir : *que j'aie valu*

■ FALLOIR : qu'il ait fallu

■ PLEUVOIR : qu'il ait plu

■ VOIR

que j'	aie	vu
que tu	aies	vu
qu' il/elle	ait	vu
que nous	ayons	vu
que vous	ayez	vu
qu' ils/elles	aient	vu

■ RECEVOIR

que j'	aie	reçu
que tu	aies	reçu
qu' il/elle	ait	reçu
que nous	ayons	reçu
que vous	ayez	reçu
qu' ils/elles	aient	reçu

■ S'APERCEVOIR

que je	me	sois	aperçu(e)
que tu	te	sois	aperçu(e)
qu' il/elle	se	soit	aperçu(e)
que nous	nous	soyons	aperçu(e)s
que vous	vous	soyez	aperçu(e)(s)
qu' ils/elles	se	soient	aperçu(e)s

Et :
s'émouvoir : *que je me sois ému(e)*

EXERCICES

1 **Faites des phrases selon le modèle à partir des éléments donnés.**

Il n'a pas plu… On a eu de la chance ! → *On a eu de la chance qu'il n'ait pas plu !*

1. Vous n'avez pas reçu le paquet ? Nous sommes surpris.

____

2. Ils se sont revus par hasard vingt ans plus tard ? C'est drôle.

____

3. Nous avons pu assister à son mariage… Je suis très heureuse.

____

4. Elle a bien voulu nous faire visiter tous les lieux touristiques. C'est gentil.

____

5. Il a dû rester chez lui pour travailler. C'est dommage.

____

6. Il a fallu encore déménager ! C'est pénible.

____

2 **Complétez avec les verbes proposés au subjonctif passé.**

1. *devoir* — Ils devraient arriver à moins qu'ils ______________ s'arrêter sur la route.
2. *voir* — Il nous faudra des mois avant que nous ______________ tous les musées de Paris !
3. *s'apercevoir* — On vous a volé votre portefeuille sans que vous ______________ de rien ?
4. *ne pas pouvoir* — Je suis satisfaite bien que je ______________ faire tout ce que je voulais.
5. *s'asseoir* — Les invités ont attendu jusqu'à ce que l'hôtesse ______________ .
6. *valoir* — En supposant que cela ______________ la peine, on n'avait aucun moyen d'agir.
7. *décevoir* — Bien que tu m'______________ , je ne t'en veux pas.

3 **Lisez cet extrait d'un poème de Boris Vian, puis composez une autre strophe.**

[…]
Je ne voudrais pas mourir
Sans qu'on ait inventé
Les roses éternelles
Les journées de deux heures
La mer à la montagne
La montagne à la mer
La fin de la douleur
Les journaux en couleurs
Tous les enfants contents

Je ne voudrais pas mourir
Sans que ______________________
____
Et que ______________________
____
Avant que ______________________
____
Et que ______________________
____

BILAN • Conditionnel

1 Conjuguez au conditionnel présent.

1. *être* il ______________
2. *avoir* je ______________
3. *pouvoir* tu ______________
4. *falloir* il ______________
5. *venir* nous ______________
6. *savoir* ils ______________
7. *envoyer* il ______________
8. *jouer* elles ______________
9. *punir* je ______________
10. *perdre* elle ______________
11. *mettre* ils ______________
12. *voir* il ______________

2 Complétez au conditionnel présent avec le verbe qui convient.

1. *utiliser – remplir – peindre – être – représenter – avoir*

Je ______________ peintre. Je ______________ le bleu et le noir. Je ______________des paysages marins ; je ______________ des cieux orageux ; sur mes tableaux, il n'y ______________ pas de personnages ; l'immensité de la mer et du ciel ______________ ma toile.

2. *applaudir – se servir – montrer – avoir – être (2) – faire – parler – aimer – jouer (2)*

Nous ______________ être des artistes de théâtre. Je ______________ metteur en scène et vous ______________ acteurs. Je ______________ du répertoire classique et moderne. Je ______________ de superbes mises en scène. Tu ______________ les rôles tragiques et Nicolas, ______________ les rôles comiques. On ______________ nos spectacles à Paris et en Province. Nous ______________ nos noms sur les affiches ; le public nous ______________ . Les journaux et la télévision ______________ de nos succès.

3 Transformez les conditionnels présents de l'exercice 2 en conditionnels passés.

____

____

____

____

____

____

4 Conjuguez les verbes proposés au conditionnel présent, puis récrivez le texte au conditionnel passé.

Nous ______________ (*accepter*) bien votre invitation mais il ______________ (*falloir*) que nous ayons des places dans l'avion. Je ______________ (*vouloir*) aussi, avant de partir, trouver quelqu'un qui ______________ (*s'occuper*) de la maison et du jardin. Il ______________ (*être*) nécessaire que Marion puisse compter sur un collègue qui la ______________ (*remplacer*) au bureau pendant dix jours. Nous ______________ (*venir*) bien volontiers habiter chez vous mais ______________ (*avoir*)-vous assez de place pour nous loger avec les enfants ?

5 **Voici les différentes étapes à respecter pour prendre un Vélib' pour une journée. Expliquez comment faire à une personne que vous ne connaissez pas, puis à un(e) ami(e).**

Avoir une carte bancaire. – Choisir votre vélib'. – Faire attention car certains ne marchent pas. – Insérer la carte bancaire. – Taper votre code. – Sélectionner dans le menu la durée (1 jour). – Accepter les règles fixées. – Entrer le numéro de votre vélo. – Retirer le vélo. – Régler la hauteur de la selle. – Vérifier les pneus et les freins.

Il faut que vous ______________________

____

____

Il faut que tu ______________________

____

____

6 **Mettez les verbes proposés au subjonctif présent.**

1. Il faut que pour demain vous ______________ (*apprendre*) les règles que nous avons étudiées aujourd'hui, que vous ______________ (*savoir*) conjuguer les verbes de la page 48 au subjonctif, que vous ______________ (*finir*) l'exercice 2 de la page 49 et que vous ______________ (*faire*) les exercices de la page 50.
2. Jérôme, j'aimerais que tu ______________ (*remettre*) les livres à leur place, que tu ______________ (*nettoyer*) ton bureau, que tu ______________ (*réfléchir*) à l'organisation de ton travail dans la semaine, que tu ______________ (*aller*) faire des courses.
3. Je comprends que vous ______________ (*vouloir*) changer de travail, mais je ne pense pas que vous ______________ (*obtenir*) un salaire plus élevé avant que votre supérieur ______________ (*avoir*) l'accord du P-DG. Je crains que le directeur ______________ (*être*) très réticent.

7 **Reformulez les phrases de manière à utiliser le subjonctif passé.**

1. Ils sont peut-être venus en notre absence, ils ont attendu longtemps et ils sont repartis.
   Il se peut qu'ils ______________________
2. On dirait que vous êtes déçu, que vous avez hésité à en parler et que vous vous soyez tu.
   Il semble que vous ______________________
3. Heureusement que tu t'es libéré, que tu es allé les voir et qu'ils ont apprécié ta gentillesse.
   Je suis heureuse que tu ______________________
4. Il partira en voyage sauf s'il ne réussit pas ses examens et s'il n'a pas mis de l'argent de côté.
   Il partira à condition qu'il ______________________

14

LE PARTICIPE PRÉSENT

Les auxiliaires, les semi-auxiliaires et les verbes en *-ER*

• Le participe présent se forme sur le radical de la 1re personne du pluriel du présent de l'indicatif auquel on ajoute la terminaison ***-ant***.
Exemple : faire → nous fais-ons → radical = **fais** → **faisant**.

PARTICIPES PRÉSENTS IRRÉGULIERS

■ **AVOIR** : ayant ■ **ÊTRE** : étant ■ **SAVOIR** : sachant

PARTICIPES PRÉSENTS RÉGULIERS

■ **POUVOIR** : pouvant ■ **DEVOIR** : devant ■ **VOULOIR** : voulant
■ **FAIRE** : faisant ■ **VENIR** : venant ■ **ALLER** : allant
■ **PARLER** : parlant ■ **MANGER** : mangeant ■ **COMMENCER** : commençant

♪ Pour les verbes en ***-ger***, on ajoute un « **e** » devant *-ant* pour garder le son [ʒ] et pour les verbes en ***-cer***, on met un **c cédille** (ç) pour garder le son [s].

⚠ Le participe présent est **invariable** :
Étant *très en retard, elles décidèrent de prendre un taxi.*

FORMES COMPOSÉES DU PARTICIPE PRÉSENT

• Formation : ***ayant*** ou ***étant*** + **participe passé**.
• Pour le choix de l'auxiliaire et les règles de l'accord du participe passé, voir pp. 60, 74 et 78.

avoir : ayant eu
être : ayant été
savoir : ayant su
devoir : ayant dû
vouloir : ayant voulu
parler : ayant parlé
manger : ayant mangé
commencer : ayant commencé
venir : étant venu(e)(s)
aller : étant allé(e)(s)
se dépêcher : s'étant dépêché(e)(s)
se lever : s'étant levé(e)(s)

⚠ Pour les verbes pronominaux, le pronom varie avec le sujet et le participe passé s'accorde avec celui-ci.
Nous *étant* ***levés*** *de bonne heure, nous sortîmes discrètement de la maison.*

EXERCICES

1 Mettez les verbes proposés au participe présent.

1. __________ (*avoir*) juste vingt ans, __________ (*être*) libre, il profitait de la vie.
2. Elle le rencontrait souvent __________ (*faire*) sa promenade le long de la rivière.
3. L'artiste a peint des paysans __________ (*revenir*) des champs.
4. Je les ai aperçus __________ (*nager*) près des rochers.
5. __________ (*devoir*) assumer très jeune des responsabilités, c'est un garçon qui a mûri très tôt.

2 Conjuguez les verbes au participe présent pour former le gérondif et reliez les éléments.

1. Vous déclenchez l'alarme
2. Expirez fort
3. Je me suis fait mal
4. Il est tombé
5. Ils ont fait des propositions
6. Elle tremblait de peur

a. en __________ de planter un clou (*essayer*).
b. en __________ que c'était inutile (*savoir*).
c. en __________ les bras (*baisser*).
d. en __________ son discours (*commencer*).
e. en __________ de sa chaise (*se lever*).
f. en __________ ce bouton (*pousser*).

3 Rédigez une petite annonce en remplaçant les propositions relatives par des participes présents.

Couple avec enfants cherche pour juillet une personne responsable qui puisse s'occuper de 2 enfants, qui sache cuisiner, qui aime jardiner, qui conduise depuis plus de 2 ans, qui nage parfaitement.

Couple avec enfants cherche pour juillet une personne responsable : __________

____

4 Remplacez « comme » par le participe présent à la forme composée.

1. Comme j'ai été seule pendant longtemps, il m'est difficile de vivre avec quelqu'un.
   ____
2. Comme nous étions sortis sans leur permission, nous avons été punis pendant un mois.
   ____
3. Comme ils avaient su qu'elle arrivait, ils lui préparèrent une surprise.
   ____
4. Comme j'étais parti précipitamment, j'ai oublié mes clés sur la table.
   ____
5. Comme elle s'était promenée longtemps sur la plage, elle se sentait fatiguée.
   ____

5 Passez une annonce, comme dans l'exercice 3, pour trouver un compagnon/une compagne de voyage.

____

____

Les verbes en *-IR*, *-RE*, *-OIR*

LES VERBES EN *-IR*

finir : finissant
haïr : haïssant
ouvrir : ouvrant
cueillir : cueillant
courir : courant

dormir : dormant
partir : partant
mourir : mourant
acquérir : acquérant
fuir : fuyant
tenir : tenant

s'évanouir : s'évanouissant
se servir : se servant
se souvenir : se souvenant

LES VERBES EN *-RE*

rire : riant
dire : disant
conduire : conduisant
lire : lisant
écrire : écrivant

s'inscrire : s'inscrivant
se perdre : se perdant
se plaindre : se plaignant
se battre : se battant

attendre : attendant
répondre : répondant
peindre : peignant
rejoindre : rejoignant
coudre : cousant
résoudre : résolvant
prendre : prenant

plaire : plaisant
distraire : distrayant
croire : croyant
boire : buvant
mettre : mettant
connaître : connaissant
naître : naissant
croître : croissant
suivre : suivant
vivre : vivant
conclure : concluant
interrompre : interrompant
convaincre : convainquant

LES VERBES EN *-OIR*

pleuvoir : pleuvant
voir : voyant
valoir : valant
recevoir : recevant

s'asseoir : s'asseyant
s'apercevoir : s'apercevant
s'émouvoir : s'émouvant

FORMES COMPOSÉES DU PARTICIPE PRÉSENT DES VERBES EN *–IR*, *-RE*, *-OIR*

- Formation : ***ayant* ou *étant* + participe passé**. Pour le choix de l'auxiliaire et les règles de l'accord du participe passé, voir pp. 60, 74 et 78.

prendre : ayant pris
voir : ayant vu

partir : étant parti(e)(s)
s'apercevoir : s'étant aperçu(e)(s)

se servir : s'étant servi(e)(s)

EXERCICES

1 **Mettez les verbes au participe présent.**

1. Quand elle sortit dans la rue, elle vit les gens ________ (*courir*) et ________ (*s'enfuir*) vers la rivière.
2. ________ (*se souvenir*) subitement de son rendez-vous, il sortit sans dire au revoir.
3. Elle le vit ________ (*ouvrir*) la lettre et la ________ (tenir) dans ses mains qui tremblaient.
4. Quand j'entrai dans la chambre, j'aperçus les enfants ________ (*dormir*) à poings fermés.
5. Je les entendais le soir ________(*plaisanter*), ________ (*boire*) et ________ (*rire*).

2 **Mettez les verbes au gérondif comme dans l'exemple.**

Elle lisait et attendait qu'ils arrivent. → *Elle lisait en attendant qu'ils arrivent.*

1. Elle écoutait la radio et cousait.

____

2. Elle chante à tue-tête et prend sa douche.

____

3. Elle serait heureuse et vivrait loin du monde.

____

4. Il pensait à sa journée et rangeait ses affaires.

____

5. Elle me raconte ses malheurs et elle se plaint.

____

6. Il décide de tout et croit qu'il a raison.

____

3 **Transformez les phrases au gérondif selon le modèle.**

Vous réussirez si vous vous battez avec énergie.
→ *Vous réussirez en vous battant avec énergie.*

1. Je me sortirai de cette crise si je résous mes problèmes les uns après les autres.

____

2. Vous n'arriverez jamais à la fin si vous vous perdez dans des détails inutiles.

____

3. Elle perdra tous ses amis si elle se plaint sans arrêt.

____

4. Tu déchireras ta robe si tu t'assieds sur cette chaise cassée.

____

4 **Remplacez « comme » par le participe présent à la forme composée.**

1. Comme elle avait ouvert la fenêtre, elle pouvait apercevoir le soleil au-dessus de la montagne.

____

2. Comme nous étions revenus tôt le matin, nous n'avions pas rencontré d'embouteillages.

____

3. Comme je me suis aperçu de mon erreur, je me suis dépêché de les prévenir.

____

15 L'INFINITIF PASSÉ

• L'infinitif passé se forme avec **être** ou **avoir** à **l'infinitif** auquel on ajoute **le participe passé** du verbe à conjuguer.
• Le choix de l'auxiliaire et la règle d'accord du participe passé suivent les mêmes règles que celles du passé composé (voir pp. 60, 74 et 78).

*Elle regrette d'être allé**e** à cette conférence où elle s'est ennuyé**e**.*
*Je suis désolé de les avoir dérangé**s**.*

⚠ Pour les verbes pronominaux, le pronom varie avec le sujet et le participe passé s'accorde avec celui-ci :
*Nous sommes heureux de **nous** être installé**s** dans cette région.*

RÉCAPITULATIF DES PARTICIPES PASSÉS

	Auxiliaires et semi-auxiliaires	Verbes en *-er*	Verbes en *-ir*	Verbes en *-re*	Verbes en *-oir*
-é	être : *été* aller : *allé*	tous les verbes en *-er*		naître : *né*	
-u	avoir : *eu* venir : *venu* pouvoir : *pu* vouloir : *voulu* devoir : *dû* falloir : *fallu* savoir : *su*		courir : *couru* tenir : *tenu*	lire : *lu* attendre : *attendu* coudre : *cousu* résoudre : *résolu* plaire : *plu* boire : *bu* croire : *cru* connaître : *connu* croître : *crû* vivre : *vécu* conclure : *conclu*	pleuvoir : *plu* voir : *vu* valoir : *valu* recevoir : *reçu* émouvoir : *ému* apercevoir : *aperçu*
-i			finir : *fini* cueillir : *cueilli* dormir : *dormi* sortir : *sorti* partir : *parti* servir : *servi* fuir : *fui*	rire : *ri* suivre : *suivi*	
-is			acquérir : *acquis*	prendre : *pris* mettre : *mis*	s'asseoir : *assis*
-t	faire : *fait*		ouvrir : *ouvert* mourir : *mort*	dire : *dit* conduire : *conduit* écrire : *écrit* peindre : *peint* plaindre : *plaint* rejoindre : *rejoint* distraire : *distrait*	

EXERCICES

1 **Donnez les infinitifs passés des verbes suivants.**

être ________	choisir ________	courir ________	croire ________
avoir ________	s'apercevoir ________	rester ________	prendre ________
faire ________	s'endormir ________	offrir ________	vivre ________
aller ________	savoir ________	se lever ________	écrire ________

2 **Transformez les phrases soulignées en utilisant le participe passé selon le modèle.**

Elle espère qu'elle sera arrivée avant 18 heures → *Elle espère être arrivée avant 18 heures.*

1. J'espère que je serai revenu avant leur départ.
____
2. Elle croit qu'elle aura fini avant la fin du mois.
____
3. Nous pensons que nous aurons tout lu d'ici le 15.
____
4. Ils s'imaginent qu'ils auront terminé le programme avant la fin de l'année.
____
5. Elles pensent qu'elles se sont trompées.
____

3 **Choisissez un verbe parmi les verbes proposés et conjuguez-le à l'infinitif passé.**

relire – rentrer – vivre – ne pas recevoir – rédiger

1. Elle regrette de ________________ le résultat des analyses avant.
2. Je veux ________________ le plan de la thèse d'ici la fin du mois.
3. Nous désirons ________________ avant la nuit.
4. Ils aimeraient ________________ le dossier avant son retour.
5. Je voudrais ________________ avant la révolution industrielle.

4 **Un(e) ami(e) veut vous voir, mais vous avez déjà un emploi du temps bien rempli. Expliquez quand vous pourrez le voir en utilisant des infinitifs passés.**

À faire :
– Faire le ménage.
– Écrire mon rapport de stage.
– L'envoyer.
– Passer à la banque.
– Voir Camille.
– Prendre mes résultats d'analyse au labo.
– Aller faire quelques courses.

Je ne pourrai te voir qu'après ________________
____
____
____
____
____
____
____

16

LA VOIX PASSIVE

• La voix passive se forme avec **être** conjugué à tous les temps, auquel on ajoute **le participe passé** du verbe à conjuguer.
• Le participe passé s'accorde avec le sujet.

AIMER

Présent

je	suis	aimé(e)
tu	es	aimé(e)
il/elle	est	aimé(e)
nous	sommes	aimé(e)s
vous	êtes	aimé(e)(s)
ils/elles	sont	aimé(e)s

PUNIR

Passé composé

j'ai		été	puni(e)
tu	as	été	puni(e)
il/elle	a	été	puni(e)
nous	avons	été	puni(e)s
vous	avez	été	puni(e)(s)
ils/elles	ont	été	puni(e)s

PERDRE

Imparfait

j'	étais	perdu(e)
tu	étais	perdu(e)
il/elle	était	perdu(e)
nous	étions	perdu(e)s
vous	étiez	perdu(e)(s)
ils/elles	étaient	perdu(e)s

CHOISIR

Plus-que-parfait

j'	avais	été	choisi(e)
tu	avais	été	choisi(e)
il/elle	avait	été	choisi(e)
nous	avions	été	choisi(e)s
vous	aviez	été	choisi(e)(s)
ils/elles	avaient	été	choisi(e)s

ÉLIRE

Futur

je	serai	élu(e)
tu	seras	élu(e)
il/elle	sera	élu(e)
nous	serons	élu(e)s
vous	serez	élu(e)(s)
ils/elles	seront	élu(e)s

Et : futur antérieur
→ *j'aurai été élu(e)*

RECEVOIR

Passé simple

je	fus	reçu(e)
tu	fus	reçu(e)
il/elle	fut	reçu(e)
nous	fûmes	reçu(e)s
vous	fûtes	reçu(e)(s)
ils/elles	furent	reçu(e)s

Et : passé antérieur
→ *j'eus été reçu(e)*

CONNAÎTRE

Conditionnel présent

je	serais	connu(e)
tu	serais	connu(e)
il/elle	serait	connu(e)
nous	serions	connu(e)s
vous	seriez	connu(e)(s)
ils/elles	seraient	connu(e)s

Et : conditionnel passé
→ *j'aurais été connu(e)*

SURPRENDRE

Subjonctif présent

que	je	sois	surpris(e)
que	tu	sois	surpris(e)
qu'	il/elle	soit	surpris(e)
que	nous	soyons	surpris(es)
que	vous	soyez	surpris(e)(s)
qu'	ils/elles	soient	surpris(es)

Et : subjonctif passé
→ *que j'aie été surpris(e)*

EXERCICES

1 **Conjuguez les verbes au passif aux temps demandés.**

1. *présent* — Elle ______ par tous ses collègues. (*respecter*)
2. *passé composé* — Nous ______ avec gentillesse. (*recevoir*)
3. *plus-que-parfait* — Il ______ à cette époque dans le monde entier. (*connaître*)
4. *futur* — On dit qu'il ______ Premier ministre. (*nommer*)
5. *passé simple* — Ils ______ et s'efforcèrent de réussir. (*élire*)
6. *conditionnel présent* — On prétend qu'elles ______ de renvoi. (*menacer*)
7. *conditionnel passé* — Ce procédé ______ avant 1950. (*découvrir*)
8. *subjonctif présent* — Il est dommage que tu ______ . (*ne pas inviter*)
9. *subjonctif passé* — Il est inacceptable qu'il ______ sans preuve. (*accuser*)

2 **Mettez les phrases proposées à la voix passive selon le modèle.**

Tout le monde admire Sophie. → *Sophie est admirée par tout le monde.*

1. Le public applaudit les comédiens. ______
2. Une manifestation a interrompu la séance. ______
3. L'université organisera une fête à la fin de l'année. ______
4. On m'a accusé pour rien. ______
5. On donnerait la pièce jusqu'en mars. ______
6. Il est possible qu'on construise des immeubles sur la côte. ______
7. On utilisa ce système pendant des années. ______

3 **Faites des phrases à la voix passive avec les éléments proposés aux temps demandés.**

1. *présent* — séduire / des milliers de spectateurs / par son talent
2. *passé composé* — abolir / la peine de mort / en France, en 1981
3. *futur* — récompenser / les meilleurs candidats / par le ministre
4. *plus-que-parfait* — surprendre / les randonneurs / par la tempête
5. *conditionnel présent* — éclairer / la table / par des bougies
6. *passé simple* — oublier / cet auteur et son œuvre / pendant vingt ans

4 **Développez ces titres de journaux en utilisant la voix passive au temps demandé.**

1. *présent* — Ce jour : 21 juin – Organisation dans toute la ville de la Fête de la musique – Aménagement de podiums dans tous les quartiers
2. *passé composé* — Mai 1981 – Élection de François Mitterrand à la présidence de la République
3. *imparfait* — 1957 – Création de la CEE
4. *futur* — 2001 – Aménagement d'une zone industrielle dans le secteur est de la ville
5. *passé simple* — Après la Seconde Guerre mondiale – Découverte de la pénicilline

ACTIVITÉS COMMUNICATIVES

LE PRÉSENT DE L'INDICATIF

1 **Écoutez. Quel verbe entendez-vous ? Entourez la bonne réponse.**

1. être avoir
2. être avoir
3. être avoir
4. savoir avoir
5. savoir avoir
6. savoir avoir
7. avoir être
8. avoir aller
9. aller vouloir
10. aller faire

2 **Écoutez et écrivez les verbes que vous entendez. Parfois, plusieurs réponses sont possibles.**

1. ____________________
2. ____________________
3. ____________________
4. ____________________
5. ____________________
6. ____________________
7. ____________________
8. ____________________
9. ____________________
10. ____________________

3 **Écoutez et ajoutez les accents quand c'est nécessaire.**

1. Il se leve
2. Nous achetons
3. Ils congelent
4. Nous esperons
5. Vous protegez
6. Tu peses
7. J'espere
8. Elle se promene
9. Il suggere
10. Tu repetes

4 **Écoutez le texte plusieurs fois.**

a. Complétez le texte.

Lyon __________ dans le département du Rhône. Ses habitants __________ les Lyonnais. Deux massifs montagneux – le Massif central et les Alpes – ____________ à l'ouest et à l'est cette commune qui ______ ______ sur 47,9 km². Environ 480 000 habitants y ____________ et ________________ à pied, en bus ou en métro... mais __________ aussi prendre des Vélo'V et des autolib'*.

De nombreux circuits de ballades ______________ de découvrir le riche passé historique de cette ancienne capitale de la Gaule. La « fête des lumières » ______________ un événement touristique très popu-

laire. D'autres festivals ______________ un grand succès : en mai le festival Lumière ___________ les amateurs de cinéma.
Depuis 2001 les « Nuits Sonores », festival de musique électronique, _______________ différents lieux de la ville pendant quatre jours.
Les « Nuits de Fourvière » ______________ chaque été des pièces de théâtre, des concerts, des spectacles de danse et de cirque.
Chaque année une dizaine de musées ______________ leurs portes gratuitement pour la « Nuit des Musées ».
Lyon ______ vraiment une ville où il _________ bon vivre !

Lyon pendant la fête des Lumières.

* Les Vélo'V' sont des vélos en libre service. Les autolib' sont des voitures électriques en libre service.

b. Cherchez des informations (situation géographique, transports, activités culturelles et sportives...) sur votre ville ou une autre ville. Rédigez une brochure touristique, au présent, pour décrire cette ville.

c. Faites une présentation orale de cette ville devant le groupe.

L'IMPARFAIT DE L'INDICATIF

1 **Écoutez les phrases. Indiquez le temps des verbes. Entourez la bonne réponse.**

1.	présent	imparfait	passé composé	**6.**	présent	imparfait	passé composé
2.	présent	imparfait	passé composé	**7.**	présent	imparfait	passé composé
3.	présent	imparfait	passé composé	**8.**	présent	imparfait	passé composé
4.	présent	imparfait	passé composé	**9.**	présent	imparfait	passé composé
5.	présent	imparfait	passé composé	**10.**	présent	imparfait	passé composé

2 **Écoutez plusieurs fois cet extrait du roman de Marcel Pagnol *Le Château de ma mère*, dans lequel l'auteur évoque ses souvenirs d'enfance.**

Le matin, à six heures, il faisait encore nuit. Je me levais en grelottant, et je descendais allumer le grand feu de bois ; puis, je préparais le café que j'avais moulu la veille, pour ne pas réveiller ma mère. Pendant ce temps, mon père se rasait. Au bout d'un moment, on entendait grincer au loin la bicyclette de l'oncle Jules, ponctuel comme un train de banlieue : son nez était rouge comme une fraise, il avait de tout petits glaçons dans sa moustache, et il frottait vigoureusement ses mains l'une contre l'autre, comme un homme très satisfait.

Nous déjeunions devant le feu, en parlant à voix basse.

Puis la course de Lili résonnait sur la route durcie. Je versais une bonne tasse de café, qu'il refusait d'abord, en disant : « Je l'ai déjà bu » – ce qui n'était pas vrai. Ensuite, nous partions tous les quatre, avant le lever du jour.

Marcel Pagnol, *Le Château de ma mère* (1957), Éditions de Fallois, collection Fortunio, © Marcel Pagnol, 1988.

a. Écoutez le texte et relevez les verbes à l'imparfait avec leur sujet puis donnez leur infinitif.

____

____

b. Quels verbes ne sont pas à l'imparfait ? À quel temps sont-ils ? Donnez leur infinitif.

____

c. À votre tour racontez en quelques lignes un souvenir de votre enfance, ou de votre adolescence, qui est resté très présent dans votre mémoire.

____

____

____

LE PASSÉ COMPOSÉ DE L'INDICATIF

1 **Quel verbe entendez-vous ? Entourez la bonne réponse.**

1.	être	avoir	**6.**	se lever	lever
2.	être	avoir	**7.**	servir	se servir
3.	être	avoir	**8.**	s'aimer	aimer
4.	être	avoir	**9.**	boire	pouvoir
5.	être	avoir	**10.**	savoir	recevoir

2 **Écoutez et écrivez les verbes conjugués au passé composé.**

1. ____________________ **6.** ____________________

2. ____________________ **7.** ____________________

3. ____________________ **8.** ____________________

4. ____________________ **9.** ____________________

5. ____________________ **10.** ____________________

3 **Écoutez une première fois l'enregistrement. Écoutez-le une seconde fois et complétez avec les verbes que vous entendez.**

La fête chez Manon

On ____________ tard. Manon nous ____________ ; elle nous ____________ entrer, ____________ nos manteaux et elle nous ____________ à ses amis. Aussitôt un grand blond ____________ vers Marie, l'____________ et l'____________ à danser. On ____________, on ____________, on ____________, on ____________ toute la nuit.

À 4 heures du matin, j'____________ un taxi et on ____________ .

4 **a. À deux, créez un dialogue pour raconter une soirée que vous avez passée chez des amis. Rédigez votre récit au passé composé en variant les verbes utilisés.**

____

____

____

____

b. Jouez le dialogue à deux

5 **a. Mettez les verbes entre parenthèses au passé composé. Attention à l'accord des participes passés.**

Ils ______________ (*se voir*) à Honolulu et ______________ (*s'aimer*) à Niamey. Puis ils ______________ (*se séparer*) à Alger. Ils ______________ (*se retrouver*) à La Haye et ______________ (*se marier*) aux îles Féroé. Ils ______________ (*se disputer*) en Corée et finalement ils ______________ (*se réconcilier*) pour toujours à Tanger.

b. Créez un texte sur le modèle du précédent en utilisant des verbes pronominaux. Faites des rimes avec les noms des lieux.

____

____

____

____

6 **a. Complétez le texte avec les verbes entre parenthèses au passé composé.**

Rencontre

Je le ______________ (*voir*) pour la première fois un jour de novembre. Il ______________ (*entrer*) et ______________ (*traverser*) la pièce. Tous les yeux ______________ (*se tourner*) vers lui. Il ______________ (*se sentir*) mal à l'aise et il ______________ (*rougir*). Personnellement une chose me ______________ (*déplaire*) : sa moustache ; je ______________ (*ne pas pouvoir*) le trouver séduisant.

b. Inventez une suite au texte précédent. Utilisez le passé composé.

____

____

____

____

c. Utilisez le passé composé pour raconter une rencontre.

____

____

____

____

LE PLUS-QUE-PARFAIT DE L'INDICATIF

1 **Écoutez l'enregistrement et complétez les phrases avec les verbes au plus-que-parfait.**

Regrets

1. Je suis retournée là-bas parce que j' ____________________ mes clés.

2. Il a cessé de me voir parce que je ____________________ la vérité.

3. J'ai raté mon rendez-vous parce que j' ____________________ mon agenda.

4. Je n'y suis pas allé parce qu'ils ____________________ d'invitation !

5. La voiture a dérapé parce qu'il ____________________ la veille !

6. Nous étions fatigués parce que nous ____________________ toute la nuit à attendre !

7. La mer était encore chaude parce qu'il ____________________ beau tout l'été.

8. Tu es arrivé le lendemain parce que tu ____________________ d'avion.

2 **a. Imaginez des mini-situations comme celles du modèle.**

1. *Si seulement je n'y étais pas allé !*

Tu crois que ça aurait changé quelque chose ?

2. Si ____________________

– Tu ____________________ ?

3. Si ____________________

– Tu ____________________ ?

4. Si ____________________

– Tu ____________________ ?

5. Si ____________________

– Tu ____________________ ?

b. Jouez ces situations deux par deux

3 **a. Mettez au plus-que-parfait les verbes à l'infinitif pour construire un petit texte.**

ne pas habiter en ville – ne pas prendre le métro – ne pas voir de grands immeubles – ne pas se promener sur les Champs-Élysées – ne pas souffrir de la pollution – ne pas sortir le soir – ne pas monter à la tour Eiffel – ne pas s'amuser autant

Avant de venir à Paris, je ____________________

____

____

____

b. Créez un texte sur le modèle du précédent. Commencez par faire une liste des éléments.

Avant l'âge de la majorité, je ____________________

____

____

LE FUTUR DE L'INDICATIF

1 **Écoutez les phrases puis écrivez l'infinitif des verbes que vous entendez.**

1. ______________________ **6.** ______________________
2. ______________________ **7.** ______________________
3. ______________________ **8.** ______________________
4. ______________________ **9.** ______________________
5. ______________________ **10.** ______________________

2 **Écoutez et écrivez les formes verbales que vous entendez.**

1. ______________________ **5.** ______________________
2. ______________________ **6.** ______________________
3. ______________________ **7.** ______________________
4. ______________________ **8.** ______________________

3 **Écoutez le texte sur les jeux Olympiques.**

a. Complétez les phrases en conjuguant les verbes entre parenthèses au futur.

Jeux Olympiques : les dix commandements des athlètes.

1. La tenue officielle tu ______________ . (*porter*)
2. De politique tu ne ______________ pas. (*faire*)
3. Tes cadeaux-souvenirs tu ne ______________ pas. (*revendre*)
4. Des autres sportifs, tu ne ______________ pas sur les réseaux sociaux. (*parler*)
5. Des photos de la compétition tu ne ______________ pas. (*négocier*)
6. Le code mondial anti-dopage tu ______________ . (*respecter*)
7. De faire de la publicité tu te ______________ . (*garder*)
8. Consultant télé tu ne ______________ pas. (*être*)
9. Au Comité International Olympique ton droit olympique tu ______________ . (*céder*)
10. Le logo olympique tu ne ______________ pas. (*reproduire*)

b. Inventez les dix commandements de l'amitié. Écrivez-les sur une grande feuille, puis comparez les différentes affiches et donnez votre avis sur le choix des verbes.

____
____
____
____

LE FUTUR ANTÉRIEUR DE L'INDICATIF

1 **a. Écoutez plusieurs fois l'enregistrement. Complétez les phrases avec les verbes conjugués.** 

Consignes avant la conférence

Quand les premiers participants arriveront :

1. Vous ________________ les tables et les chaises.

2. Max ________________ attentivement les textes.

3. Claire ________________ les documents.

4. Les techniciens ________________ le matériel.

5. Tu te ________________ du nombre exact de participants.

6. Je me ________________ à les accueillir.

b. Donnez l'infinitif des verbes conjugués.

1. ________________ **4.** ________________

2. ________________ **5.** ________________

3. ________________ **6.** ________________

2 **Complétez le mail. Choisissez le verbe qui convient et conjuguez-le au futur antérieur.**

revenir – visiter – prendre – choisir – avoir – naître – s'installer – sortir

À : hugo@gmail.com

Cc : Afficher Cci

Sujet : Nouvelles Priorité :

Envoyez-nous toutes les photos que vous ________________ en nous donnant des détails sur les lieux que ________________ . Quand on recevra votre mail, Jeanne ________________ de sa pension et ________________ son diplôme. Inès ________________ de la maternité où le bébé ________________ et avec Cédric ils ________________ dans leur nouvel appartement. Ton père et moi ________________ une destination de vacances.

Bises.

3 **Continuez ce texte en utilisant le futur antérieur.**

Avant la fin du monde, on aura inventé ________________

____

____

____

____

LE PASSÉ SIMPLE DE L'INDICATIF

1 **Écoutez l'enregistrement. Écrivez les verbes que vous entendez dans la bonne colonne. Parfois plusieurs réponses sont possibles.**

	imparfait	passé simple	passé composé
1.	______	______	______
2.	______	______	______
3.	______	______	______
4.	______	______	______
5.	______	______	______
6.	______	______	______
7.	______	______	______
8.	______	______	______

2 **Écoutez plusieurs fois cet extrait du roman d'Andrée Chedid, *Le Message.***

a. Complétez les terminaisons des verbes.

Tandis qu'elle avanç______ à grands pas la jeune femme sent______ soudain, dans le dos, le point d'impact de la balle. Un mal cuisant, aigu, bref.

Il lui fall______ à tout prix arriver à l'heure dite. La rue ét______ déserte. Elle continu______ sa marche, comme si rien ne s'ét______ passé.

L'illusion ne dur______ pas.

[...]

Marie ven_____ d'être atteinte d'une décharge dont elle ét_____ ou n'ét______ pas la cible. Mais sa plaie ét______ bien réelle. Elle repli______ son bras vers l'arrière pour palper cette plaie, puis contempl______ avec horreur sa main baignée de sang.

Andrée Chedid, *Le Message*, Flammarion, 2000.

b. Relevez les verbes et classez-les selon leur temps.

• Imparfait : ______________________________

____

• Passé simple : ______________________________

____

• Plus-que-parfait : ______________________________

____

c. Écrivez trois lignes en utilisant le passé simple et l'imparfait pour continuer l'histoire d'Andrée Chedid.

____

____

____

LE PASSÉ ANTÉRIEUR DE L'INDICATIF

1 **Écoutez. Quel temps entendez-vous ? Cochez la bonne case.**

	passé composé	passé antérieur		passé composé	passé antérieur
1.	☐	☐	**5.**	☐	☐
2.	☐	☐	**6.**	☐	☐
3.	☐	☐	**7.**	☐	☐
4.	☐	☐	**8.**	☐	☐

2 **Écoutez l'enregistrement et complétez les phrases avec les verbes conjugués.**

1. Dès qu'elle lui ________________ le café, il ________________ du sucre dans la tasse.
2. Quand l'orage ________________ , il y ________________ un grand soleil.
3. Une fois qu'il les ________________ , ils ________________ dans un taxi.
4. Après qu'ils ________________ , ils ________________ tous les deux.
5. Lorsque nous ________________ , quelqu'un ________________ nous ouvrir.
6. Après que j'________________ la colline, je ________________ vers la maison.

L'IMPÉRATIF PRÉSENT

1 **a. Complétez ces proverbes (ou dictons) en mettant les verbes à l'impératif.**

1. ________________________ la peau de l'ours avant de l'avoir tué. (*ne pas vendre/vous*)
2. En avril ________________________ d'un fil, en mai fais ce qu'il te plaît. (*ne pas se découvrir/tu*)
3. ________________________ mouton, le loup te mangera. (*se faire/tu*)
4. ________________________ le naturel, il revient au galop. (*chasser/vous*)
5. ________________________ moi ce que tu manges, je te dirai qui tu es. (*dire/tu*)
6. Dans le doute ________________________ ! (*s'abstenir/tu*)

b. Faites correspondre les proverbes ci-dessus avec les phrases suivantes.

a. Si tu es trop gentil, les autres vont t'agresser. → proverbe ____
b. On peut deviner ta personnalité en regardant ce que tu manges. → proverbe ____
c. Il ne faut pas penser qu'on a gagné avant d'en être sûr. → proverbe ____
d. Il faut bien t'habiller chaudement en avril, mais en mai tu peux faire ce que tu veux. → proverbe ____
e. N'agis pas si tu n'es pas sûr. → proverbe ____
f. Les gens ne peuvent pas cacher longtemps leur véritable personnalité. → proverbe ____

c. Avez-vous dans votre langue des proverbes qui ont le même sens ? Si oui, essayez de les traduire en français ? Sinon traduisez d'autres proverbes.

____

____

____

LE CONDITIONNEL PRÉSENT

1 **Futur ou conditionnel présent ? Écoutez et cochez la bonne case.**

	futur	conditionnel présent		futur	conditionnel présent
1.	☐	☐	**5.**	☐	☐
2.	☐	☐	**6.**	☐	☐
3.	☐	☐	**7.**	☐	☐
4.	☐	☐	**8.**	☐	☐

2 **a. Complétez le texte en mettant les verbes entre parenthèses au conditionnel présent.**

Si j'avais un piano		Si j'avais une trompette	
Je __________ le jour	(*jouer*)	Je __________ le jour	(*souffler*)
Je __________ la nuit	(*continuer*)	Je __________ la nuit	(*ne pas dormir*)
Je __________ battre ton cœur	(*faire*)	Je __________ ton cœur,	(*réveiller*)
Je __________ un opéra	(*composer*)	Je __________ rire les gens,	(*faire*)
Des chansons, des balades,		Les petits et les grands,	
Et tout le monde __________	(*chanter*)	Et tout le monde __________	(*danser*)
En chœur		Sans peur	
Ce __________ le bonheur.	(*être*)	Ce __________ le bonheur.	(*être*)

(Texte librement Inspiré d'une chanson de Claude François « Si j'avais un marteau ».)

b. Cherchez sur Internet la chanson de Claude François « Si j'avais un marteau » et écoutez-la plusieurs fois. Notez tous les verbes au conditionnel que vous entendez.

____

____

____

____

LE CONDITIONNEL PASSÉ

1 **Écoutez l'enregistrement. Quel verbe est conjugué au conditionnel passé, le premier ou le deuxième ? Cochez la bonne case.**

	1er verbe	2e verbe		1er verbe	2e verbe
1.	☐	☐	**4.**	☐	☐
2.	☐	☐	**5.**	☐	☐
3.	☐	☐	**6.**	☐	☐

2 **a. Écoutez plusieurs fois les phrases suivantes. Répétez-les et jouez les mini-dialogues par deux.**

1. Si je t'avais donné mon avis, est-ce que tu l'aurais suivi ?

– Peut-être pas entièrement, mais j'aurais réfléchi et j'aurais tiré des conclusions !

2. Sans cet exercice de maths, je n'aurais pas raté l'examen !

– Ah, tu crois que tu l'aurais réussi ?

3. Sans cette panne de voiture, je serais arrivée à l'heure !

– Alors, il aurait fallu que ta voiture soit en meilleur état !

b. Créez des mini-dialogues comme dans l'exercice précédent. Jouez-les dans la classe par deux.

____

____

____

3 **a. Quels sentiments expriment ces verbes au conditionnel passé ? Cochez la bonne case.**

	regret	reproche
1. J'aurais voulu être un artiste mais je n'avais pas de talent.	☐	☐
2. Il aurait pu s'en apercevoir avant !	☐	☐
3. Elle aurait dû s'en souvenir mais elle oublie tout.	☐	☐
4. Il aurait fallu y penser plus tôt mais tu es si insouciant !	☐	☐
5. Ils auraient aimé vivre ensemble !	☐	☐

b. À votre tour, exprimez des regrets et des reproches en utilisant le conditionnel passé.

____

____

4 **Lisez ce petit texte inspiré par l'écrivain J.-M. G. Le Clézio.**

a. Soulignez les verbes au conditionnel passé.

Il s'appelait Jean, mais il aurait bien aimé s'appeler Ulysse parce qu'il aimait la mer. Il étudiait dans une pension contre le désir de ses parents qui auraient préféré que leur fils restât avec eux à la maison. Il détestait sa vie à l'internat et sans cette obligation d'étudier il aurait eu une vie différente ; quelle aurait été cette vie ? Il n'aurait pas vécu comme les autres hommes, il ne se serait pas intéressé aux choses de la terre, les autres ne se seraient pas moqués de sa médiocrité.

Et un jour il disparut. Personne n'aurait imaginé qu'il partirait sans jamais revenir.

b. Comme dans l'exercice précédent, créez un petit texte dans un style littéraire à propos d'un personnage qui imagine ce que sa vie aurait pu être. Utilisez des verbes au conditionnel passé.

____

____

____

LE SUBJONCTIF PRÉSENT

Écoutez les phrases suivantes et complétez-les avec les verbes conjugués au subjonctif. Donnez leur infinitif.

1. Je suis enchantée que vous ____________ là. ____________________

2. Quel dommage qu'elle ne ____________ pas venir ! ____________________

3. C'est extraordinaire qu'il ____________ bien nous aider ! ____________________

4. Nous sommes surpris qu'il n'____________ pas le premier prix ! ____________________

5. C'est bête que tu ne ____________ pas son adresse. ____________________

6. C'est normal que vous ne __________ pas lui donner tout ce qu'il demande. ____________________

7. Je ne pense pas qu'ils ____________ le temps de faire ça. ____________________

Écoutez plusieurs fois l'enregistrement.

a. Complétez le texte.

Comment créer une société à responsabilité limitée (SARL) ?

• **Étape 1** – D'abord, il est indispensable que vous __________ une étude de marché. Ensuite, il faut aussi que vous __________ un nom à votre société et que vous __________ s'il est disponible. Il suffit que vous __________ sur le site infogreffe.fr. Si le nom est déjà pris, il faut que vous en __________ un autre. Il est aussi nécessaire que vous __________ d'une adresse, même temporaire, pour votre société. Enfin, il faut que vous __________ certains outils comme des cartes de visite, des brochures, un site Internet.

• **Étape 2** – Il faut alors que vous __________ votre société en déposant ses statuts et en indiquant les noms des associés et du gérant, l'activité, le capital...

• **Étape 3** – Afin que vous __________ le bon choix, il est essentiel que vous __________ les avantages que vous offrent les différentes banques. Dans un premier temps, il suffit que vous __________ un compte provisoire.

b. Vous donnez des conseils à un ami qui veut apprendre le français.

Il faut que ____

____

Il est indispensable que ____

____

c. Vous êtes un agent de voyages et vous donnez des conseils à un étranger qui veut visiter votre pays (meilleure saison, sites à visiter, spécialités à déguster, comportement à adopter...). Jouez la scène à deux.

____

____

____

____

LE SUBJONCTIF PASSÉ

1 **Écoutez les phrases. Écrivez les formes du subjonctif passé que vous entendez.** 

1. Dommage que ______________________ absente.
2. Bizarre que ______________________ là-bas.
3. C'est bien que ______________________ ce modèle.
4. C'est triste que ______________________ .
5. C'est possible que ______________________ .
6. Pourvu qu'______________________ le temps !
7. À condition que ______________________ !
8. On est content que ______________________ .

2 **a. Écoutez les phrases enregistrées. Répétez-les puis jouez les mini-dialogues par deux.** 

1. Il faudrait qu'elle soit revenue avant 18 heures.
– Malheureusement, je ne pense pas qu'elle soit rentrée avant 20 heures.
2. Ce serait bien qu'ils aient reçu une réponse avant les vacances !
– Ce serait bien étonnant qu'ils se soient décidés avant cette date.
3. Je suis vraiment contente que tu aies pu venir !
– Moi aussi, mais c'est dommage que Lucie n'ait pas pu trouver un vol !
4. Quelle chance qu'on ne se soit pas perdus en chemin !
– Et quel bonheur que vous soyez arrivés jusqu'à nous !

b. Sur le même principe, créez des mini-dialogues. Par deux, jouez-les devant la classe.

____

____

3 **Complétez ces mails en conjuguant les verbes entre parenthèses au subjonctif passé.**

1.

À : marie@gmail.com
Cc : Afficher Cci
Sujet : Bonne nouvelle Priorité :

Ça me fait plaisir que tu m' ______________ (*annoncer*) la bonne nouvelle et que Rémi et toi ______________ (*pouvoir*) trouver une solution. Dommage que je ______________ (*ne pas être au courant*) plus tôt et que je ______________ (*ne pas avoir la possibilité*) d'être avec vous pour fêter l'événement. Tous les amis doivent être contents que vous ______________ (*arriver*) à vous mettre d'accord. Je pense à vous et vous embrasse.

2.

À : pierre@gmail.com

Cc : Afficher Cci

Sujet : Élections Priorité :

Est-ce que tu as suivi les résultats ? Bizarre que le candidat de gauche ________________ (*recueillir*) seulement 30 % des voix et que les écologistes ____________________ (*arriver*) en tête de l'opposition ; dommage que je ____________________ (*ne pas aller*) voter. J'attends de tes nouvelles.

4 **Créez des mails. Choisissez des situations qui nécessitent l'utilisation du subjonctif passé.**

1.

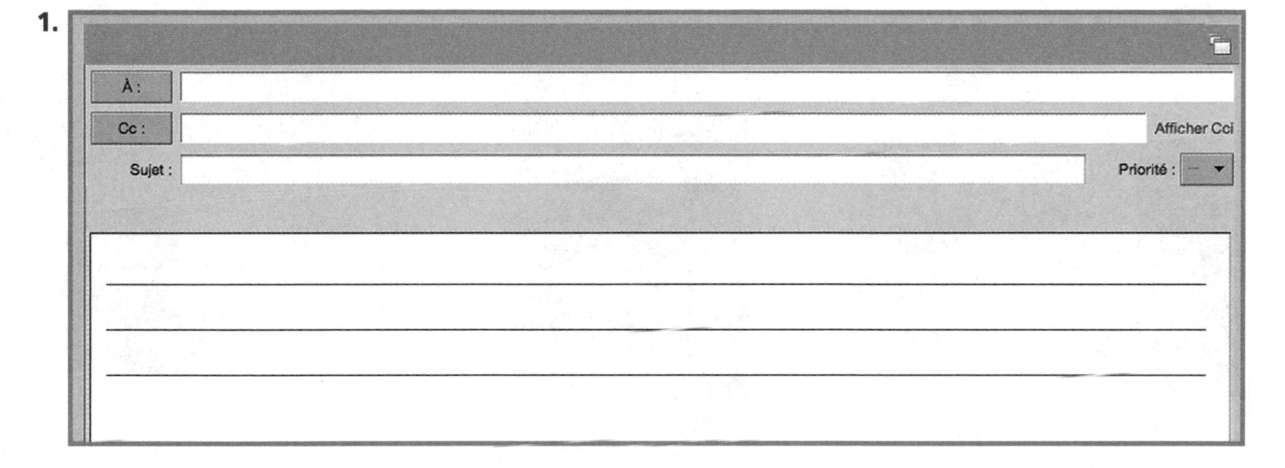

2.

À :

Cc : Afficher Cci

Sujet : Priorité :

____

____

____

LE PARTICIPE PRÉSENT

1 **Complétez selon l'exemple avec des verbes au gérondif.**

On peut apprendre une langue *en prenant des cours, en allant souvent dans le pays...*

1. On peut maigrir ______________________________

2. On peut se distraire ______________________________

3. On peut trouver un travail ______________________________

4. On peut faire des économies ______________________________

5. On peut mémoriser un texte______________________________

6. On peut se reposer ______________________________

7. On peut se faire mal ______________________________

2 **Que font-ils ? Créez une mini-situation pour chaque image en utilisant le gérondif.**

1. ______________
____

2. ______________
____

3. ______________
____

4. ______________
____

5. ______________
____

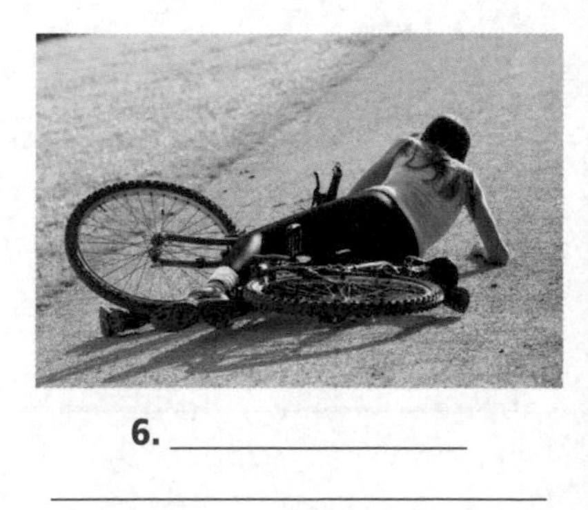

6. ______________
____

L'INFINITIF PASSÉ

a. Vous organisez un grand pique-nique avec des amis. Vous devez agir avec méthode. Rangez les phrases suivantes dans un ordre logique.

a. *je contacterai chaque personne par courriel ou par téléphone* – **b.** *je choisirai le lieu* – **c.** *je regarderai la météo* – **d.** *je fixerai une date* – **e.** *j'enverrai un SMS de confirmation à tous les participants* – **f.** *je noterai ce que chacun apportera* – **g.** *j'organiserai éventuellement un covoiturage** – **h.** *je ferai la liste de mes amis*

____

____

* Utiliser à plusieurs une voiture pour partager les frais.

b. Écrivez ce que vous allez faire au futur proche et employez « après » suivi de l'infinitif passé.

Et après avoir ____________ *je* ____________ *Après avoir* ____________ *je* ____________ *Puis après* ____________

____

LA VOIX PASSSIVE

1 **a. Écoutez les informations suivantes. Complétez les informations avec le verbe conjugué, soulignez le sujet puis donnez le temps du verbe et son infinitif.**

1. Une nouvelle loi de finances ____________ au Parlement européen.

____

2. Une réunion entre les ministres de l'agriculture ____________ cet après-midi.

____

3. Trois personnes ____________ grièvement dans un accident sur l'autoroute A1.

____

4. Un terroriste ____________ par la police hier soir.

____

5. LE BUDGET DE LA RECHERCHE ____________ DE 5 % L'ANNÉE PROCHAINE.

____

6. Les sportifs médaillés des jeux Olympiques ____________ aujourd'hui par le président.

____

b. Cherchez trois articles dans les journaux ou sur Internet. Recopiez-les en inscrivant un titre par feuille. Si vous travaillez en groupe, mettez les feuilles en commun, mélangez-les et distribuez plusieurs feuilles à chacun. À partir des titres, organisez un journal télévisé ou radiophonique. Chacun présente les nouvelles à tour de rôle et peut les développer selon son imagination.

ÊTRE

INDICATIF

Présent		Passé composé		
je	suis	j'	ai	été
tu	es	tu	as	été
il/elle	est	il/elle	a	été
nous	sommes	nous	avons	été
vous	êtes	vous	avez	été
ils/elles	sont	ils/elles	ont	été

Imparfait		Plus-que-parfait		
j'	étais	j'	avais	été
tu	étais	tu	avais	été
il/elle	était	il/elle	avait	été
nous	étions	nous	avions	été
vous	étiez	vous	aviez	été
ils/elles	étaient	ils/elles	avaient	été

Passé simple		Passé antérieur		
je	fus	j'	eus	été
tu	fus	tu	eus	été
il/elle	fut	il/elle	eut	été
nous	fûmes	nous	eûmes	été
vous	fûtes	vous	eûtes	été
ils/elles	furent	ils/elles	eurent	été

Futur simple		Futur antérieur		
je	serai	j'	aurai	été
tu	seras	tu	auras	été
il/elle	sera	il/elle	aura	été
nous	serons	nous	aurons	été
vous	serez	vous	aurez	été
ils/elles	seront	ils/elles	auront	été

CONDITIONNEL

Présent		Passé		
je	serais	j'	aurais	été
tu	serais	tu	aurais	été
il/elle	serait	il/elle	aurait	été
nous	serions	nous	aurions	été
vous	seriez	vous	auriez	été
ils/elles	seraient	ils/elles	auraient	été

SUBJONCTIF

Présent			Passé			
que je		sois	que	j'	aie	été
que tu		sois	que	tu	aies	été
qu'	il/elle	soit	qu'	il/elle	ait	été
que nous		soyons	que	nous	ayons	été
que vous		soyez	que	vous	ayez	été
qu'	ils/elles	soient	qu'	ils/elles	aient	été

INFINITIF

Présent
être

Passé
avoir été

PARTICIPE

Présent
étant

Passé
été
ayant été

IMPÉRATIF

Présent
sois
soyons
soyez

AVOIR

INDICATIF

Présent		Passé composé		
j'	ai	j'	ai	eu
tu	as	tu	as	eu
il/elle	a	il/elle	a	eu
nous	avons	nous	avons	eu
vous	avez	vous	avez	eu
ils/elles	ont	ils/elles	ont	eu

Imparfait		Plus-que-parfait		
j'	avais	j'	avais	eu
tu	avais	tu	avais	eu
il/elle	avait	il/elle	avait	eu
nous	avions	nous	avions	eu
vous	aviez	vous	aviez	eu
ils/elles	avaient	ils/elles	avaient	eu

Passé simple		Passé antérieur		
j'	eus	j'	eus	eu
tu	eus	tu	eus	eu
il/elle	eut	il/elle	eut	eu
nous	eûmes	nous	eûmes	eu
vous	eûtes	vous	eûtes	eu
ils/elles	eurent	ils/elles	eurent	eu

Futur simple		Futur antérieur		
j'	aurai	j'	aurai	eu
tu	auras	tu	auras	eu
il/elle	aura	il/elle	aura	eu
nous	aurons	nous	aurons	eu
vous	aurez	vous	aurez	eu
ils/elles	auront	ils/elles	auront	eu

CONDITIONNEL

Présent		Passé		
j'	aurais	j'	aurais	eu
tu	aurais	tu	aurais	eu
il/elle	aurait	il/elle	aurait	eu
nous	aurions	nous	aurions	eu
vous	auriez	vous	auriez	eu
ils/elles	auraient	ils/elles	auraient	eu

SUBJONCTIF

Présent			Passé			
que	j'	aie	que	j'	aie	eu
que	tu	aies	que	tu	aies	eu
qu'	il/elle	ait	qu'	il/elle	ait	eu
que	nous	ayons	que	nous	ayons	eu
que	vous	ayez	que	vous	ayez	eu
qu'	ils/elles	aient	qu'	ils/elles	aient	eu

INFINITIF

Présent
avoir

Passé
avoir eu

PARTICIPE

Présent
ayant

Passé
eu
ayant eu

IMPÉRATIF

Présent
aie
ayons
ayez

AIMER

INDICATIF

Présent		Passé composé		
j'	aime	j'	ai	aimé
tu	aimes	tu	as	aimé
il/elle	aime	il/elle	a	aimé
nous	aimons	nous	avons	aimé
vous	aimez	vous	avez	aimé
ils/elles	aiment	ils/elles	ont	aimé

Imparfait		Plus-que-parfait		
j'	aimais	j'	avais	aimé
tu	aimais	tu	avais	aimé
il/elle	aimait	il/elle	avait	aimé
nous	aimions	nous	avions	aimé
vous	aimiez	vous	aviez	aimé
ils/elles	aimaient	ils/elles	avaient	aimé

Passé simple		Passé antérieur		
j'	aimai	j'	eus	aimé
tu	aimas	tu	eus	aimé
il/elle	aima	il/elle	eut	aimé
nous	aimâmes	nous	eûmes	aimé
vous	aimâtes	vous	eûtes	aimé
ils/elles	aimèrent	ils/elles	eurent	aimé

Futur simple		Futur antérieur		
j'	aimerai	j'	aurai	aimé
tu	aimeras	tu	auras	aimé
il/elle	aimera	il/elle	aura	aimé
nous	aimerons	nous	aurons	aimé
vous	aimerez	vous	aurez	aimé
ils/elles	aimeront	ils/elles	auront	aimé

CONDITIONNEL

Présent		Passé		
j'	aimerais	j'	aurais	aimé
tu	aimerais	tu	aurais	aimé
il/elle	aimerait	il/elle	aurait	aimé
nous	aimerions	nous	aurions	aimé
vous	aimeriez	vous	auriez	aimé
ils/elles	aimeraient	ils/elles	auraient	aimé

SUBJONCTIF

Présent		Passé		
que j'	aime	que j'	aie	aimé
que tu	aimes	que tu	aies	aimé
qu' il/elle	aime	qu' il/elle	ait	aimé
que nous	aimions	que nous	ayons	aimé
que vous	aimiez	que vous	ayez	aimé
qu' ils/elles	aiment	qu' ils/elles	aient	aimé

INFINITIF

Présent
aimer

Passé
avoir aimé

PARTICIPE

Présent
aimant

Passé
aimé
ayant aimé

IMPÉRATIF

Présent
aime
aimons
aimez

CHANGER

INDICATIF

Présent		Passé composé		
je	change	j'	ai	changé
tu	changes	tu	as	changé
il/elle	change	il/elle	a	changé
nous	changeons	nous	avons	changé
vous	changez	vous	avez	changé
ils/elles	changent	ils/elles	ont	changé

Imparfait		Plus-que-parfait		
je	changeais	j'	avais	changé
tu	changeais	tu	avais	changé
il/elle	changeait	il/elle	avait	changé
nous	changions	nous	avions	changé
vous	changiez	vous	aviez	changé
ils/elles	changeaient	ils/elles	avaient	changé

Passé simple		Passé antérieur		
je	changeai	j'	eus	changé
tu	changeas	tu	eus	changé
il/elle	changea	il/elle	eut	changé
nous	changeâmes	nous	eûmes	changé
vous	changeâtes	vous	eûtes	changé
ils/elles	changèrent	ils/elles	eurent	changé

Futur simple		Futur antérieur		
je	changerai	j'	aurai	changé
tu	changeras	tu	auras	changé
il/elle	changera	il/elle	aura	changé
nous	changerons	nous	aurons	changé
vous	changerez	vous	aurez	changé
ils/elles	changeront	ils/elles	auront	changé

CONDITIONNEL

Présent		Passé		
je	changerais	j'	aurais	changé
tu	changerais	tu	aurais	changé
il/elle	changerait	il/elle	aurait	changé
nous	changerions	nous	aurions	changé
vous	changeriez	vous	auriez	changé
ils/elles	changeraient	ils/elles	auraient	changé

SUBJONCTIF

Présent		Passé		
que je	change	que j'	aie	changé
que tu	changes	que tu	aies	changé
qu' il/elle	change	qu' il/elle	ait	changé
que nous	changions	que nous	ayons	changé
que vous	changiez	que vous	ayez	changé
qu' ils/elles	changent	qu' ils/elles	aient	changé

INFINITIF

Présent
changer

Passé
avoir changé

PARTICIPE

Présent
changeant

Passé
changé
ayant changé

IMPÉRATIF

Présent
change
changeons
changez

ÉTUDIER

INDICATIF

Présent		Passé composé		
j'	étudie	j'	ai	étudié
tu	étudies	tu	as	étudié
il/elle	étudie	il/elle	a	étudié
nous	étudions	nous	avons	étudié
vous	étudiez	vous	avez	étudié
ils/elles	étudient	ils/elles	ont	étudié

Imparfait		Plus-que-parfait		
j'	étudiais	j'	avais	étudié
tu	étudiais	tu	avais	étudié
il/elle	étudiait	il/elle	avait	étudié
nous	étudiions	nous	avions	étudié
vous	étudiiez	vous	aviez	étudié
ils/elles	étudiaient	ils/elles	avaient	étudié

Passé simple		Passé antérieur		
j'	étudiai	j'	eus	étudié
tu	étudias	tu	eus	étudié
il/elle	étudia	il/elle	eut	étudié
nous	étudiâmes	nous	eûmes	étudié
vous	étudiâtes	vous	eûtes	étudié
ils/elles	étudièrent	ils/elles	eurent	étudié

Futur simple		Futur antérieur		
j'	étudierai	j'	aurai	étudié
tu	étudieras	tu	auras	étudié
il/elle	étudiera	il/elle	aura	étudié
nous	étudierons	nous	aurons	étudié
vous	étudierez	vous	aurez	étudié
ils/elles	étudieront	ils/elles	auront	étudié

CONDITIONNEL

Présent		Passé		
j'	étudierais	j'	aurais	étudié
tu	étudierais	tu	aurais	étudié
il/elle	étudierait	il/elle	aurait	étudié
nous	étudierions	nous	aurions	étudié
vous	étudieriez	vous	auriez	étudié
ils/elles	étudieraient	ils/elles	auraient	étudié

SUBJONCTIF

Présent		Passé			
que j'	étudie	que	j'	aie	étudié
que tu	étudies	que	tu	aies	étudié
qu' il/elle	étudie	qu'	il/elle	ait	étudié
que nous	étudiions	que	nous	ayons	étudié
que vous	étudiiez	que	vous	ayez	étudié
qu' ils/elles	étudient	qu'	ils/elles	aient	étudié

INFINITIF

Présent
étudier

Passé
avoir étudié

PARTICIPE

Présent
étudiant

Passé
étudié
ayant étudié

IMPÉRATIF

Présent
étudie
étudions
étudiez

ENVOYER

INDICATIF

Présent		Passé composé		
j'	envoie	j'	ai	envoyé
tu	envoies	tu	as	envoyé
il/elle	envoie	il/elle	a	envoyé
nous	envoyons	nous	avons	envoyé
vous	envoyez	vous	avez	envoyé
ils/elles	envoient	ils/elles	ont	envoyé

Imparfait		Plus-que-parfait		
j'	envoyais	j'	avais	envoyé
tu	envoyais	tu	avais	envoyé
il/elle	envoyait	il/elle	avait	envoyé
nous	envoyions	nous	avions	envoyé
vous	envoyiez	vous	aviez	envoyé
ils/elles	envoyaient	ils/elles	avaient	envoyé

Passé simple		Passé antérieur		
j'	envoyai	j'	eus	envoyé
tu	envoyas	tu	eus	envoyé
il/elle	envoya	il/elle	eut	envoyé
nous	envoyâmes	nous	eûmes	envoyé
vous	envoyâtes	vous	eûtes	envoyé
ils/elles	envoyèrent	ils/elles	eurent	envoyé

Futur simple		Futur antérieur		
j'	enverrai	j'	aurai	envoyé
tu	enverras	tu	auras	envoyé
il/elle	enverra	il/elle	aura	envoyé
nous	enverrons	nous	aurons	envoyé
vous	enverrez	vous	aurez	envoyé
ils/elles	enverront	ils/elles	auront	envoyé

CONDITIONNEL

Présent		Passé		
j'	enverrais	j'	aurais	envoyé
tu	enverrais	tu	aurais	envoyé
il/elle	enverrait	il/elle	aurait	envoyé
nous	enverrions	nous	aurions	envoyé
vous	enverriez	vous	auriez	envoyé
ils/elles	enverraient	ils/elles	auraient	envoyé

SUBJONCTIF

Présent		Passé			
que j'	envoie	que	j'	aie	envoyé
que tu	envoies	que	tu	aies	envoyé
qu' il/elle	envoie	qu'	il/elle	ait	envoyé
que nous	envoyions	que	nous	ayons	envoyé
que vous	envoyiez	que	vous	ayez	envoyé
qu' ils/elles	envoient	qu'	ils/elles	aient	envoyé

INFINITIF

Présent
envoyer

Passé
avoir envoyé

PARTICIPE

Présent
envoyant

Passé
envoyé
ayant envoyé

IMPÉRATIF

Présent
envoie
envoyons
envoyez

S'ARRÊTER

INDICATIF	Présent			Passé composé			
	je	m'	arrête	je	me	suis	arrêté(e)
	tu	t'	arrêtes	tu	t'	es	arrêté(e)
	il/elle	s'	arrête	il/elle	s'	est	arrêté(e)
	nous	nous	arrêtons	nous	nous	sommes	arrêté(e)s
	vous	vous	arrêtez	vous	vous	êtes	arrêté(e)(s)
	ils/elles	s'	arrêtent	ils/elles	se	sont	arrêté(e)s
	Imparfait			**Plus-que-parfait**			
	je	m'	arrêtais	je	m'	étais	arrêté(e)
	tu	t'	arrêtais	tu	t'	étais	arrêté(e)
	il/elle	s'	arrêtait	il/elle	s'	était	arrêté(e)
	nous	nous	arrêtions	nous	nous	étions	arrêté(e)s
	vous	vous	arrêtiez	vous	vous	étiez	arrêté(e)(s)
	ils/elles	s'	arrêtaient	ils/elles	s'	étaient	arrêté(e)s
	Passé simple			**Passé antérieur**			
	je	m'	arrêtai	je	me	fus	arrêté(e)
	tu	t'	arrêtas	tu	te	fus	arrêté(e)
	il/elle	s'	arrêta	il/elle	se	fut	arrêté(e)
	nous	nous	arrêtâmes	nous	nous	fûmes	arrêté(e)s
	vous	vous	arrêtâtes	vous	vous	fûtes	arrêté(e)(s)
	ils/elles	s'	arrêtèrent	ils/elles	se	furent	arrêté(e)s
	Futur simple			**Futur antérieur**			
	je	m'	arrêterai	je	me	serai	arrêté(e)
	tu	t'	arrêteras	tu	te	seras	arrêté(e)
	il/elle	s'	arrêtera	il/elle	se	sera	arrêté(e)
	nous	nous	arrêterons	nous	nous	serons	arrêté(e)s
	vous	vous	arrêterez	vous	vous	serez	arrêté(e)(s)
	ils/elles	s'	arrêteront	ils/elles	se	seront	arrêté(e)s

CONDITIONNEL	Présent			Passé			
	je	m'	arrêterais	je	me	serais	arrêté(e)
	tu	t'	arrêterais	tu	te	serais	arrêté(e)
	il/elle	s'	arrêterait	il/elle	se	serait	arrêté(e)
	nous	nous	arrêterions	nous	nous	serions	arrêté(e)s
	vous	vous	arrêteriez	vous	vous	seriez	arrêté(e)(s)
	ils/elles	s'	arrêteraient	ils/elles	se	seraient	arrêté(e)s

SUBJONCTIF	Présent			Passé			
	que je	m'	arrête	que je	me	sois	arrêté(e)
	que tu	t'	arrêtes	que tu	te	sois	arrêté(e)
	qu' il/elle	s'	arrête	qu' il/elle	se	soit	arrêté(e)
	que nous	nous	arrêtions	que nous	nous	soyons	arrêté(e)s
	que vous	vous	arrêtiez	que vous	vous	soyez	arrêté(e)(s)
	qu' ils/elles	s'	arrêtent	qu' ils/elles	se	soient	arrêté(e)s

INFINITIF

Présent
s'arrêter

Passé
s'être arrêté(e)(s)

PARTICIPE

Présent
s'arrêtant

Passé
arrêté
s'étant arrêté

IMPÉRATIF

arrête-toi
arrêtons-nous
arrêtez-vous

ALLER

INDICATIF	Présent		Passé composé		
	je	vais	je	suis	allé(e)
	tu	vas	tu	es	allé(e)
	il/elle	va	il/elle	est	allé(e)
	nous	allons	nous	sommes	allé(e)s
	vous	allez	vous	êtes	allé(e)(s)
	ils/elles	vont	ils/elles	sont	allé(e)s

Imparfait		Plus-que-parfait		
j'	allais	j'	étais	allé(e)
tu	allais	tu	étais	allé(e)
il/elle	allait	il/elle	était	allé(e)
nous	allions	nous	étions	allé(e)s
vous	alliez	vous	étiez	allé(e)(s)
ils/elles	allaient	ils/elles	étaient	allé(e)s

Passé simple		Passé antérieur		
j'	allai	je	fus	allé(e)
tu	allas	tu	fus	allé(e)
il/elle	alla	il/elle	fut	allé(e)
nous	allâmes	nous	fûmes	allé(e)s
vous	allâtes	vous	fûtes	allé(e)(s)
ils/elles	allèrent	ils/elles	furent	allé(e)s

Futur simple		Futur antérieur		
j'	irai	je	serai	allé(e)
tu	iras	tu	seras	allé(e)
il/elle	ira	il/elle	sera	allé(e)
nous	irons	nous	serons	allé(e)s
vous	irez	vous	serez	allé(e)(s)
ils/elles	iront	ils/elles	seront	allé(e)s

CONDITIONNEL	Présent		Passé		
	j'	irais	je	serais	allé(e)
	tu	irais	tu	serais	allé(e)
	il/elle	irait	il/elle	serait	allé(e)
	nous	irions	nous	serions	allé(e)s
	vous	iriez	vous	seriez	allé(e)(s)
	ils/elles	iraient	ils/elles	seraient	allé(e)s

SUBJONCTIF	Présent		Passé		
	que j'	aille	que je	sois	allé(e)
	que tu	ailles	que tu	sois	allé(e)
	qu' il/elle	aille	qu' il/elle	soit	allé(e)
	que nous	allions	que nous	soyons	allé(e)s
	que vous	alliez	que vous	soyez	allé(e)(s)
	qu' ils/elles	aillent	qu' ils/elles	soient	allé(e)s

INFINITIF

Présent
aller

Passé
être allé

PARTICIPE

Présent
allant

Passé
allé
étant allé

IMPÉRATIF

Présent
va
allons
allez

VENIR

INDICATIF

Présent		Passé composé		
je	viens	je	suis	venu(e)
tu	viens	tu	es	venu(e)
il/elle	vient	il/elle	est	venu(e)
nous	venons	nous	sommes	venu(e)s
vous	venez	vous	êtes	venu(e)(s)
ils/elles	viennent	ils/elles	sont	venu(e)s

Imparfait		Plus-que-parfait		
je	venais	j'	étais	venu(e)
tu	venais	tu	étais	venu(e)
il/elle	venait	il/elle	était	venu(e)
nous	venions	nous	étions	venu(e)s
vous	veniez	vous	étiez	venu(e)(s)
ils/elles	venaient	ils/elles	étaient	venu(e)s

Passé simple		Passé antérieur		
je	vins	je	fus	venu(e)
tu	vins	tu	fus	venu(e)
il/elle	vint	il/elle	fut	venu(e)
nous	vînmes	nous	fûmes	venu(e)s
vous	vîntes	vous	fûtes	venu(e)(s)
ils/elles	vinrent	ils/elles	furent	venu(e)s

Futur simple		Futur antérieur		
je	viendrai	je	serai	venu(e)
tu	viendras	tu	seras	venu(e)
il/elle	viendra	il/elle	sera	venu(e)
nous	viendrons	nous	serons	venu(e)s
vous	viendrez	vous	serez	venu(e)(s)
ils/elles	viendront	ils/elles	seront	venu(e)s

CONDITIONNEL

Présent		Passé		
je	viendrais	je	serais	venu(e)
tu	viendrais	tu	serais	venu(e)
il/elle	viendrait	il/elle	serait	venu(e)
nous	viendrions	nous	serions	venu(e)s
vous	viendriez	vous	seriez	venu(e)(s)
ils/elles	viendraient	ils/elles	seraient	venu(e)s

SUBJONCTIF

Présent		Passé		
que je	vienne	que je	sois	venu(e)
que tu	viennes	que tu	sois	venu(e)
qu' il/elle	vienne	qu' il/elle	soit	venu(e)
que nous	venions	que nous	soyons	venu(e)s
que vous	veniez	que vous	soyez	venu(e)(s)
qu' ils/elles	viennent	qu' ils/elles	soient	venu(e)s

INFINITIF

Présent
venir

Passé
être venu

PARTICIPE

Présent
venant

Passé
venu
étant venu

IMPÉRATIF

Présent
viens
venons
venez

FAIRE

INDICATIF

Présent		Passé composé		
je	fais	j'	ai	fait
tu	fais	tu	as	fait
il/elle	fait	il/elle	a	fait
nous	faisons	nous	avons	fait
vous	faites	vous	avez	fait
ils/elles	font	ils/elles	ont	fait

Imparfait		Plus-que-parfait		
je	faisais	j'	avais	fait
tu	faisais	tu	avais	fait
il/elle	faisait	il/elle	avait	fait
nous	faisions	nous	avions	fait
vous	faisiez	vous	aviez	fait
ils/elles	faisaient	ils/elles	avaient	fait

Passé simple		Passé antérieur		
je	fis	j'	eus	fait
tu	fis	tu	eus	fait
il/elle	fit	il/elle	eut	fait
nous	fîmes	nous	eûmes	fait
vous	fîtes	vous	eûtes	fait
ils/elles	firent	ils/elles	eurent	fait

Futur simple		Futur antérieur		
je	ferai	j'	aurai	fait
tu	feras	tu	auras	fait
il/elle	fera	il/elle	aura	fait
nous	ferons	nous	aurons	fait
vous	ferez	vous	aurez	fait
ils/elles	feront	ils/elles	auront	fait

CONDITIONNEL

Présent		Passé		
je	ferais	j'	aurais	fait
tu	ferais	tu	aurais	fait
il/elle	ferait	il/elle	aurait	fait
nous	ferions	nous	aurions	fait
vous	feriez	vous	auriez	fait
ils/elles	feraient	ils/elles	auraient	fait

SUBJONCTIF

Présent		Passé		
que je	fasse	que j'	aie	fait
que tu	fasses	que tu	aies	fait
qu' il/elle	fasse	qu' il/elle	ait	fait
que nous	fassions	que nous	ayons	fait
que vous	fassiez	que vous	ayez	fait
qu' ils/elles	fassent	qu' ils/elles	aient	fait

INFINITIF

Présent
faire

Passé
avoir fait

PARTICIPE

Présent
faisant

Passé
fait
ayant fait

IMPÉRATIF

Présent
fais
faisons
faites

VOULOIR

INDICATIF

Présent		Passé composé		
je	veux	j'	ai	voulu
tu	veux	tu	as	voulu
il/elle	veut	il/elle	a	voulu
nous	voulons	nous	avons	voulu
vous	voulez	vous	avez	voulu
ils/elles	veulent	ils/elles	ont	voulu

Imparfait		Plus-que-parfait		
je	voulais	j'	avais	voulu
tu	voulais	tu	avais	voulu
il/elle	voulait	il/elle	avait	voulu
nous	voulions	nous	avions	voulu
vous	vouliez	vous	aviez	voulu
ils/elles	voulaient	ils/elles	avaient	voulu

Passé simple		Passé antérieur		
je	voulus	j'	eus	voulu
tu	voulus	tu	eus	voulu
il/elle	voulut	il/elle	eut	voulu
nous	voulûmes	nous	eûmes	voulu
vous	voulûtes	vous	eûtes	voulu
ils/elles	voulurent	ils/elles	eurent	voulu

Futur simple		Futur antérieur		
je	voudrai	j'	aurai	voulu
tu	voudras	tu	auras	voulu
il/elle	voudra	il/elle	aura	voulu
nous	voudrons	nous	aurons	voulu
vous	voudrez	vous	aurez	voulu
ils/elles	voudront	ils/elles	auront	voulu

CONDITIONNEL

Présent		Passé		
je	voudrais	j'	aurais	voulu
tu	voudrais	tu	aurais	voulu
il/elle	voudrait	il/elle	aurait	voulu
nous	voudrions	nous	aurions	voulu
vous	voudriez	vous	auriez	voulu
ils/elles	voudraient	ils/elles	auraient	voulu

SUBJONCTIF

Présent			Passé			
que	je	veuille	que	j'	aie	voulu
que	tu	veuilles	que	tu	aies	voulu
qu'	il/elle	veuille	qu'	il/elle	ait	voulu
que	nous	voulions	que	nous	ayons	voulu
que	vous	vouliez	que	vous	ayez	voulu
qu'	ils/elles	veuillent	qu'	ils/elles	aient	voulu

INFINITIF

Présent
vouloir

Passé
avoir voulu

PARTICIPE

Présent
voulant

Passé
voulu
ayant voulu

IMPÉRATIF

Présent
veux (veuille)
voulons
voulez (veuillez)

POUVOIR

INDICATIF

Présent		Passé composé		
je	peux	j'	ai	pu
tu	peux	tu	as	pu
il/elle	peut	il/elle	a	pu
nous	pouvons	nous	avons	pu
vous	pouvez	vous	avez	pu
ils/elles	peuvent	ils/elles	ont	pu

Imparfait		Plus-que-parfait		
je	pouvais	j'	avais	pu
tu	pouvais	tu	avais	pu
il/elle	pouvait	il/elle	avait	pu
nous	pouvions	nous	avions	pu
vous	pouviez	vous	aviez	pu
ils/elles	pouvaient	ils/elles	avaient	pu

Passé simple		Passé antérieur		
je	pus	j'	eus	pu
tu	pus	tu	eus	pu
il/elle	put	il/elle	eut	pu
nous	pûmes	nous	eûmes	pu
vous	pûtes	vous	eûtes	pu
ils/elles	purent	ils/elles	eurent	pu

Futur simple		Futur antérieur		
je	pourrai	j'	aurai	pu
tu	pourras	tu	auras	pu
il/elle	pourra	il/elle	aura	pu
nous	pourrons	nous	aurons	pu
vous	pourrez	vous	aurez	pu
ils/elles	pourront	ils/elles	auront	pu

CONDITIONNEL

Présent		Passé		
je	pourrais	j'	aurais	pu
tu	pourrais	tu	aurais	pu
il/elle	pourrait	il/elle	aurait	pu
nous	pourrions	nous	aurions	pu
vous	pourriez	vous	auriez	pu
ils/elles	pourraient	ils/elles	auraient	pu

SUBJONCTIF

Présent		Passé			
que je	puisse	que	j'	aie	pu
que tu	puisses	que	tu	aies	pu
qu' il/elle	puisse	qu'	il/elle	ait	pu
que nous	puissions	que	nous	ayons	pu
que vous	puissiez	que	vous	ayez	pu
qu' ils/elles	puissent	qu'	ils/elles	aient	pu

INFINITIF

Présent
pouvoir

Passé
avoir pu

PARTICIPE

Présent
pouvant

Passé
pu
ayant pu

IMPÉRATIF

pas d'impératif

SAVOIR

INDICATIF

Présent		Passé composé		
je	sais	j'	ai	su
tu	sais	tu	as	su
il/elle	sait	il/elle	a	su
nous	savons	nous	avons	su
vous	savez	vous	avez	su
ils/elles	savent	ils/elles	ont	su

Imparfait		Plus-que-parfait		
je	savais	j'	avais	su
tu	savais	tu	avais	su
il/elle	savait	il/elle	avait	su
nous	savions	nous	avions	su
vous	saviez	vous	aviez	su
ils/elles	savaient	ils/elles	avaient	su

Passé simple		Passé antérieur		
je	sus	j'	eus	su
tu	sus	tu	eus	su
il/elle	sut	il/elle	eut	su
nous	sûmes	nous	eûmes	su
vous	sûtes	vous	eûtes	su
ils/elles	surent	ils/elles	eurent	su

Futur simple		Futur antérieur		
je	saurai	j'	aurai	su
tu	sauras	tu	auras	su
il/elle	saura	il/elle	aura	su
nous	saurons	nous	aurons	su
vous	saurez	vous	aurez	su
ils/elles	sauront	ils/elles	auront	su

CONDITIONNEL

Présent		Passé		
je	saurais	j'	aurais	su
tu	saurais	tu	aurais	su
il/elle	saurait	il/elle	aurait	su
nous	saurions	nous	aurions	su
vous	sauriez	vous	auriez	su
ils/elles	sauraient	ils/elles	auraient	su

SUBJONCTIF

Présent		Passé			
que je	sache	que	j'	aie	su
que tu	saches	que	tu	aies	su
qu' il/elle	sache	qu'	il/elle	ait	su
que nous	sachions	que	nous	ayons	su
que vous	sachiez	que	vous	ayez	su
qu' ils/elles	sachent	qu'	ils/elles	aient	su

INFINITIF

Présent
savoir

Passé
avoir su

PARTICIPE

Présent
sachant

Passé
su
ayant su

IMPÉRATIF

sache
sachons
sachez

DEVOIR

INDICATIF

Présent		Passé composé		
je	dois	j'	ai	dû
tu	dois	tu	as	dû
il/elle	doit	il/elle	a	dû
nous	devons	nous	avons	dû
vous	devez	vous	avez	dû
ils/elles	doivent	ils/elles	ont	dû

Imparfait		Plus-que-parfait		
je	devais	j'	avais	dû
tu	devais	tu	avais	dû
il/elle	devait	il/elle	avait	dû
nous	devions	nous	avions	dû
vous	deviez	vous	aviez	dû
ils/elles	devaient	ils/elles	avaient	dû

Passé simple		Passé antérieur		
je	dus	j'	eus	dû
tu	dus	tu	eus	dû
il/elle	dut	il/elle	eut	dû
nous	dûmes	nous	eûmes	dû
vous	dûtes	vous	eûtes	dû
ils/elles	durent	ils/elles	eurent	dû

Futur simple		Futur antérieur		
je	devrai	j'	aurai	dû
tu	devras	tu	auras	dû
il/elle	devra	il/elle	aura	dû
nous	devrons	nous	aurons	dû
vous	devrez	vous	aurez	dû
ils/elles	devront	ils/elles	auront	dû

CONDITIONNEL

Présent		Passé		
je	devrais	j'	aurais	dû
tu	devrais	tu	aurais	dû
il/elle	devrait	il/elle	aurait	dû
nous	devrions	nous	aurions	dû
vous	devriez	vous	auriez	dû
ils/elles	devraient	ils/elles	auraient	dû

SUBJONCTIF

Présent		Passé		
que je	doive	que j'	aie	dû
que tu	doives	que tu	aies	dû
qu' il/elle	doive	qu' il/elle	ait	dû
que nous	devions	que nous	ayons	dû
que vous	deviez	que vous	ayez	dû
qu' ils/elles	doivent	qu' ils/elles	aient	dû

INFINITIF

Présent
devoir

Passé
avoir dû

PARTICIPE

Présent
devant

Passé
dû
ayant dû

IMPÉRATIF

dois
devons
devez

CHOISIR

INDICATIF	Présent		Passé composé		
	je	choisis	j'	ai	choisi
	tu	choisis	tu	as	choisi
	il/elle	choisit	il/elle	a	choisi
	nous	choisissons	nous	avons	choisi
	vous	choisissez	vous	avez	choisi
	ils/elles	choisissent	ils/elles	ont	choisi

Imparfait		Plus-que-parfait		
je	choisissais	j'	avais	choisi
tu	choisissais	tu	avais	choisi
il/elle	choisissait	il/elle	avait	choisi
nous	choisissions	nous	avions	choisi
vous	choisissiez	vous	aviez	choisi
ils/elles	choisissaient	ils/elles	avaient	choisi

Passé simple		Passé antérieur		
je	choisis	j'	eus	choisi
tu	choisis	tu	eus	choisi
il/elle	choisit	il/elle	eut	choisi
nous	choisîmes	nous	eûmes	choisi
vous	choisîtes	vous	eûtes	choisi
ils/elles	choisirent	ils/elles	eurent	choisi

Futur simple		Futur antérieur		
je	choisirai	j'	aurai	choisi
tu	choisiras	tu	auras	choisi
il/elle	choisira	il/elle	aura	choisi
nous	choisirons	nous	aurons	choisi
vous	choisirez	vous	aurez	choisi
ils/elles	choisiront	ils/elles	auront	choisi

CONDITIONNEL	Présent		Passé		
	je	choisirais	j'	aurais	choisi
	tu	choisirais	tu	aurais	choisi
	il/elle	choisirait	il/elle	aurait	choisi
	nous	choisirions	nous	aurions	choisi
	vous	choisiriez	vous	auriez	choisi
	ils/elles	choisiraient	ils/elles	auraient	choisi

SUBJONCTIF	Présent		Passé		
	que je	choisisse	que j'	aie	choisi
	que tu	choisisses	que tu	aies	choisi
	qu' il/elle	choisisse	qu' il/elle	ait	choisi
	que nous	choisissions	que nous	ayons	choisi
	que vous	choisissiez	que vous	ayez	choisi
	qu' ils/elles	choisissent	qu' ils/elles	aient	choisi

INFINITIF

Présent
choisir

Passé
avoir choisi

PARTICIPE

Présent
choisissant

Passé
choisi
ayant choisi

IMPÉRATIF

choisis
choisissons
choisissez

OUVRIR

INDICATIF

Présent		Passé composé		
j'	ouvre	j'	ai	ouvert
tu	ouvres	tu	as	ouvert
il/elle	ouvre	il/elle	a	ouvert
nous	ouvrons	nous	avons	ouvert
vous	ouvrez	vous	avez	ouvert
ils/elles	ouvrent	ils/elles	ont	ouvert

Imparfait		Plus-que-parfait		
j'	ouvrais	j'	avais	ouvert
tu	ouvrais	tu	avais	ouvert
il/elle	ouvrait	il/elle	avait	ouvert
nous	ouvrions	nous	avions	ouvert
vous	ouvriez	vous	aviez	ouvert
ils/elles	ouvraient	ils/elles	avaient	ouvert

Passé simple		Passé antérieur		
j'	ouvris	j'	eus	ouvert
tu	ouvris	tu	eus	ouvert
il/elle	ouvrit	il/elle	eut	ouvert
nous	ouvrîmes	nous	eûmes	ouvert
vous	ouvrîtes	vous	eûtes	ouvert
ils/elles	ouvrirent	ils/elles	eurent	ouvert

Futur simple		Futur antérieur		
j'	ouvrirai	j'	aurai	ouvert
tu	ouvriras	tu	auras	ouvert
il/elle	ouvrira	il/elle	aura	ouvert
nous	ouvrirons	nous	aurons	ouvert
vous	ouvrirez	vous	aurez	ouvert
ils/elles	ouvriront	ils/elles	auront	ouvert

CONDITIONNEL

Présent		Passé		
j'	ouvrirais	j'	aurais	ouvert
tu	ouvrirais	tu	aurais	ouvert
il/elle	ouvrirait	il/elle	aurait	ouvert
nous	ouvririons	nous	aurions	ouvert
vous	ouvririez	vous	auriez	ouvert
ils/elles	ouvriraient	ils/elles	auraient	ouvert

SUBJONCTIF

Présent		Passé		
que j'	ouvre	que j'	aie	ouvert
que tu	ouvres	que tu	aies	ouvert
qu' il/elle	ouvre	qu' il/elle	ait	ouvert
que nous	ouvrions	que nous	ayons	ouvert
que vous	ouvriez	que vous	ayez	ouvert
qu' ils/elles	ouvrent	qu' ils/elles	aient	ouvert

INFINITIF

Présent
ouvrir

Passé
avoir ouvert

PARTICIPE

Présent
ouvrant

Passé
ouvert
ayant ouvert

IMPÉRATIF

ouvre
ouvrons
ouvrez

PARTIR

INDICATIF

Présent		Passé composé		
je	pars	je	suis	parti(e)
tu	pars	tu	es	parti(e)
il/elle	part	il/elle	est	parti(e)
nous	partons	nous	sommes	parti(e)s
vous	partez	vous	êtes	parti(e)(s)
ils/elles	partent	ils/elles	sont	parti(e)s

Imparfait		Plus-que-parfait		
je	partais	j'	étais	parti(e)
tu	partais	tu	étais	parti(e)
il/elle	partait	il/elle	était	parti(e)
nous	partions	nous	étions	parti(e)s
vous	partiez	vous	étiez	parti(e)(s)
ils/elles	partaient	ils/elles	étaient	parti(e)s

Passé simple		Passé antérieur		
je	partis	je	fus	parti(e)
tu	partis	tu	fus	parti(e)
il/elle	partit	il/elle	fut	parti(e)
nous	partîmes	nous	fûmes	parti(e)s
vous	partîtes	vous	fûtes	parti(e)(s)
ils/elles	partirent	ils/elles	furent	parti(e)s

Futur simple		Futur antérieur		
je	partirai	je	serai	parti(e)
tu	partiras	tu	seras	parti(e)
il/elle	partira	il/elle	sera	parti(e)
nous	partirons	nous	serons	parti(e)s
vous	partirez	vous	serez	parti(e)(s)
ils/elles	partiront	ils/elles	seront	parti(e)s

CONDITIONNEL

Présent		Passé		
je	partirais	je	serais	parti(e)
tu	partirais	tu	serais	parti(e)
il/elle	partirait	il/elle	serait	parti(e)
nous	partirions	nous	serions	parti(e)s
vous	partiriez	vous	seriez	parti(e)(s)
ils/elles	partiraient	ils/elles	seraient	parti(e)s

SUBJONCTIF

Présent		Passé			
que je	parte	que	je	sois	parti(e)
que tu	partes	que	tu	sois	parti(e)
qu' il/elle	parte	qu'	il/elle	soit	parti(e)
que nous	partions	que	nous	soyons	parti(e)s
que vous	partiez	que	vous	soyez	parti(e)(s)
qu' ils/elles	partent	qu'	ils/elles	soient	parti(e)s

INFINITIF

Présent
partir

Passé
être parti

PARTICIPE

Présent
partant

Passé
parti
étant parti

IMPÉRATIF

Présent
pars
partons
partez

DIRE

INDICATIF

Présent		Passé composé		
je	dis	j'	ai	dit
tu	dis	tu	as	dit
il/elle	dit	il/elle	a	dit
nous	disons	nous	avons	dit
vous	dites	vous	avez	dit
ils/elles	disent	ils/elles	ont	dit

Imparfait		Plus-que-parfait		
je	disais	j'	avais	dit
tu	disais	tu	avais	dit
il/elle	disait	il/elle	avait	dit
nous	disions	nous	avions	dit
vous	disiez	vous	aviez	dit
ils/elles	disaient	ils/elles	avaient	dit

Passé simple		Passé antérieur		
je	dis	j'	eus	dit
tu	dis	tu	eus	dit
il/elle	dit	il/elle	eut	dit
nous	dîmes	nous	eûmes	dit
vous	dîtes	vous	eûtes	dit
ils/elles	dirent	ils/elles	eurent	dit

Futur simple		Futur antérieur		
je	dirai	j'	aurai	dit
tu	diras	tu	auras	dit
il/elle	dira	il/elle	aura	dit
nous	dirons	nous	aurons	dit
vous	direz	vous	aurez	dit
ils/elles	diront	ils/elles	auront	dit

CONDITIONNEL

Présent		Passé		
je	dirais	j'	aurais	dit
tu	dirais	tu	aurais	dit
il	dirait	il/elle	aurait	dit
nous	dirions	nous	aurions	dit
vous	diriez	vous	auriez	dit
ils/elles	diraient	ils/elles	auraient	dit

SUBJONCTIF

Présent		Passé			
que je	dise	que	j'	aie	dit
que tu	dises	que	tu	aies	dit
qu' il/elle	dise	qu'	il/elle	ait	dit
que nous	disions	que	nous	ayons	dit
que vous	disiez	que	vous	ayez	dit
qu' ils/elles	disent	qu'	ils/elles	aient	dit

INFINITIF

Présent
dire

Passé
avoir dit

PARTICIPE

Présent
disant

Passé
dit
ayant dit

IMPÉRATIF

Présent
dis
disons
dites

ÉCRIRE

INDICATIF

Présent		Passé composé		
j'	écris	j'	ai	écrit
tu	écris	tu	as	écrit
il/elle	écrit	il/elle	a	écrit
nous	écrivons	nous	avons	écrit
vous	écrivez	vous	avez	écrit
ils/elles	écrivent	ils/elles	ont	écrit

Imparfait		Plus-que-parfait		
j'	écrivais	j'	avais	écrit
tu	écrivais	tu	avais	écrit
il/elle	écrivait	il/elle	avait	écrit
nous	écrivions	nous	avions	écrit
vous	écriviez	vous	aviez	écrit
ils/elles	écrivaient	ils/elles	avaient	écrit

Passé simple		Passé antérieur		
j'	écrivis	j'	eus	écrit
tu	écrivis	tu	eus	écrit
il/elle	écrivit	il/elle	eut	écrit
nous	écrivîmes	nous	eûmes	écrit
vous	écrivîtes	vous	eûtes	écrit
ils/elles	écrivirent	ils/elles	eurent	écrit

Futur simple		Futur antérieur		
j'	écrirai	j'	aurai	écrit
tu	écriras	tu	auras	écrit
il	écrira	il/elle	aura	écrit
nous	écrirons	nous	aurons	écrit
vous	écrirez	vous	aurez	écrit
ils/elles	écriront	ils/elles	auront	écrit

CONDITIONNEL

Présent		Passé		
j'	écrirais	j'	aurais	écrit
tu	écrirais	tu	aurais	écrit
il/elle	écrirait	il/elle	aurait	écrit
nous	écririons	nous	aurions	écrit
vous	écririez	vous	auriez	écrit
ils/elles	écriraient	ils/elles	auraient	écrit

SUBJONCTIF

Présent			Passé			
que	j'	écrive	que	j'	aie	écrit
que	tu	écrives	que	tu	aies	écrit
qu'	il/elle	écrive	qu'	il/elle	ait	écrit
que	nous	écrivions	que	nous	ayons	écrit
que	vous	écriviez	que	vous	ayez	écrit
qu'	ils/elles	écrivent	qu'	ils/elles	aient	écrit

INFINITIF

Présent
écrire

Passé
avoir écrit

PARTICIPE

Présent
écrivant

Passé
écrit
ayant écrit

IMPÉRATIF

Présent
écris
écrivons
écrivez

LIRE

INDICATIF

Présent		Passé composé		
je	lis	j'	ai	lu
tu	lis	tu	as	lu
il/elle	lit	il/elle	a	lu
nous	lisons	nous	avons	lu
vous	lisez	vous	avez	lu
ils/elles	lisent	ils/elles	ont	lu

Imparfait		Plus-que-parfait		
je	lisais	j'	avais	lu
tu	lisais	tu	avais	lu
il/elle	lisait	il/elle	avait	lu
nous	lisions	nous	avions	lu
vous	lisiez	vous	aviez	lu
ils/elles	lisaient	ils/elles	avaient	lu

Passé simple		Passé antérieur		
je	lus	j'	eus	lu
tu	lus	tu	eus	lu
il/elle	lut	il/elle	eut	lu
nous	lûmes	nous	eûmes	lu
vous	lûtes	vous	eûtes	lu
ils/elles	lurent	ils/elles	eurent	lu

Futur simple		Futur antérieur		
je	lirai	j'	aurai	lu
tu	liras	tu	auras	lu
il/elle	lira	il/elle	aura	lu
nous	lirons	nous	aurons	lu
vous	lirez	vous	aurez	lu
ils/elles	liront	ils/elles	auront	lu

CONDITIONNEL

Présent		Passé		
je	lirais	j'	aurais	lu
tu	lirais	tu	aurais	lu
il/elle	lirait	il/elle	aurait	lu
nous	lirions	nous	aurions	lu
vous	liriez	vous	auriez	lu
ils/elles	liraient	ils/elles	auraient	lu

SUBJONCTIF

Présent		Passé		
que je	lise	que j'	aie	lu
que tu	lises	que tu	aies	lu
qu' il/elle	lise	qu' il/elle	ait	lu
que nous	lisions	que nous	ayons	lu
que vous	lisiez	que vous	ayez	lu
qu' ils/elles	lisent	qu' ils/elles	aient	lu

INFINITIF

Présent
lire

Passé
avoir lu

PARTICIPE

Présent
lisant

Passé
lu
ayant lu

IMPÉRATIF

lis
lisons
lisez

PRENDRE

INDICATIF

Présent		Passé composé		
je	prends	j'	ai	pris
tu	prends	tu	as	pris
il/elle	prend	il/elle	a	pris
nous	prenons	nous	avons	pris
vous	prenez	vous	avez	pris
ils/elles	prennent	ils/elles	ont	pris

Imparfait		Plus-que-parfait		
je	prenais	j'	avais	pris
tu	prenais	tu	avais	pris
il/elle	prenait	il/elle	avait	pris
nous	prenions	nous	avions	pris
vous	preniez	vous	aviez	pris
ils/elles	prenaient	ils/elles	avaient	pris

Passé simple		Passé antérieur		
je	pris	j'	eus	pris
tu	pris	tu	eus	pris
il/elle	prit	il/elle	eut	pris
nous	prîmes	nous	eûmes	pris
vous	prîtes	vous	eûtes	pris
ils/elles	prirent	ils/elles	eurent	pris

Futur simple		Futur antérieur		
Je	prendrai	j'	aurai	pris
tu	pendras	tu	auras	pris
il/elle	prendra	il/elle	aura	pris
nous	prendrons	nous	aurons	pris
vous	prendrez	vous	aurez	pris
ils/elles	prendront	ils/elles	auront	pris

CONDITIONNEL

Présent		Passé		
je	prendrais	j'	aurais	pris
tu	prendrais	tu	aurais	pris
il/elle	prendrait	il/elle	aurait	pris
nous	prendrions	nous	aurions	pris
vous	prendriez	vous	auriez	pris
ils/elles	prendraient	ils/elles	auraient	pris

SUBJONCTIF

Présent		Passé		
que je	prenne	que j'	aie	pris
que tu	prennes	que tu	aies	pris
qu' il/elle	prenne	qu' il/elle	ait	pris
que nous	prenions	que nous	ayons	pris
que vous	preniez	que vous	ayez	pris
qu' ils/elles	prennent	qu' ils/elles	aient	pris

INFINITIF

Présent
prendre

Passé
avoir pris

PARTICIPE

Présent
prenant

Passé
pris
ayant pris

IMPÉRATIF

Présent
prends
prenons
prenez

ENTENDRE

INDICATIF

Présent		Passé composé		
j'	entends	j'	ai	entendu
tu	entends	tu	as	entendu
il/elle	entend	il/elle	a	entendu
nous	entendons	nous	avons	entendu
vous	entendez	vous	avez	entendu
ils/elles	entendent	ils/elles	ont	entendu

Imparfait		Plus-que-parfait		
j'	entendais	j'	avais	entendu
tu	entendais	tu	avais	entendu
il/elle	entendait	il/elle	avait	entendu
nous	entendions	nous	avions	entendu
vous	entendiez	vous	aviez	entendu
ils/elles	entendaient	ils/elles	avaient	entendu

Passé simple		Passé antérieur		
j'	entendis	j'	eus	entendu
tu	entendis	tu	eus	entendu
il/elle	entendit	il/elle	eut	entendu
nous	entendîmes	nous	eûmes	entendu
vous	entendîtes	vous	eûtes	entendu
ils/elles	entendirent	ils/elles	eurent	entendu

Futur simple		Futur antérieur		
j'	entendrai	j'	aurai	entendu
tu	entendras	tu	auras	entendu
il/elle	entendra	il/elle	aura	entendu
nous	entendrons	nous	aurons	entendu
vous	entendrez	vous	aurez	entendu
ils/elles	entendront	ils/elles	auront	entendu

CONDITIONNEL

Présent		Passé		
j'	entendrais	j'	aurais	entendu
tu	entendrais	tu	aurais	entendu
il/elle	entendrait	il/elle	aurait	entendu
nous	entendrions	nous	aurions	entendu
vous	entendriez	vous	auriez	entendu
ils/elles	entendraient	ils/elles	auraient	entendu

SUBJONCTIF

Présent		Passé		
que j'	entende	que j'	aie	entendu
que tu	entendes	que tu	aies	entendu
qu' il/elle	entende	qu' il/elle	ait	entendu
que nous	entendions	que nous	ayons	entendu
que vous	entendiez	que vous	ayez	entendu
qu' ils/elles	entendent	qu' ils/elles	aient	entendu

INFINITIF

Présent
entendre

Passé
avoir entendu

PARTICIPE

Présent
entendant

Passé
entendu
ayant entendu

IMPÉRATIF

Présent
entends
entendons
entendez

CROIRE

INDICATIF

Présent		Passé composé		
je	crois	j'	ai	cru
tu	crois	tu	as	cru
il/elle	croit	il/elle	a	cru
nous	croyons	nous	avons	cru
vous	croyez	vous	avez	cru
ils/elles	croient	ils/elles	ont	cru

Imparfait		Plus-que-parfait		
je	croyais	j'	avais	cru
tu	croyais	tu	avais	cru
il/elle	croyait	il/elle	avait	cru
nous	croyions	nous	avions	cru
vous	croyiez	vous	aviez	cru
ils/elles	croyaient	ils/elles	avaient	cru

Passé simple		Passé antérieur		
je	crus	j'	eus	cru
tu	crus	tu	eus	cru
il/elle	crut	il/elle	eut	cru
nous	crûmes	nous	eûmes	cru
vous	crûtes	vous	eûtes	cru
ils/elles	crurent	ils/elles	eurent	cru

Futur simple		Futur antérieur		
je	croirai	j'	aurai	cru
tu	croiras	tu	auras	cru
il/elle	croira	il/elle	aura	cru
nous	croirons	nous	aurons	cru
vous	croirez	vous	aurez	cru
ils/elles	croiront	ils/elles	auront	cru

CONDITIONNEL

Présent		Passé		
je	croirais	j'	aurais	cru
tu	croirais	tu	aurais	cru
il/elle	croirait	il/elle	aurait	cru
nous	croirions	nous	aurions	cru
vous	croiriez	vous	auriez	cru
ils/elles	croiraient	ils/elles	auraient	cru

SUBJONCTIF

Présent		Passé		
que je	croie	que j'	aie	cru
que tu	croies	que tu	aies	cru
qu' il/elle	croie	qu' il/elle	ait	cru
que nous	croyions	que nous	ayons	cru
que vous	croyiez	que vous	ayez	cru
qu' ils/elles	croient	qu' ils/elles	aient	cru

INFINITIF

Présent
croire

Passé
avoir croire

PARTICIPE

Présent
croyant

Passé
cru
ayant cru

IMPÉRATIF

Présent
crois
croyons
croyez

BOIRE

INDICATIF

Présent		Passé composé		
je	bois	j'	ai	bu
tu	bois	tu	as	bu
il/elle	boit	il/elle	a	bu
nous	buvons	nous	avons	bu
vous	buvez	vous	avez	bu
ils/elles	boivent	ils/elles	ont	bu

Imparfait		Plus-que-parfait		
je	buvais	j'	avais	bu
tu	buvais	tu	avais	bu
il/elle	buvait	il/elle	avait	bu
nous	buvions	nous	avions	bu
vous	buviez	vous	aviez	bu
ils/elles	buvaient	ils/elles	avaient	bu

Passé simple		Passé antérieur		
je	bus	j'	eus	bu
tu	bus	tu	eus	bu
il/elle	but	il/elle	eut	bu
nous	bûmes	nous	eûmes	bu
vous	bûtes	vous	eûtes	bu
ils/elles	burent	ils/elles	eurent	bu

Futur simple		Futur antérieur		
je	boirai	j'	aurai	bu
tu	boiras	tu	auras	bu
il/elle	boira	il/elle	aura	bu
nous	boirons	nous	aurons	bu
vous	boirez	vous	aurez	bu
ils/elles	boiront	ils/elles	auront	bu

INFINITIF

Présent
boire

Passé
avoir bu

PARTICIPE

Présent
buvant

Passé
bu
ayant bu

IMPÉRATIF

Présent
bois
buvons
buvez

CONDITIONNEL

Présent		Passé		
je	boirais	j'	aurais	bu
tu	boirais	tu	aurais	bu
il/elle	boirait	il/elle	aurait	bu
nous	boirions	nous	aurions	bu
vous	boiriez	vous	auriez	bu
ils/elles	boiraient	ils/elles	auraient	bu

SUBJONCTIF

Présent		Passé		
que je	boive	que j'	aie	bu
que tu	boives	que tu	aies	bu
qu' il/elle	boive	qu' il/elle	ait	bu
que nous	buvions	que nous	ayons	bu
que vous	buviez	que vous	ayez	bu
qu' ils/elles	boivent	qu' ils/elles	aient	bu

VIVRE

INDICATIF

Présent		Passé composé		
je	vis	j'	ai	vécu
tu	vis	tu	as	vécu
il/elle	vit	il/elle	a	vécu
nous	vivons	nous	avons	vécu
vous	vivez	vous	avez	vécu
ils/elles	vivent	ils/elles	ont	vécu

Imparfait		Plus-que-parfait		
je	vivais	j'	avais	vécu
tu	vivais	tu	avais	vécu
il/elle	vivait	il/elle	avait	vécu
nous	vivions	nous	avions	vécu
vous	viviez	vous	aviez	vécu
ils/elles	vivaient	ils/elles	avaient	vécu

Passé simple		Passé antérieur		
je	vécus	j'	eus	vécu
tu	vécus	tu	eus	vécu
il/elle	vécut	il/elle	eut	vécu
nous	vécûmes	nous	eûmes	vécu
vous	vécûtes	vous	eûtes	vécu
ils/elles	vécurent	ils/elles	eurent	vécu

Futur simple		Futur antérieur		
je	vivrai	j'	aurai	vécu
tu	vivras	tu	auras	vécu
il/elle	vivra	il/elle	aura	vécu
nous	vivrons	nous	aurons	vécu
vous	vivrez	vous	aurez	vécu
ils/elles	vivront	ils/elles	auront	vécu

CONDITIONNEL

Présent		Passé		
je	vivrais	j'	aurais	vécu
tu	vivrais	tu	aurais	vécu
il/elle	vivrait	il/elle	aurait	vécu
nous	vivrions	nous	aurions	vécu
vous	vivriez	vous	auriez	vécu
ils/elles	vivraient	ils/elles	auraient	vécu

SUBJONCTIF

Présent		Passé		
que je	vive	que j'	aie	vécu
que tu	vives	que tu	aies	vécu
qu' il/elle	vive	qu' il/elle	ait	vécu
que nous	vivions	que nous	ayons	vécu
que vous	viviez	que vous	ayez	vécu
qu' ils/elles	vivent	qu' ils/elles	aient	vécu

INFINITIF

Présent
vivre

Passé
avoir vécu

PARTICIPE

Présent
vivant

Passé
vécu
ayant vécu

IMPÉRATIF

Présent
vis
vivons
vivez

METTRE

INDICATIF

Présent		Passé composé		
je	mets	j'	ai	mis
tu	mets	tu	as	mis
il/elle	met	il/elle	a	mis
nous	mettons	nous	avons	mis
vous	mettez	vous	avez	mis
ils/elles	mettent	ils/elles	ont	mis

Imparfait		Plus-que-parfait		
je	mettais	j'	avais	mis
tu	mettais	tu	avais	mis
il/elle	mettait	il/elle	avait	mis
nous	mettions	nous	avions	mis
vous	mettiez	vous	aviez	mis
ils/elles	mettaient	ils/elles	avaient	mis

Passé simple		Passé antérieur		
je	mis	j'	eus	mis
tu	mis	tu	eus	mis
il/elle	mit	il/elle	eut	mis
nous	mîmes	nous	eûmes	mis
vous	mîtes	vous	eûtes	mis
ils/elles	mirent	ils/elles	eurent	mis

Futur simple		Futur antérieur		
je	mettrai	j'	aurai	mis
tu	mettras	tu	auras	mis
il/elle	mettra	il/elle	aura	mis
nous	mettrons	nous	aurons	mis
vous	mettrez	vous	aurez	mis
ils/elles	mettront	ils/elles	auront	mis

CONDITIONNEL

Présent		Passé		
je	mettrais	j'	aurais	mis
tu	mettrais	tu	aurais	mis
il/elle	mettrait	il/elle	aurait	mis
nous	mettrions	nous	aurions	mis
vous	mettriez	vous	auriez	mis
ils/elles	mettraient	ils/elles	auraient	mis

SUBJONCTIF

Présent		Passé		
que je	mette	que j'	aie	mis
que tu	mettes	que tu	aies	mis
qu' il/elle	mette	qu' il/elle	ait	mis
que nous	mettions	que nous	ayons	mis
que vous	mettiez	que vous	ayez	mis
qu' ils/elles	mettent	qu' ils/elles	aient	mis

INFINITIF

Présent
mettre

Passé
avoir mis

PARTICIPE

Présent
mettant

Passé
mis
ayant mis

IMPÉRATIF

Présent
mets
mettons
mettez

CONNAÎTRE

INDICATIF	Présent		Passé composé		
	je	connais	j'	ai	connu
	tu	connais	tu	as	connu
	il/elle	connaît	il/elle	a	connu
	nous	connaissons	nous	avons	connu
	vous	connaissez	vous	avez	connu
	ils/elles	connaissent	ils/elles	ont	connu

Imparfait		Plus-que-parfait		
je	connaissais	j'	avais	connu
tu	connaissais	tu	avais	connu
il/elle	connaissait	il/elle	avait	connu
nous	connaissions	nous	avions	connu
vous	connaissiez	vous	aviez	connu
ils/elles	connaissaient	ils/elles	avaient	connu

Passé simple		Passé antérieur		
je	connus	j'	eus	connu
tu	connus	tu	eus	connu
il/elle	connut	il/elle	eut	connu
nous	connûmes	nous	eûmes	connu
vous	connûtes	vous	eûtes	connu
ils/elles	connurent	ils/elles	eurent	connu

Futur simple		Futur antérieur		
je	connaîtrai	j'	aurai	connu
tu	connaîtras	tu	auras	connu
il/elle	connaîtra	il/elle	aura	connu
nous	connaîtrons	nous	aurons	connu
vous	connaîtrez	vous	aurez	connu
ils/elles	connaîtront	ils/elles	auront	connu

CONDITIONNEL	Présent		Passé		
	je	connaîtrais	j'	aurais	connu
	tu	connaîtrais	tu	aurais	connu
	il/elle	connaîtrait	il/elle	aurait	connu
	nous	connaîtrions	nous	aurions	connu
	vous	connaîtriez	vous	auriez	connu
	ils/elles	connaîtraient	ils/elles	auraient	connu

SUBJONCTIF	Présent		Passé			
	que je	connaisse	que	j'	aie	connu
	que tu	connaisses	que	tu	aies	connu
	qu' il/elle	connaisse	qu'	il/elle	ait	connu
	que nous	connaissions	que	nous	ayons	connu
	que vous	connaissiez	que	vous	ayez	connu
	qu' ils/elles	connaissent	qu'	ils/elles	aient	connu

INFINITIF

Présent
connaître

Passé
avoir connu

PARTICIPE

Présent
connaissant

Passé
connu
ayant connu

IMPÉRATIF

Présent
connais
connaissons
connaissez

VOIR

INDICATIF	Présent		Passé composé		
	je	vois	j'	ai	vu
	tu	vois	tu	as	vu
	il/elle	voit	il/elle	a	vu
	nous	voyons	nous	avons	vu
	vous	voyez	vous	avez	vu
	ils/elles	voient	ils/elles	ont	vu
	Imparfait		**Plus-que-parfait**		
	je	voyais	j'	avais	vu
	tu	voyais	tu	avais	vu
	il/elle	voyait	il/elle	avait	vu
	nous	voyions	nous	avions	vu
	vous	voyiez	vous	aviez	vu
	ils/elles	voyaient	ils/elles	avaient	vu
	Passé simple		**Passé antérieur**		
	je	vis	j'	eus	vu
	tu	vis	tu	eus	vu
	il/elle	vit	il/elle	eut	vu
	nous	vîmes	nous	eûmes	vu
	vous	vîtes	vous	eûtes	vu
	ils/elles	virent	ils/elles	eurent	vu
	Futur simple		**Futur antérieur**		
	je	verrai	j'	aurai	vu
	tu	verras	tu	auras	vu
	il/elle	verra	il/elle	aura	vu
	nous	verrons	nous	aurons	vu
	vous	verrez	vous	aurez	vu
	ils/elles	verront	ils/elles	auront	vu

CONDITIONNEL	Présent		Passé		
	je	verrais	j'	aurais	vu
	tu	verrais	tu	aurais	vu
	il/elle	verrait	il/elle	aurait	vu
	nous	verrions	nous	aurions	vu
	vous	verriez	vous	auriez	vu
	ils/elles	verraient	ils/elles	auraient	vu

SUBJONCTIF	Présent		Passé		
	que je	voie	que j'	aie	vu
	que tu	voies	que tu	aies	vu
	qu' il/elle	voie	qu' il/elle	ait	vu
	que nous	voyions	que nous	ayons	vu
	que vous	voyiez	que vous	ayez	vu
	qu' ils/elles	voient	qu' ils/elles	aient	vu

INFINITIF

Présent
voir

Passé
avoir vu

PARTICIPE

Présent
voyant

Passé
vu
ayant vu

IMPÉRATIF

Présent
vois
voyons
voyez

RECEVOIR

INDICATIF

Présent		Passé composé		
je	reçois	j'	ai	reçu
tu	reçois	tu	as	reçu
il/elle	reçoit	il/elle	a	reçu
nous	recevons	nous	avons	reçu
vous	recevez	vous	avez	reçu
ils/elles	reçoivent	ils/elles	ont	reçu

Imparfait		Plus-que-parfait		
je	recevais	j'	avais	reçu
tu	recevais	tu	avais	reçu
il/elle	recevait	il/elle	avait	reçu
nous	recevions	nous	avions	reçu
vous	receviez	vous	aviez	reçu
ils/elles	recevaient	ils/elles	avaient	reçu

Passé simple		Passé antérieur		
je	reçus	j'	eus	reçu
tu	reçus	tu	eus	reçu
il/elle	reçut	il/elle	eut	reçu
nous	reçûmes	nous	eûmes	reçu
vous	reçûtes	vous	eûtes	reçu
ils/elles	reçurent	ils/elles	eurent	reçu

Futur simple		Futur antérieur		
je	recevrai	j'	aurai	reçu
tu	recevras	tu	auras	reçu
il/elle	recevra	il/elle	aura	reçu
nous	recevrons	nous	aurons	reçu
vous	recevrez	vous	aurez	reçu
ils/elles	recevront	ils/elles	auront	reçu

CONDITIONNEL

Présent		Passé		
je	recevrais	j'	aurais	reçu
tu	recevrais	tu	aurais	reçu
il/elle	recevrait	il/elle	aurait	reçu
nous	recevrions	nous	aurions	reçu
vous	recevriez	vous	auriez	reçu
ils/elles	recevraient	ils/elles	auraient	reçu

SUBJONCTIF

Présent		Passé			
que je	reçoive	que	j'	aie	reçu
que tu	reçoives	que	tu	aies	reçu
qu' il/elle	reçoive	qu'	il/elle	ait	reçu
que nous	recevions	que	nous	ayons	reçu
que vous	receviez	que	vous	ayez	reçu
qu' ils/elles	reçoivent	qu'	ils/elles	aient	reçu

INFINITIF

Présent
recevoir

Passé
avoir reçu

PARTICIPE

Présent
recevant

Passé
reçu
ayant reçu

IMPÉRATIF

Présent
reçois
recevons
recevez

INDEX 1 – Tous les verbes de l'ouvrage

Tous les verbes cités dans cet ouvrage sont répertoriés dans la colonne 1. À chaque verbe correspond un « verbe type » (colonne 2) qui est le modèle sur lequel ce verbe se conjugue. Pour savoir où apparaît la conjugaison des « verbes types » dans le livre, à tous les temps et à tous les modes, consultez l'index 2.
Les verbes signalés par * se conjuguent avec l'auxiliaire *être* aux temps composés.
Les verbes signalés par ** peuvent se conjuguer avec *être* ou *avoir* aux temps composés.

INDEX 2 – Les verbes types

Les chiffres correspondent aux pages où apparaissent les conjugaisons de ces verbes.
Si un verbe est conjugué à la forme pronominale et non pronominale, la forme pronominale est indiquée en italique au passé composé de l'indicatif.

	INDICATIF								IMP	COND		SUBJONCTIF		PART
	PRÉSENT	IMPARFAIT	PASSÉ COMPOSÉ	PLUS-QUE-PARFAIT	FUTUR	FUTUR ANTÉRIEUR	PASSÉ SIMPLE	PASSÉ ANTÉRIEUR	PRÉSENT	PRÉSENT	PASSÉ	PRÉSENT	PASSÉ	PRÉSENT
fuir	28	52	62	82	96	104	114	122	134	144	152	164	174	182
gagner	18	50	60	80	92	102	112	120	132	140	150	162	172	184
haïr	24	52	62	82	96	104	114	122	134	144	152	164	174	184
inscrire (s')	30	54	64 *78*	84	98	106	116	124	134	146	154	166	176	184
interrompre	40	56	70	84	98	106	116	124	134	146	154	168	176	184
jeter	20	50	60	80	92	102	112	120	132	140	150	162	172	182
jouer	18	50	60	80	92	102	112	120	132	140	150	162	172	182
lever (se)	22	50	60 *78*	80	94	102	112	120	132	142	150	162	172	182
lire	30	54	64	84	98	106	116	124	134	146	154	166	176	184
manger	20	50	60	80	92	102	112	120	132	140	150	162	172	182
mettre	38	56	70	84	98	106	116	124	134	146	154	168	176	184
mourir	28	52	76	82	96	104	114	122	134	144	152	164	174	184
naître	38	56	74	84	98	106	116	124	134	146	154	168	176	184
oublier	18	50	60	80	92	102	112	120	132	140	150	162	172	182
ouvrir	26	52	62	82	96	104	114	122	134	144	152	164	174	184
parler	16	50	60	80	92	102	112	120	132	140	150	162	172	182
partir	26	52	74	82	96	104	114	122	134	144	152	164	174	184
payer	20	50	60	80	92	102	112	120	132	140	150	162	172	182
peindre	32	54	66	84	98	106	116	124	134	146	154	166	176	184
perdre (se)	32	54	66 *78*	84	98	106	116	124	134	146	154	166	176	184
peser	22	50	60	80	94	102	112	120	132	142	150	162	172	182
plaindre (se)	32	54	66 *78*	84	98	106	116	124	134	146	150	166	176	184
plaire	36	56	68	84	98	106	116	124	134	144	154	168	176	184
pleuvoir	42	58	72	86	100	108	118	126	–	148	156	170	178	184
pouvoir	14	48	72	86	90	108	110	126	–	138	156	158	178	182
prendre	34	54	66	84	98	106	116	124	134	146	154	166	176	184
promener (se)	22	50	60 *78*	80	94	102	112	120	132	142	150	162	172	182
recevoir	44	58	72	86	100	108	118	126	134	148	156	170	178	184
rejoindre	32	54	66	84	98	106	116	124	134	146	154	166	176	184
répondre	32	54	66	84	98	106	116	124	134	146	154	166	176	184
résoudre	34	54	66	84	98	106	116	124	134	146	154	166	176	184
rire	30	54	64	84	98	106	116	124	134	146	154	166	176	184
savoir	14	48	72	86	90	108	110	126	132	138	156	158	178	182
semer	22	50	60	80	94	102	112	120	132	142	150	162	172	182
servir (se)	26	52	62 *78*	82	96	104	114	122	134	144	152	164	174	184
souvenir (se)	28	52	78	82	96	104	114	122	134	144	152	164	174	184
suivre	40	56	70	84	98	106	116	124	134	146	154	168	176	184
taire (se)	36	56	78	84	98	106	116	124	134	146	154	168	176	184
tenir	28	52	62	82	96	104	114	122	134	144	152	164	174	184
travailler	18	50	60	80	92	102	112	120	132	140	150	162	172	182
valoir	42	58	72	86	100	108	118	126	–	148	156	170	178	184
venir	12	46	76	80	88	102	110	120	134	136	150	160	172	182
vivre	40	56	70	84	98	106	116	124	134	146	154	168	176	184
voir	42	58	72	86	100	108	118	126	134	148	156	170	178	184
vouloir	14	48	72	86	90	108	110	126	132	138	156	160	178	182

CD-audio
Activités communicatives

- Piste 1 : exercice 1, p. 190
- Piste 2 : exercice 2, p. 190
- Piste 3 : exercice 3, p. 190
- Piste 4 : exercice 4, p. 190
- Piste 5 : exercice 1, p. 191
- Piste 6 : exercice 2, p. 191
- Piste 7 : exercice 1, p. 192
- Piste 8 : exercice 2, p. 192
- Piste 9 : exercice 3, p. 192
- Piste 10 : exercice 1, p. 194
- Piste 11 : exercice 1, p. 195
- Piste 12 : exercice 2, p. 195
- Piste 13 : exercice 3, p. 195
- Piste 14 : exercice 1, p. 196
- Piste 15 : exercice 1, p. 197
- Piste 16 : exercice 2, p. 197
- Piste 17 : exercice 1, p. 198
- Piste 18 : exercice 2, p. 198
- Piste 19 : exercice 1, p. 199
- Piste 20 : exercice 1, p. 199
- Piste 21 : exercice 2, p. 200
- Piste 22 : exercice 1, p. 201
- Piste 23 : exercice 2, p. 201
- Piste 24 : exercice 1, p. 202
- Piste 25 : exercice 2, p. 202
- Piste 26 : exercice 1, p. 205

Achevé d'imprimer en mars 2013 par Bona Spa
N° de projet 10207990
Dépôt légal : Juin 2014